《老重庆影像志》

老档案

百余年前的重庆，俨如长江边的一个商贸大集镇，居民蜗居在不过两平方公里的城墙内，封闭而自足。一八九〇年，一纸《烟台条约续增专条》叩开了朝天门这座『古渝雄关』，重庆由此踏入了近代史。建市伊始，拆城墙、拓马路、建楼宇、开商厦……古老的商埠焕发出勃勃生机。二战鏖兵，远东战场指挥中心运筹帷幄，世界为之折服！

在这一切沧桑巨变背后所经历的艰难与曲折，本书将向你娓娓道来……

王小全 张丁 编著

重庆出版集团 重庆出版社

图书在版编目（CIP）数据

老档案／王小全，张丁编著 .—重庆：重庆出版社，2013.6

（老重庆影像志／王川平主编）

ISBN 978-7-229-06528-7

Ⅰ．①老… Ⅱ．①王… ②张… Ⅲ．①重庆市－地方史－史料 Ⅳ．①K297.19

中国版本图书馆 CIP 数据核字（2013）第 103935 号

老档案

LAO DANG AN

丛 书 主 编　王川平

丛书副主编　刘豫川　邵康庆

编　　　著　王小全　张　丁

资 料 提 供　重庆图书馆　红岩联线

策　　划：郭　宜　邓士伏

责任编辑：邓士伏　吴芝宇

封面设计：郭　宜　刘　洋

版式设计：邓士伏　吴芝宇

责任校对：郑　葱

电脑制作：郑　超　陈　磊

重庆出版集团
重庆出版社　出版

重庆市南岸区南滨路 162 号 1 幢　邮政编码：400061　http://www.cqph.com

重庆市开源印务有限公司印制

重庆出版集团图书发行有限公司发行

E-MAIL：fxchu@cqph.com　邮购电话：023-61520646

全国新华书店经销

开本：787mm×1092mm　1/16　印张：12.25　字数：246 千

2007 年 11 月第 1 版　2018 年 11 月第 2 次印刷

印数：4001-6000

定价：30.00 元

如有印装质量问题，请向本集团图书发行有限公司调换：023-61520678

一年來的偉大勝利，是西南各族人民在中國共產黨、中央人民政府和毛主席的領導下，親密團結，以忘不顧身的英勇斗爭和英雄勞動，克服了嚴重的困難而得來的。因之，使我們更加有信心地繼續前進，要動員廣大人民群眾，積極建設國防，解放西藏，努力生產，為建設祖國和我們幸福的生活，為保衛世界和平，而貢獻一切力量。
賀龍
青山有幸埋忠骨
張自忠安葬北碚
使十歲以下均須一律放足
革命軍
鄒容 著作
章炳麟 鑒定
軍民必備之書
周恩來
民國卅一年一月

老档案

目录

老档案

一年来的偉大勝利，是西南各族人民在中國共產党、中央人民政府和毛主席的領導下，親密团結，以忘不顧身的英勇斗爭和英雄勞動，克服了最嚴重的困難所得来的。因之，使我們更加有信心地继續前進。要動員廣大人民群眾，努力生產，為建設國防，解放西藏，為保衛祖國和我們幸福的生活，為保衛世界和平，而貢献一切力量。

賀龍

有民族工業的基礎，更談不上國防工業，渝合館做的生產是為我民族工業打下了初步基礎！

民國卅一年一月

周恩來

青山有幸埋忠骨
張自忠安葬北碚
軍委會派員前往主持

一入會者女年十歲以上已纏足者願否解放聽其自便十歲以下均須一律放足

一會中人可互通婚姻若議及會外人惟女可任便擇嫁男仍不得娶纏足之女

一未入會時有子未聘而年已長大及雖幼而聘訂在先者又女未及十歲而已許字者均可不拘前例但須入會時即報明注冊

革命軍

鄒容 著作

章炳麟 鑒定

軍民必備之書

新華日報

总序

《老重庆影像志》

王川平

等等方面，尤其是对老重庆的个性与嬗变、老重庆的灵性与魂魄、老重庆的根与源，力图以图文并茂的表述引起读者的注意，与读者作寻根之旅。本丛书的作者与编者，都是从事文物、图书、档案、出版、历史和文化研究等方面工作多年的优秀人选，既有丰富的实际经验，又有专门知识方面的学术积累，并尽可能在文字处理上通俗、生动、准确。丛书使用的两千多张历史照片，许多是第一次公开出版，足见其珍贵和罕见。

重庆是一座具有世界历史与文化价值的城市，对于这一点，笔者在主编该丛书及撰写《老房子》的过程中坚信不移。这不是直辖后的文化自大，而是遵循"实史求是"的原则准确对待重庆历史得出的结论，是依据古为今用的原则建设重庆新文化的需要。可惜的是我们总以为自己的文化家底不够厚，其实是我们现时的努力离目标还有较大的距离。令人高兴的是直辖之初，笔者提出把重庆建设成为与长江上游经济中心相适应的文化中心的文化建设远期目标，已经为越来越多的市民所接受，正在成为这座城市的规划和行动。从这个意义上说，《老重庆影像志》丛书的出版，确实是一件可喜可贺可敬之事。

看着这座古老的城市慢慢长大

尽管重庆直辖才十年，但它却很古老；尽管重庆正以惊世的速度在长高、长壮，但它曾经十分古朴而低矮；尽管重庆一天天在变得靓艳，但它灰蒙蒙而沉甸甸的底色仍存留在记忆之中。当楼房的样式和市民的生活越来越趋于类似的时候，这座城市的文化性格与城市品质就变得像空气和水一样重要和宝贵。

历史与现实就是这样复杂，这样磕磕碰碰。重庆的文化人一方面惊讶于这座城市成长的速度，一方面惊讶于在此速度拉动下消逝了的那些值得保留的东西。这种惊讶同样是复杂和美好的，因为他们不因惊讶而停住手脚，停止思考与行动。眼前这套《老重庆影像志》丛书就是他们这种努力的一部分。

《老重庆影像志》丛书共十本，分别是《老城门》、《老房子》、《老街巷》、《老码头》、《老地图》、《老广告》、《老档案》、《老行当》、《老风尚》和《老钱票》。它们从不同的视角，管窥这座城市的昨天，内容涉及市政变迁、政治演变、经济发展、市井生活、文脉流转传承

前言

综观重庆近代史历程，是一部波澜壮阔而又饱经沧桑的历史。西方宗教文化的传入对传统社会的冲击、自然经济的解体和民族资产阶级的产生、满清政府的投降和蜀军政府的成立、古城建市与高垒深墙的拆除、日机野蛮大轰炸与精神堡垒的傲然挺立等一系列重大历史事件，无不彰显着重庆儿女为争取民族平等、进步，谋求自身幸福和强盛而付出的艰辛努力，体现出重庆儿女开放求新的意识和坚韧不拔、自强不息的进取精神。

重庆城市建设经历了因商而兴，由城堡到城市的发展过程。民国初期，军阀割据，拥兵自重，军人政权下防区体制、城市建设发展相当缓慢和落后。二十世纪二三十年代西方一位传教士是如此描绘当时的重庆："在我的记忆之中的1929年重庆，是混乱、肮脏的中国城市，起伏不平的山路上任意地延伸着弯曲的小路。"市政府的档案史料中也记载着城区最繁华的陕西路、都邮街商业中心："街面仅宽十余尺"，其他街巷更为狭窄，"全城除了五福宫附近外，无一树木，除夫子池，莲花塘两污外，无一水池"，西方人感慨："要找到一个比重庆更拥

今天，当我们信步徜徉在美丽时尚的购物中心，观光浏览风格各异的城市建筑，穿梭于四通八达的立体交通，伫立在恢弘气派的朝天门广场，凭栏远眺江面上渐行渐远的轮船，可曾想到百余年前溯江而上的第一艘小火轮轰鸣的汽笛是怎样叩开朝天门"古渝雄关"的城门……

百余年前的重庆，由于得"三江总汇，水陆冲衢，商贾云集"的地理区位之便利，很快成为滇黔川乃至中西部地区的货物集散地和重要的商埠城市。然而，严格意义上讲，那时的重庆城更像是一个大集镇，或俨然是一副耸立在江岸的古城堡模样，城市居民大多数蜗居在方圆不过2平方公里的城墙范围内，城内坐轿子，出城坐滑竿；日出而作，日落而息，过着封闭而又恬静的自然生活。二次鸦片战争后，清政府与英国签订了以《烟台条约》为代表的一系列的不平等条约，重庆开埠。开埠伊始，英籍冒险家、商人立德乐迫不及待地亲驾"利川"号小火轮闯入川江抵达重庆，接踵而至的各国军舰开始自由地游弋在蜿蜒秀美的千里川江上。自此，重庆迈出了沉重而又艰辛的近代史步履。

照编年为序，叙事为经的次第关系来排列，鉴于事物复杂性和曲折性，我们只能勉为其难地架构一幅早期城市发展、社会生活演变的框架，粗线条地勾勒在复杂悲苦的历史环境下、艰危动荡的时局中，重庆民众真实的精神风貌和生存状态的轮廓，让我们保留这份苦难与光荣的城市记忆，传承巴渝历史乃至于我们民族的优秀传统。

王小全

2006 年 10 月 26 日

挤的城市不太容易，居民集中在两条江的两岸，只有一面江岸例外，这里是城市居民的坟地。这样的城市实际没有城郊，增加的人口只得挤在原有的地盘内”，“其不堪居住，亦为全世界通商各埠所无”。社会在进步，城市要发展。重庆在初步完成行政机构的调整后，开始了破除千年老墙，开拓城市空间的大规模运动；新市区的开辟、旧城的改造、马路兴修与交通整治、新兴公用事业的创办、城市卫生兴起和教育事业的发展，短短几年工夫，在一大片冈峦起伏的荒地上建立了粗具规模的都市景观，古老的商埠城市焕发出勃勃生机。重庆儿女在追求城市文明与强盛的过程中体现出的锲而不舍，志在必胜的顽强意志和百折不挠，刚勇坚毅的性格，让世界折服！

为了唤醒久违的记忆，缅怀城市风雨如磐的岁月，凭吊父老先辈曾经的沧桑与苦难，我们循着历史留下的轨迹，进入浩瀚的档案资料、地方史志、图片文献等载体中去拾取某一历史阶段中的部分代表性事件和人物的原始记录，但更多的遴选是停留在重庆近代史的演化、民国时期城市的变迁上，档案材料的安排大致依

重庆宗教文化的交流与冲突

西方宗教文化的传入

宗教信仰作为城市文化的重要组成部分，是民众日常生活的重要内容和社会稳定的基础。在西方宗教传入重庆之前，城乡居民主要信仰佛教和道教，建有各式庙宇、寺观、殿堂。清前期，西方教会开始进入重庆。最早传入重庆的是天主教。罗马教廷传信部、法国巴黎外方传教会的司铎先后来渝，在城内外修建教堂，向川东南地区扩张其传教活动。据史料记载，重庆最早的教堂为法国天主教会在康熙三十五年（1690 年）创建，天主堂设在渝中区青年路（今万豪酒店处）。1702 年，巴黎外方传教会又在下都邮街小凉子建光华楼圣堂。

鸦片战争后，根据《江宁条约》，清政府开放沿海广州、福州、厦门、宁波、上海五城市为通商口岸，许可设置医院和教堂。同时，又规定“外国人概不准赴内地传教”，然而，西方人和来华传教士对战败清政府的律令置若罔闻，开放五口城市对于他们而言无异于开放全中国，在重庆的秘密传教士公开亮出旗帜，后继的传教士亦纷至沓来。

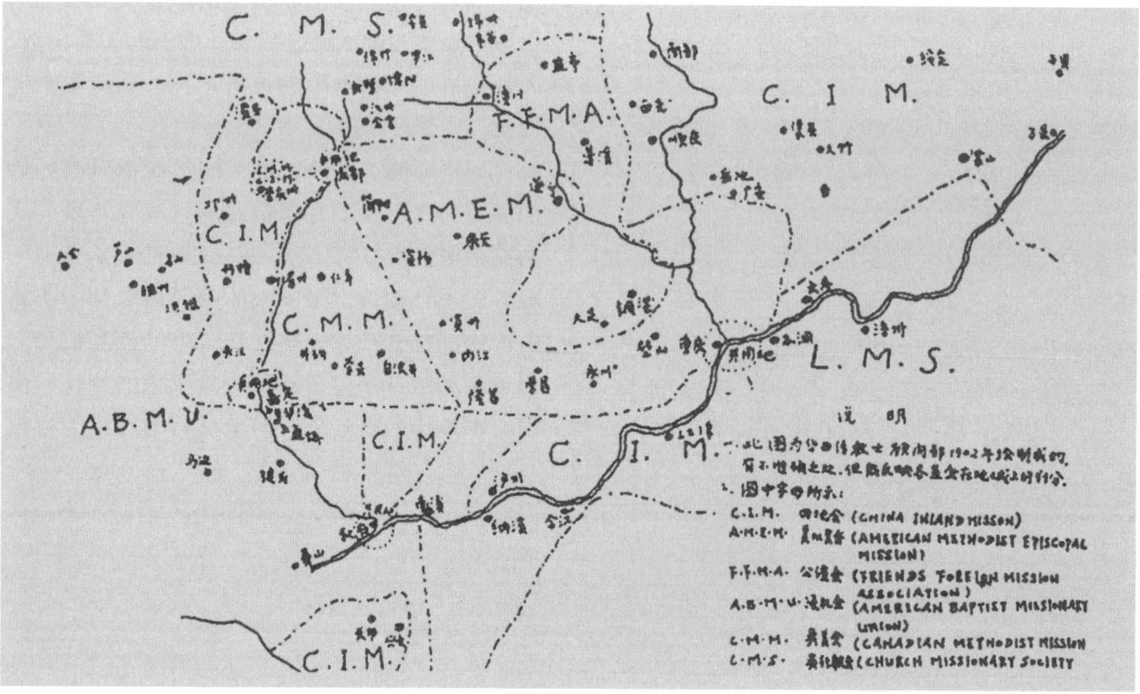
C. M. S.
C. I. M.
F. F. M. A.
A. M. E. M.
C. I. M.
C. M. M.
A. B. M. U.
L. M. S.
C. I. M.
C. I. M.
C. I. M.
说 明
C.I.M. (CHINA INLAND MISSON)
A.M.E.M. (AMERICAN METHODIST EPISCOPAL MISSION)
F.F.M.A. (FRIENDS FOREIGN MISSION ASSOCIATION)
A.B.M.U. (AMERICAN BAPTIST MISSIONARY UNION)
C.M.M. (CANADIAN METHODIST MISSION)
C.M.S. (CHURCH MISSIONARY SOCIETY

基督教各差会在川传教地域划分图

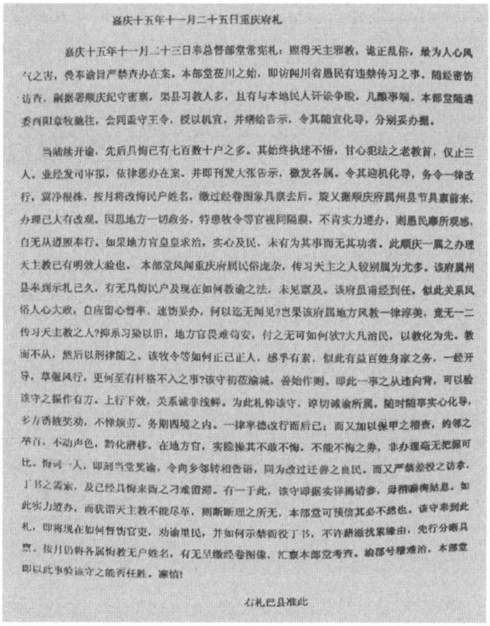

嘉庆十五年十一月二十五日重庆府札

嘉庆十五年十一月二十三日奉总督部堂常宪札：照得天主邪教，诡正乱俗，最为人心风气之害，叠奉谕旨严禁查办在案。本部堂莅川之始，即访闻川省愚民有违禁传习之事，随经密饬访查，嗣据署顺庆纪守密禀，渠县习教人多，且有与本地民人讦讼争殴，几酿事端。本部堂随遴委酉阳章牧驰往，会同盖守王令，授以机宜，并缮给告示，令其随宜化导，分别妥办据。

当陆续开谕，先后具悔已有七百数十户之多。其始终执迷不悟，甘心犯法之老教首，仅止三人。业经发司审拟，依律惩办在案。并即刊发大张告示，檄发各属。令其迎机化导，务令一律改行，冀净根株，按月将改悔民户姓名，缴过经卷图象具禀去后。旋又据顺庆府属州县节具禀前来，办理已大有改观。因思地方一切政务，特患牧令等官视同隔膜，不肯实力遵办，则愚民靡所观感，自无从遵照奉行。如果地方官皇皇求治，实心及民，未有为其事而无其功者。此顺庆一属之办理天主教已有明效大验也。本部堂风闻重庆府属民俗庞杂，传习天主之人较别属为尤多。该府属州县奉到示札已久，有无具悔民户及现在如何教谕之法，未见禀及。该府虽甫经到任，似此关系风俗人心大政，自应留心督率，速饬妥办，何以迄无闻见？岂果该府属地方风教一律淳美，竟无一二传习天主教之人？抑系习染以旧，地方官畏难苟安，付之无可如何欤？大凡治民，以教化为先。教而不从，然后以刑律随之。该牧令等如何正己正人，感孚有素，似此有益百姓身家之务，一经开导，草偃风行，更何至有扞格不入之事？该守初莅渝城，善始作则。即此一事之从违向背，可以验该守之振作有方。上行下效，关系诚非浅鲜。为此札仰该守，谆切诫谕所属，随时随事实心化导，多方诱掖奖劝，不惮烦劳。务期四境之内。一律率德改行而后已；而又加以保甲之稽查，约邻之举首，不动声色，黔化潜移。在地方官，实隐操其不敢不悔，不能不悔之势，非办理毫无把握可比。悔司一人，即刻当堂奖谕，令向乡邻转相告语，同为改过迁善之良民。而又严禁差役之访拿，丁书之需索，及已经具悔来衙之刁难留滞。有一于此，该守即据实详揭请参，毋稍瞻徇姑息。如此实力遵办，而犹谓天主教不能尽革，则断断理之所无，本部堂可预信其必不然也。该守奉到此札，即将现在如何督饬官吏，劝谕里民，并如何示禁衙役丁书，不许藉滋扰累缘由，先行分晰具禀。按月仍将各属悔教无户姓名，有无呈缴经卷图像，汇禀本部堂考查。渝郡号称难治，本部堂即以此事验该守之能否任胜。凛慎！

右札巴县准此

清政府发布告查禁天主教

20世纪初在川传教的教士及家属

1903年，在重庆集会的传教士

1843年6月（道光二十三年五月），天主教四川教区的贝罗书主教在渝行加冕礼。次年，天主教在重庆蹇家桥建成真原堂（渝中区五四路92号），负责四川教区的马乐韦封范若瑟充任主教，进驻重庆经营川东南七府三州一厅的教务，收有教徒29000人。

第二次鸦片战争后，西方教会扩大了在内地的特权，继天主教后，耶稣教、基督教接踵而至，纷至在重庆赁房传教。1864年（同治三年）英籍牧师石琢之代表耶稣教在渝城九坡桥建福音堂。1877年（光绪三年），英国基督教传教士麦卡悌来巴县传教。这一时期，英国伦敦教会教士杨格非、大英圣书公会传教士韦雷、美国传教士唐约翰等纷纷来渝，通过"调查"、"游历"等各种方式传教。1881年，美国美以美教会也在重庆设点传教，并把重庆定为中国西部地区传教的据点。据重庆海关统计，1891年重庆开埠前，以重庆为中心在四川省活动的西方教会有美以美会、浸礼会、内地会、公谊会、伦敦会、巴黎外方传教会、圣书公会等7个，男女教士175人，教徒约十万多人。

开埠以后，在比较短的时间内，教会势力有了进一步的发展，从1891年至1901年，在四川的教会增加到9个，传教士增加到315人，教堂达221所，教民人数大幅增长，仅巴县一地在清末时就有1658人。据《巴县志》记载，至甲午战争后，四川省已是"教堂林立，处处均有司铎，住居既久，人地自熟"。

除了西方教会积极传教外，由湖广迁入四川的教民也推动宗教的传播，据史料记载，清朝年间，相当多的湖广移民在抵渝之前就已奉教，到渝后，又世代相传。如巴县九品职员何深海一家，不分老幼，皆为教徒。这种现象曾引起清政府的不安，清康、雍、乾、嘉时期多次发布命令查禁天主教，如在清嘉庆年间，川督在查禁天主教的札文中便称：“天教邪教，诡正乱俗，最为风气之害”。可见天主教在重庆乃至于四川的社会中产生了不少的影响。在西方宗教派别中，因法国势力范围主要集中在西南地区，巴黎外方传教会势力最大，“传习天主教之人，较别属为尤多”。清末重庆计有天主传教士 100 人，教徒 10 万，占全川的 99% 以上，四川总主教就住在重庆。

西方宗教活动对传统文化的影响和冲击

教士和教会的传教形式的活动主要表现在：一、兴建教堂，吸收教徒。开埠前后，教会陆续在重庆城内外兴建了真元堂、天主堂、随雅堂、福音堂、培德堂、体心堂、存心堂、若瑟堂。建立教堂必须征地。为此，传教士们赁房租地，如在巴县，白果林教堂占用所在村土地百分之七十以上。为尽快扩大教会势力范围，教士通过传经布道，广泛地吸纳教民。传教手段多样化，主要有礼拜、布道、发放小册子等手段。1904 年法国外方传教会川东教区还创办了机关报《崇实报》，并建立“圣家书局”(原公义书院)，承担宗教出版物的制作和发行。开埠后甚至还用上了当时的“多媒体”手段——放映宗教幻灯片宣传西方宗教

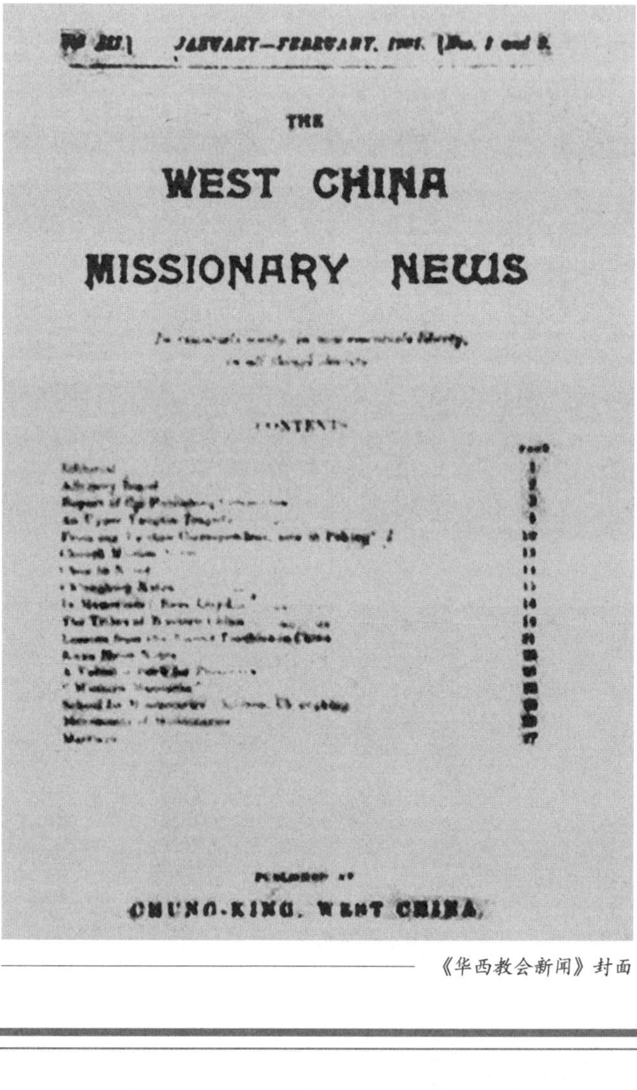
THE
WEST CHINA
MISSIONARY NEWS
CONTENTS
PUBLISHED AT
CHUNG-KING, WEST CHINA.

《华西教会新闻》封面

立德夫人阿倚波德·立德

阿倚波德·立德与参与天足会的妇女合影

文化。法籍传教士古洛东在沙坪坝开办神职修道院，招收青少年进行系统的天主教理论的学习，培养专职神职人员。教会势力范围已由沿江城市向穷乡僻壤扩展。据统计，当时重庆府所属州县，几乎县县都有教堂。

开办学校、医院、药房，从事文化慈善活动。开埠以前，教会在四川已开办了医院3所，药房6家，救济院4座，相当一部分在重庆。如1696年（清康熙三十四年），法国人梁洪仁、毕天祥在定远坊杨家什字天主教堂行医。开埠后，又有一批教会在渝兴办医院、教育和社会福利事业。如1892年，美以美会派遣医生马嘉礼到重庆开设第一所医院——宽仁医院，成立了宽仁高级护士学校；1896年，英国伦敦布道会在木牌坊（现民族路）创办仁济医院，创立时拥有病床40张（该医院后迁至南岸皇经庙，更名为第五人民医院）；1900年，法国巴黎国外布道会在金汤街创办仁爱堂医院，开设病床60张。1891年至1901年，西方教会在重庆开设的医院、诊所、药房达673个。在此之前，重庆还没有中国人自己开设的医院。这些具有近代意义的医疗机构在重庆传播了近代医学知识，也带动了重庆医学卫生事业的兴起。兴办学校也是教会热衷创办的事业。美国基督教美以美会传教士鹿依士于1891年创办了求精中学，1895年又创办了启明小学。英国基督教会则于1894年创办了广益中学堂。法国教会在开埠前已开办了几所天主教修道院，又于1898年开办了重庆法文学堂。1904年，法国天主教传教士古洛东在重庆创办了教会刊物《崇实报》，该报成为重庆辛亥革命前出版报纸时间最长的一家，客观上对城市的发展起到一定影响，同时，古洛东还兼办有天主教会的圣家书局。

西方宗教文化的输入、传教士们的东来，为清末时期国人“睁眼看世界”带来朝气和活力。西方的科学文明，给中国内陆地区传统文化中的陈规陋习带来影响和冲击，有着启迪民智和破除封闭意识的作用。譬如，在社会生活方面：普及卫生知识使居民认识讲究卫生的重要，英商立德夫人的房东首次移动祖宗牌位，全面打扫房间清洁就可见其影响。再如，1897 年，立德夫人在重庆倡导“天足会”，鼓励中国妇女参加，成立之初就明定宗旨，希望今后能由中国人办理，并决定待中国风气开化后，西方人将退出此运动。响应者在江津、巴县成立天足会，并拟定《天足会简明章程》，规定：“入会者不得缠足，子不得娶缠足之妇。入会者女年十岁以上，已缠足者愿否解放，听其自便；十岁以下者须一律解放。”消息甫出，“一时闻风欣幕，愿如会约者，颇不乏人”。英国教士嘉立德刊印《放足歌》百册，专程送到《渝报》局，请求代为散发；在东川书院读书的日本友人成田君到《渝报》局捐款表示赞助。光绪年间，慈禧就发动了“戊戌政变”，包括反对缠足在内的新法被废除，社团被取缔，正在兴起的不缠足运动面临夭折的危险。但是，由于“天足会”是外国人所办，慈禧不敢取缔，对其种种活动也无可奈何。

求精學校

1891 年美基督教创办的求精中学

法国教会小学校

西教文化在传播过程中，与传统文化不断发生碰撞与冲突，其合理的部分逐渐被认同、融和。毫无疑问，部分传教士确实是抱着善良动机来华布道的，如兴办医院、创办学校、开设报馆等手段，促进了当地文化教育和社会福利事业的进步。但也有道德卑下的伪善之徒，有的传教士参与侵华战争，或干预民间诉讼。随着西方殖民主义的经济入侵和西教文化传播，基于一种本能危机感，民众对西教有一种抵制和仇恨情绪在滋生。

据史料记载。自秦灭巴国设巴郡。郡治在江州县（今重庆市）
上把重庆作为区域性军事城堡。漫长的封建时代。重庆工商业开
发大。区域规模较小。唐宋以后。社会经济发展。商品贸易兴王

老档案

錢。其用款亦視向居所省不少。稅入豐而貢費減。閩大憲亦爲褒許云。

天足開會

渝中自英國立德爾女士。以天足會遠來倡導。一時閩風欣慕。願如會約者。頗不乏人。茲聞江津鄧明經鶴翔、同邑鶯鶯井周某。邀同志約五六十人。議訂會約。已有成言。並於油溪招集會侶。演劇開會。其會規每人捐錢數緡。以作底本。自後逐漸推廣。俟入會浸眾。孳乳寖多。用以佽助會中貧苦不能嫁娶之人。以及刻書勸善之用。立法頗爲安協。現在渝中各友亦擬仿辦。並擬貲設立天足女學堂一所。授以中西文字。及各種有用之學。務使會中之女。悉皆秀異明達。強毅尊貴。以愧甘受縛束者。拘攣怛悅似此苦心孤詣。或可藉挽頹風乎。

研礬交速

美國某教士至江北廳賣書。爲市井小兒所侮擲以瓦礫。有司聞風即往彈壓。且拿獲七[illegible]名。[illegible]聞道。昨將閩罪者視爲研訊。[illegible]以夏楚。並擬荷校示眾。教士[illegible]爲代[illegible]

天足开会

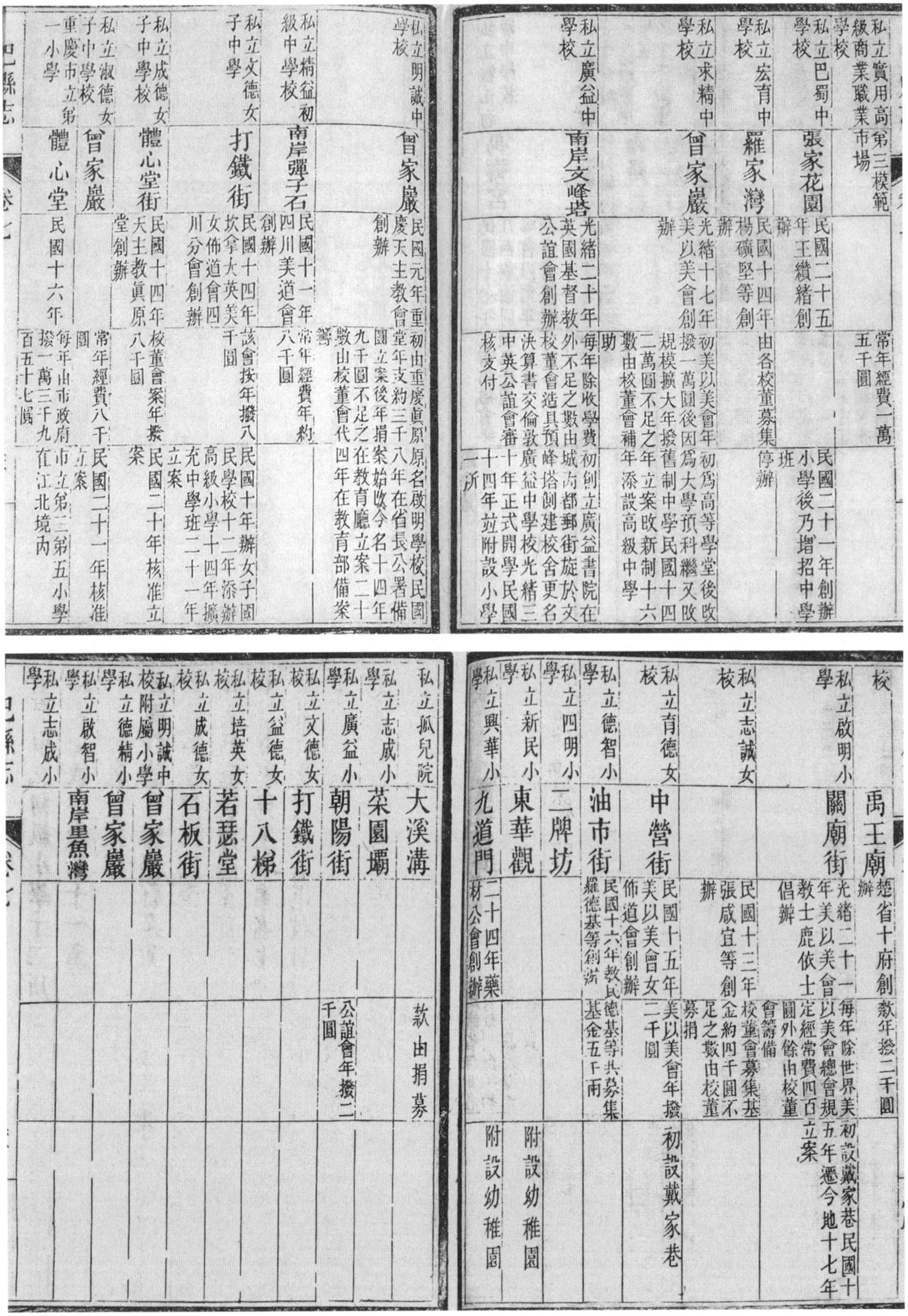

私立實用高級商業職業學校	第三模範市場		常年經費一萬五千圓	
私立巴蜀中學校	張家花園	民國二十五年王纘緒創辦		民國二十一年創辦小學後乃增招中學班
私立宏育中學校	羅家灣	民國十四年楊礦堅等創辦	由各校董募集	停辦
私立求精中學校	曾家巖	光緒十七年美以美會創辦	初美以美會年撥一萬圓後因規模擴大年撥二萬圓不足之數由校董會補助	初爲高等學堂後改爲大學預科繼又改舊制中學民國十四年立案改新制十六年添設高級中學
私立廣益中學校	南岸文峰塔	光緒二十年英國基督教公誼會創辦	每年除收學費外不足之數由校董會造具預決算書交倫敦中英公誼會審核支付	初創立廣益書院在城內都郵街旋於文峰塔側建校舍更名廣益中學校光緒三十年正式開學民國十四年並附設小學一所

私立明誠中學校	曾家巖	民國元年重慶天主教會創辦	初由重慶眞原堂年支約三千圓立案後年捐九千圓不足之數由校董會代籌	原名啓明學校民國八年在省長公署備案始改今名十四年在教育廳立案二十四年在教育部備案
私立精益初級中學校	南岸彈子石	民國十一年四川美道會創辦	常年經費年約八千圓	
私立文德女子中學	打鐵街	民國十四年坎拿大英美女佈道會四川分會創辦	該會按年撥八千圓	民國十年辦女子國民學校十二年添辦高級小學十四年擴充中學班二十一年立案
私立成德女子中學校	體心堂街	民國十四年天主教眞原堂創辦	校董會案年撥八千圓	民國二十年核准立案
私立淑德女子中學校	曾家巖		常年經費八千圓	民國二十一年核准立案
重慶市立第一小學	體心堂	民國十六年	每年由市政府撥一萬三千九百五十七圓	市立第三第五小學在江北境內

校	禹王廟	楚省十府創辦	款年撥二千圓	
私立啓明小學	關廟街	光緒二十一年美以美會教士鹿依士倡辦	每年除世界美以美會總會規定經常費四百圓外餘由校董會籌備	初設戴家巷民國十五年遷今地十七年立案
私立志誠女校		民國十三年張咸宜等創辦	校董會募集基金約四千圓不足之數由校董募捐	
私立育德女校	中營街	民國十五年美以美會女佈道會創辦	美以美會年撥二千圓	初設戴家巷
私立德智小學	油市街	民國十六年教民羅德基等創辦	德基等共募集基金五千兩	
私立四明小學	二牌坊			
私立新民小學	東華觀			附設幼稚園
私立興華小學	九道門	二十四年藥材公會創辦		附設幼稚園

私立孤兒院	大溪溝		款由捐募	
私立志成小學	菜園壩			
私立廣益小學	朝陽街		公誼會年撥二千圓	
私立文德女校	打鐵街			
私立益德女校	十八梯			
私立培英女校	若瑟堂			
私立成德女校	石板街			
私立明誠中校附屬小學	曾家巖			
私立德精小學	曾家巖			
私立啓智小學	南岸畢魚灣			
私立志成小學				

巴县县立中小学校一览表

老档案

据史料记载，自秦灭巴国设巴郡，郡治在江州县（今重庆市
直把重庆作为区域性军事城堡。漫长的封建时代，重庆工商业
发达。区域规模较小。唐宋以后，社会经济发展，商品贸易兴旺

1892 年美教会开设宽仁医院并开办高级护士学校，图为中外医护人员合影

在女佣帮助下行走的裹脚女人

法国天主教的露德堂

1900 年法国天主教开设的仁爱堂医院旧址

1894 年英国基督教公益会创办的广益中学

天足渝會簡明章程

一入會者女不得纏足子不得娶纏足之婦

一入會者女年十歲以上已纏足者願否解放聽其自便十歲以下均須一律放足

一會中人可互通婚姻若議及會外人惟女可任便擇嫁男仍不得娶纏足之女

一未入會時有子未聘而年已長大及雖幼而聘訂在先者又女未及十歲而已許字者均可不拘前例但須入會時即報明注册

天足渝会简明章程

教案的产生及其根源

19 世纪末期，西方资本主义经济犹如浪潮般卷入内陆地区，传教士活动的政治目的和商业色彩日渐明显，很多教士在传经布道的同时，也进行着与其身份不相符的活动。如《烟台条约》签订后，英国派史德禄“驻寓”重庆，史德禄与法国传教士在四川、重庆多处地区详绘地图，收集政治、经济情报，扮演着西方资本主义经济侵略先行者的角色。1880 年，重庆真元堂甚至利用特权，向鸦片烟贩提供储存场所，收取高额费用，当巴县衙门差役持公文前往教堂查验，竟遭教堂无理拒绝。有的教会恃仗不平等条约授予的“特权”保障，强占土地，修建教堂，或者干预地方行政，曲庇教民，凌驾于清廷各级政府之上。而一些动机不纯的地痞、恶霸入教后，有恃无恐，跋扈乡里，胡作非为。另有一些佃农入教后，“仗恃教堂撑腰，不给地主交租”，“平民因而怨恨者，比比皆是”。西教损害了民众的利益，激化了中西文化之间的矛盾冲突，导致教案纠纷不断，多次引发声势浩大的打教斗争和武装起义事件。如法国天主教长安寺教案、大足龙水镇教案就是较为典型的教案。

重庆教案

1862 年，法国主教范若瑟凭借《天津条约》提出，川东地区的原有四所教堂被占用，要将重庆城内长安寺（现新华路索道附近）改建为天主教堂，消息一出，群情哗然。长安寺又名崇因寺，建于北宋，地处上半城最高点，是重庆的名胜，内供关帝、文昌、吕祖等儒释道三教神像，殿宇宏敞，佛事俱全，僧侣众多。人称“渝中之名胜，东属之要岭”，香火甚旺。法国教会如今要强行霸占此地，舆情激昂，重庆名绅周聚福等联名向官府呈请撤回原议，川东道见社会反应强烈，就请范若瑟另觅旷闲之地再行修建，可范若瑟拒不退让。1863

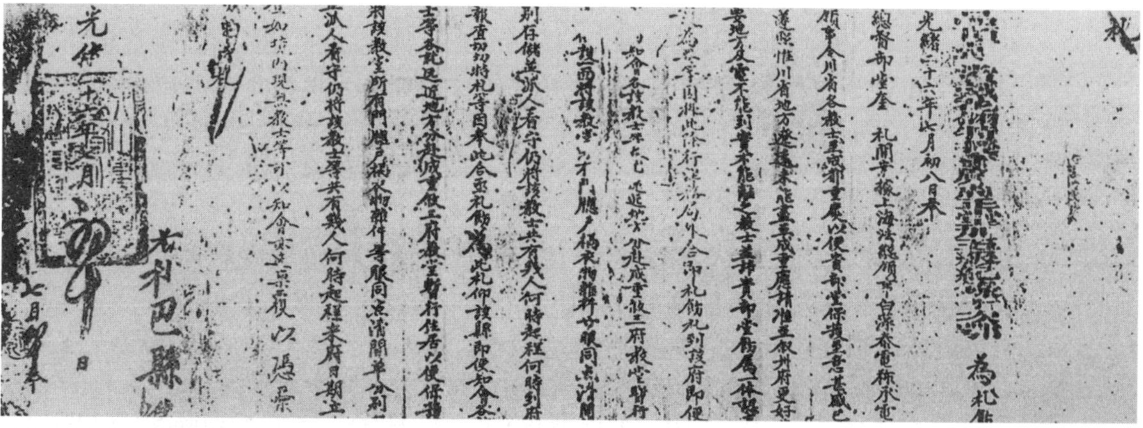

光绪二十六年巴县政府发布的保护教民及教堂的饬令

真元堂旧址

—— 建于清同治三年的若瑟堂

年 3 月，传言要“毁佛铸炮”，群众前往长安寺聚观，在一些名绅、官吏的鼓动下，“遂致激成公愤”，开始了打教行动，浩浩荡荡千余人从长安寺出发，行至姜家巷将范若瑟的真元堂打毁，把堂内器物扫掠洗尽。然后，人分四拨，高呼“格杀洋贼”口号，把杨家什字传教士的公馆、莲花池学堂、雷祖庙医馆等城内 18 处地方打毁。连续数日，在城内遍搜砸掠教民家庭、店铺数十家，伤亡数十人，酿成第一次重庆教案。事后，重庆知府与教会达成协议，由八省绅首赔偿 20 万两银元，另行在城内方家什字旁（重庆宾馆附近）买地修建若瑟教堂。经历年修葺，若瑟堂成为重庆和川东地区最大的天主教堂。

大足教案

大足县是发生教案较多的地区之一。随着传教活动的频繁，民教之间的矛盾越积越深，特别是重庆第二次教案消息传到大足，聚积已久的反教情绪愈加高涨。1886 年 7 月 20 日，是大足龙水镇传统的灵官会期，新建的天主教堂恰好竣工，参观群众与守门的教民发生争执，继而斗殴，乡民人多势众，将教堂外院两厢打毁，继而又把周边数十里外的教堂、教民的房屋破坏。后来，教堂用知县赔款两次重建，但均被打毁。1890 年 8 月 4 日，又逢大足县每年一度的迎神会，乡民带头人余栋臣兄弟暗中组织力量准备再打教堂。大足知县和教会有所防备，严禁集会迎神，但民众不予理会，四面八方的群众齐聚会期，与守护官兵发生冲突，在余栋臣的率领下，群众一齐扑向教堂，势如排山倒海，顷刻间，新建的教堂被彻底捣毁。县府闻报后，派兵捉拿余栋臣等打教民众。于是大家推余栋臣为首领，大足人民打教事件很快发展为以余栋臣为首的武装起义。

余栋臣是一个当地的农民兼挑煤工人，参加过三次打教斗争，在群众中有很高的声望。24 日，余栋臣率领一百余人攻入龙水镇，竖旗起义，发布檄文，号召群众驱逐教士，声讨地主官绅助纣为虐。附近民众闻之纷纷响应，焚毁教堂。

起义队伍迅速壮大，分头出击，北攻铜梁、安岳，南击永川、江津，东略重庆，西指内江，“计闹教三十余州县，焚毁教堂医馆二十余处”，所到之处，地主绅士纷纷输诚纳粮，远近州县争相响应。一时间余栋臣成了反洋教斗争的英雄。面对声势浩大的义军声威，清政府派出官兵和地主团练武装进行分化瓦解和武力镇压，1899 年 1 月，义军被围困在西山之中，粮食断绝，余栋臣等首领被迫下山请降，起义失败。余栋臣被押往成都，禁锢终身。清政府向法国赔偿白银 118 万两结案。

综观近代巴渝地区发生的教案，虽然有个别官绅的鼓动和参与，但总体而言，仍为民间社会与教会冲突，而不是知府州（县）与教会的矛盾。究其原因，当西方教会作为外来文化势力进入巴渝地区时，打破了传统的社会秩序，分化了传统文化的势力范围；新的教会势力的崛起，导致原有宗教利益格局的变化和冲突。在发生冲突时，清政府面对有强大势力背景的外国教会，为了求得自身利益的保障和社会的稳定，往往是妥协、退让，采用护教抑民的政策，又导致矛盾激化，频繁升级为打教斗争。

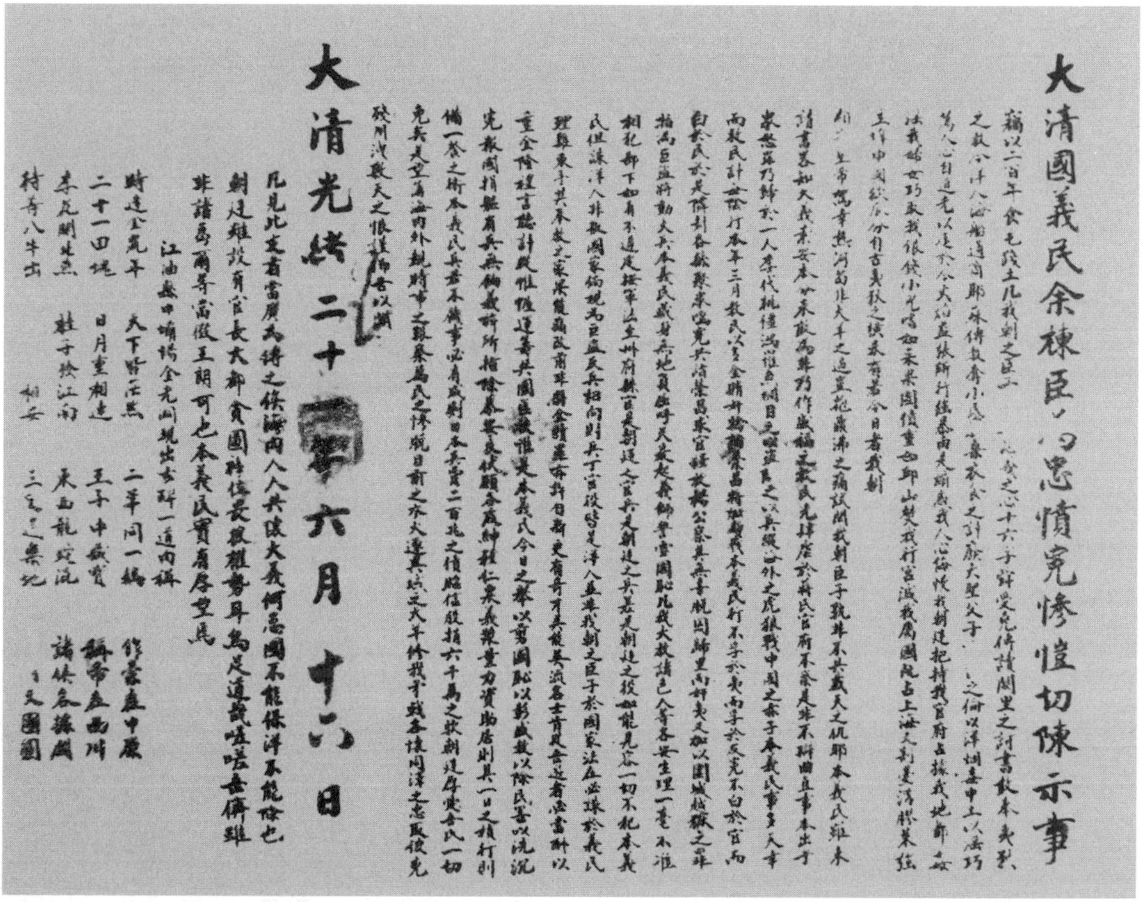
大清國義民余棟臣爲忠憤冤慘愷切陳示事

大清光緒二十一年六月十六日

余栋臣于 1895 年发布的反洋教布告

开埠与不平等条约

重庆开埠始末

据史料记载，自秦灭巴国设巴郡，郡治在江州（今重庆市），一直把重庆作为区域性军事城堡。漫长的封建时代，重庆工商业并不发达，区域规模较小。唐宋以后，社会经济发展，商品贸易兴旺。重庆地处“三江总汇，水陆冲衢，商贾云集”，作为长江上游支流总汇的区位优势凸现，形成了以河流为依托，与沿河城市为网络的地区性的商贸城市，成为川东及滇黔各地的货物转运地。重庆开始由单一的军政中心向多功能的城市转型。到明清时期，重庆逐渐发展成为长江上游的经济中心。

与此同时，遥远的西方受周期性资本主义经济危机的影响，英国工商业萧条，对外贸易不景气，对华贸易额下降。英国政府认为，造成此状况的主要原因是“（中国）内地市场没开辟”，因此，开辟广大的中国市场，扩大对华贸易，成为英国资产阶级的普遍要求。英国一直在寻找扩大内地贸易的契机。1875 年，英国借口云南边民击毙从缅甸入侵的英翻译官的“马嘉理事件”，向清政府提出与滇案毫无关系的开放重庆通商口岸和向重庆派驻领事的要求。次年的九月，李鸿章和威妥玛签署中英《烟台条约》，规定“四川重庆可由英国派员驻寓查看川省英商事宜”的特权。1882 年，英国直接向重庆派驻领事。中国内陆最大的省份——四川省由此而洞开。1890 年 3 月 31 日中英两国在北京订立了《烟台条约续增专条》，即《重庆开埠通商口岸》。主要内容一、“重庆即准作为通商口岸无异，英商

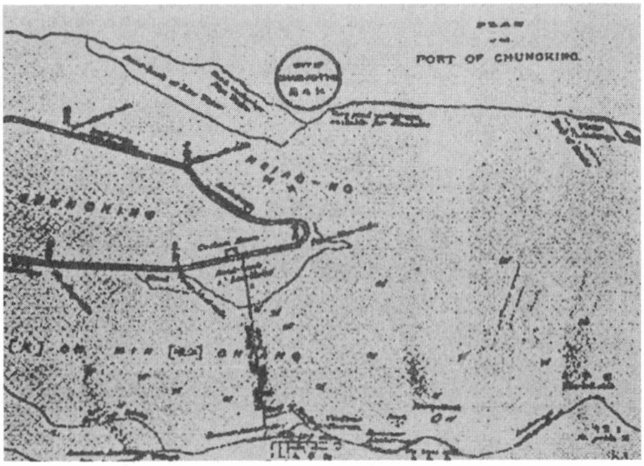
PORT OF CHUNGKING
重庆海关略图

重庆王家沱日本租界

慶爲通商口岸幷准以華船載運定約約凡六條是

煙臺條約續增專條

大清
大英國國家爲續議條款事前因光緒二年煙臺會
議條款弟三端通商事務弟一節內載四川重慶
府可由英國派員駐寓查看川省英商事宜輪船
未抵重慶以前英國商民不得居住開設行棧俟
輪船能上駛後再行議辦等語嗣因彼此意見不
同未克定議今願合衷商辦以歸一是故擬定續
增專條如左

一 重慶即准作爲通商口岸無異英商自宜昌至重
慶往來運貨或僱用華船自備華式之船均聽其
便

一 此等船隻自宜昌至重慶往來裝載運貨與輪船
自上海赴宜昌往來所載之貨無異即照條約稅
則及長江統共章程一律辦理

一 凡此等船隻所執船旗號應領貨照及裝運宜昌
以上貨物如何折動另發並宜昌至重慶貿易之
人應遵守一切規則俾得獲保護利便之益應由
宜昌關監督及現駐重慶之川東道暨稅務司與
英國領事官會商妥定章程其所定之章程日後有

烟台条约续增专条

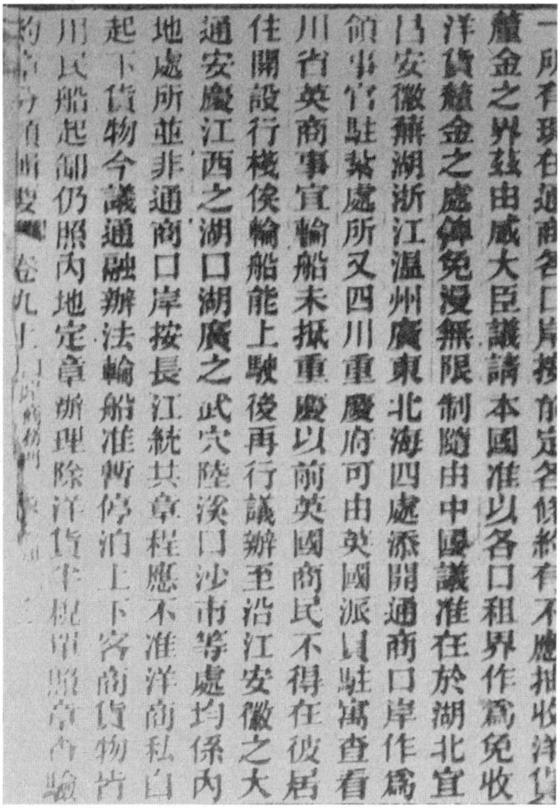
一所有現在通商各口岸按前定各條約有不應抽收洋貨
釐金之界兹由威大臣議請本國准以各口租界作爲免收
洋貨釐金之處俾免漫無限制隨由中國議准在於湖北宜
昌安徽蕪湖浙江温州廣東北海四處添開通商口岸作爲
領事官駐紮處所又四川重慶府可由英國派員駐寓查看
川省英商事宜輪船未抵重慶以前英國商民不得在彼居
住開設行棧俟輪船能上駛後再行議辦至沿江安徽之大
通安慶江西之湖口湖廣之武穴陸溪口沙市等處均係內
地處所並非通商口岸按長江統共章程應不准洋商私自
起下貨物今議通融辦法輪船准暫停泊上下客商貨物皆
用民船起卸仍照內地定章辦理除洋貨半稅單照章查驗

1876年9月13日签订的《中英烟台条约》

自宜昌至重庆往来货物，或雇用华船，或自备华式之船，均听其便。”二、“此等船只自宜昌至重庆往来运载货物，与轮船至上海赴宜昌往来所载之货无异，即照条约税及长江统一章程一律办理。”至此，英国正式取得了重庆开埠的条约权利。中国海关的英总税务司赫德任命英人好博逊筹建重庆海关，海关的行政管理权和征收关税权完全落入西方人之手。经勘测，选定长江南岸王家沱狮子湾停泊的趸船为临时关址。1891年3月1日（光绪十七年正月二十一日），“租寓开关”，重庆开埠。

自此，重庆开始了从封建堡垒走向现代化大都市的艰难的历史性步伐。

重庆海关旧址

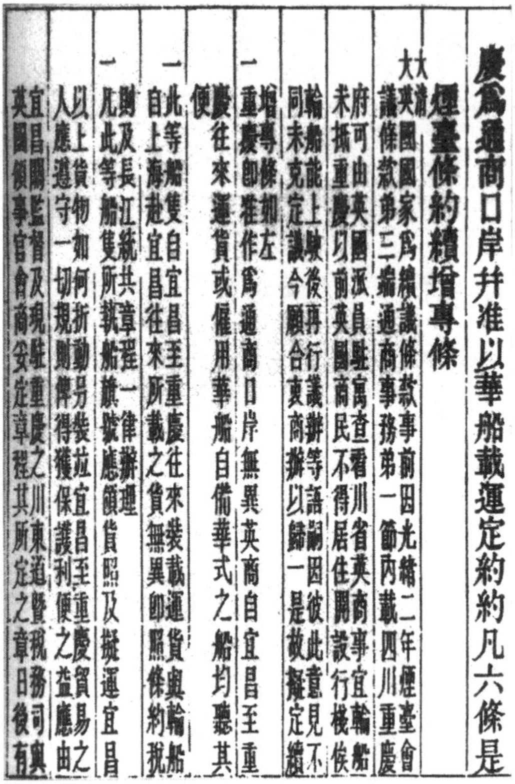

慶爲通商口岸幷准以華船載運定約約凡六條是

煙臺條約續增專條

大清
大英國國家爲續議條款事前因光緒二年煙臺會議條款第三端通商事務第一節內載四川重慶府可由英國派員駐寓查看川省英商事宜輪船未抵重慶以前英國商民不得居住開設行棧俟輪船能上駛後再行議辦等語嗣因彼此意見不同未克定議今願合衷商辦以歸一是故擬定續增專條如左

一 重慶即准作爲通商口岸無異英商自宜昌至重慶往來運貨或僱用華船或自備華式之船均聽其便

一 此等船隻自宜昌至重慶往來裝載運貨與輪船自上海赴宜昌往來所載之貨無異即照條約稅則及長江統共章程一律辦理

一 凡此等船隻所執船牌旗號應領貨照及擬運宜昌以上貨物如何折動另裝並宜昌至重慶貿易之人應遵守一切規則俾得獲保護利便之益應由宜昌關監督及現駐重慶之川東道暨稅務司與英國領事官會商妥定章程其所定之章日後有

1890 年 3 月，中英签订《烟台条约续增专条》，重庆成为中国的第 20 个对外通商口岸

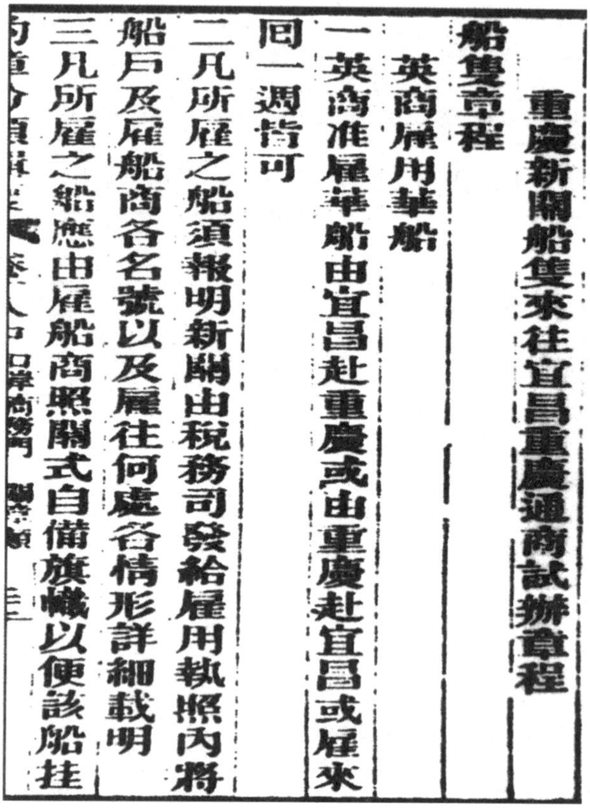

重慶新關船隻來往宜昌重慶通商試辦章程

船隻章程

英商雇用華船

一 英商准雇華船由宜昌赴重慶或由重慶赴宜昌或雇來回一週皆可

二 凡所雇之船須報明新關由稅務司發給雇用執照內將船戶及雇船商各名號以及雇往何處各情形詳細載明

三 凡所雇之船應由雇船商照關式自備旗幟以便該船挂

重庆海关税务司好博逊与川东道尹张华奎签订的《重庆新开船只来往宜昌重庆通商试办章程》

海关的设立和城乡经济的发展

海关作为国家主权标志，是引进西方国家先进的关税管理制度的机构。海关的设立，使中国的财政税收一定程度上有了较稳定的增长，通过对进出口贸易变化的分析，可以对贸易平衡起着指导调节作用。但是，从根本上讲，海关税务司由外籍人士担任，让其控制了海关行政权并支配税款流向，特别是任其通过极低的进口税率向中国倾销商品，压制了国内民族资本主义的兴起和发展。海关关税权的丧失，加速了中国半殖民地过程。

1894年，甲午战争失败后，对重庆口岸觊觎已久的日本强迫清政府签订了《马关条约》和《重庆日本商民专界约书》等不平等条约，规定重庆对日本开放，不但拥有同西方列强同等的特权。而且规定日本轮船可以从湖北宜昌溯长江而上至重庆，在通商口岸建立工厂，取得在重庆南岸王家沱设立专管租界的权利。此例实现了资本主义国家在中国输出资本的共同愿望。

开埠通商后，重庆地理区位优势凸现，商业贸易功能强化。成渝大道、川东大道客商不断，肩挑驮运，熙熙攘攘；而水上运输尤为繁忙，重庆“九门舟集如蚁”。据重庆海关统计的史料记载，自开埠通商后，对外贸易得到迅速发展，进出口货物值呈波浪形上升的趋势。1892年，重庆对外贸易总值924万两；1897年达到近1800万两；1910年达到5200万两（以上不包括鸦片贸易值）。上述贸易值中大半是出口贸易。品种主要有生丝、药料、羊毛、猪鬃、毛匹等物质出口。货物的增加，意味着使农村经济趋于活跃，民族资本的收购、运输和加工业得到发展。进口则是布匹、棉纱、香烟、西药、金属、煤油。价廉物美的国外商品的输入改变着重庆人的消费观念，加速了自然经济的解构的过程，重庆社会经济被迫经历了亘古未有的大变动。

商会名称	总理姓名	设立时间	入会商号数	会董数	会议次数	议事件数
重庆商务总会	舒钜祥	1904	1200	84	48	300
江津商务分会	张尚元	1909	576	25	27	32
定远商务分会	王俊逸	1909	148	18	20	15
璧山商务分会	张正辉	1909	308	42	34	62
长寿商务分会	傅元懋	1909	378	12	16	25
荣昌商务分会	敖其衡	1910	612	21	36	136
大足商务分会	王廷权	1910	810	29	84	262
合州商务分会	白治安	1910	456	16	72	91
綦江商务分会	王大年	1910	10	20	36	58
铜梁商务分会	周鸿钧	1910	263	14	48	28

1910年重庆商务总会及分会一览表

公所名称	营业种类	公所名称	营业种类
八省公所	棉花	酒帮公所	酒类
买帮公所	棉花	糖帮公所	食糖
行帮公所	棉花	绸帮公所	丝货
盐帮公所	食盐	书帮公所	书籍
同庆公所	棉纱	河南公所	杂货
纸帮公所	纸张	扣帮公所	钮扣

资料来源：《重庆海关1892—1901年十年调查报告》。

1892—1901年重庆行帮、公所名称及营业种类

随着商品经济的发展，商

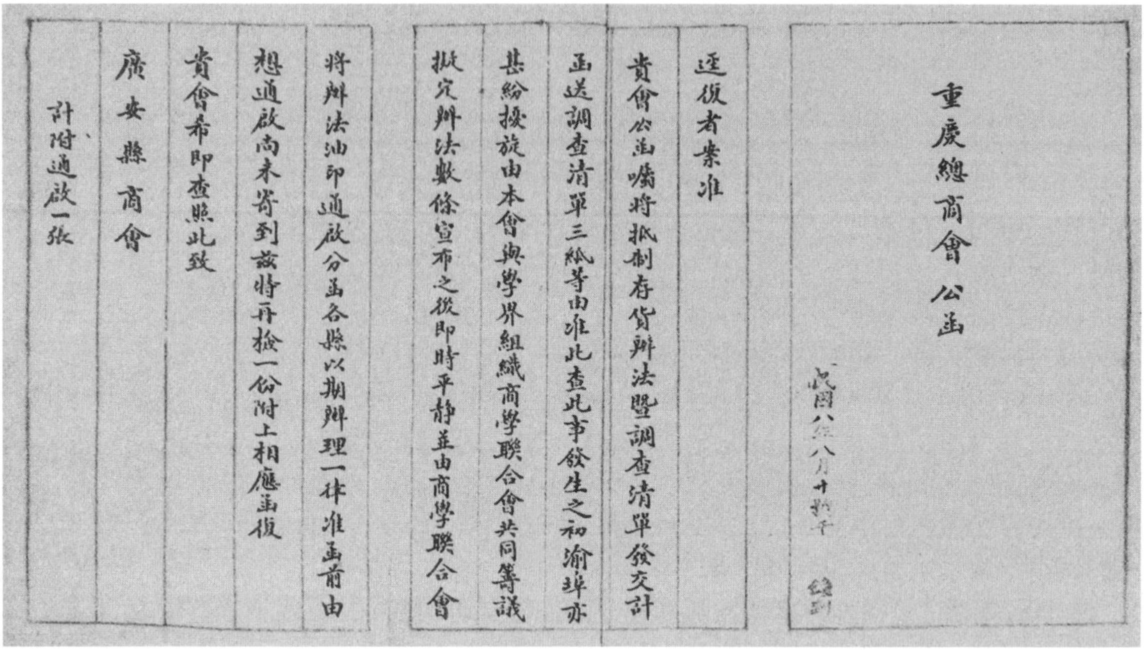

重慶總商會 公函

民國八年八月十□日 發

逕復者案准

貴會公函囑將抵制存貨辦法暨調查清單發交計

函送調查清單三紙等由准此查此事發生之初渝埠亦

甚紛擾旋由本會與學界組織商學聯合會共同籌議

擬定辦法數條宣布之後即時平靜並由商學聯合會

將辦法油印通啟分函各縣以期辦理一律准函前由

想通啟尚未寄到茲特再檢一份附上相應函復

貴會希即查照此致

廣安縣商會

計附通啟一張

1919年，重庆商会公函

品流通领域里的各行业普遍形成一定的规模，进而建立起行业组织，以维护其权益，协调与社会的关系。这些组织在清代称为行帮，重庆历来有“上下十三帮”之说。到了近代，行帮发展成为较为规范和约束较强的同业公会。民国《巴县志》记载，嘉庆时期，全城有109个商行，全是外省商人开的，并分属于不同的行业公所。如经营盐巴的有盐帮公所，经营纸张的有纸帮公所，经营纽扣的有扣帮公所，经营棉纱的有同庆公所，经营杂货的有河南公所等。1900年，重庆有12个同业工会和9个省级会馆。省级会馆分别是指湖广会馆、福建会馆、江西会馆、陕西会馆、浙江会馆、江南会馆、广东会馆、山西会馆和云贵会馆 。除了省级会馆外，一些省州、县在重庆城建有地区性的公所和会馆，馆址一般都附属在

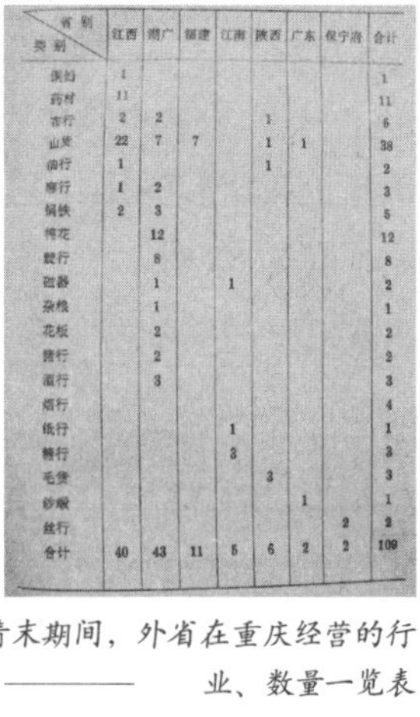

类别＼省别	江西	湖广	福建	江南	陕西	广东	保宁府	合计
[illegible]	1							1
药材	11							11
布行	2	2			1			6
山货	22	7	7		1	1		38
油行	1				1			2
麻行	1	2						3
铜铁	2	3						5
棉花		12						12
靛行		8						8
瓷器		1		1				2
杂粮		1						1
花板		2						2
猪行		2						2
酒行		3						3
烟行								4
纸行				1				1
糖行				3				3
毛货					3			3
纱缎						1		1
丝行							2	2
合计	40	43	11	5	6	2	2	109

清末期间，外省在重庆经营的行业、数量一览表

重庆王家沱日本租界

据史料记载，自秦灭巴国设巴郡，郡治在江州县（今重庆市），直把重庆作为区域性军事城堡。漫长的封建时代，重庆工商业不发达，区域规模较小。唐宋以后，社会经济发展，商品贸易兴旺

重庆湖广会馆 ［英］阿倚波德·立德夫人摄于19世纪末

省级会馆中，会馆的职能通常是维护同乡省商权益、制定行业规定、沟通商业与当地官府之间的关系、办理民间慈善公益事业和社会福利事业。同时，这些城市经济组织是重庆商业流通的主渠道，是重庆捐税征收，保障财政收入的大户。在此之前，重庆地方政府对商业的管理是通过行会来实现，由于商业的繁荣和发达，需要建立新的商业秩序。1904 年，重庆地方政府设立商务局，批准建立官督商办的重庆总商会，各州县建立了商务分会，创办了市商会机关报——《重庆商会公报》。公报并非是一家纯商业性报纸，更多的版面是宣传资产阶级改良主义的政治立场，表达民族忧患意识和社会责任感，传播近代民主思想，力图“振兴商务”、“挽回利权”，对城市的近代化过程起到了推进作用。首任商会总理由公推的金融界“西南首富”、天顺祥票号老板李耀庭担任，择定三忠祠为重庆商务总会会址。在商会下设立了商务公断处，一遇商帮纠纷，由商会和行会为主要仲裁人，地方政府派员监督。一旦议决，巴县县堂执行，“商民莫敢违抗”。1905 年，重庆成立具有管理职能的劝工局。同年，重庆府将咸同年间设立的保甲局改组为警察总局，负责社会的组织与管理，治理城内各坊厢的保甲委员转为警员，专司社会治安。而此前，警务要政之一就是指导、监督民间的消防工作。

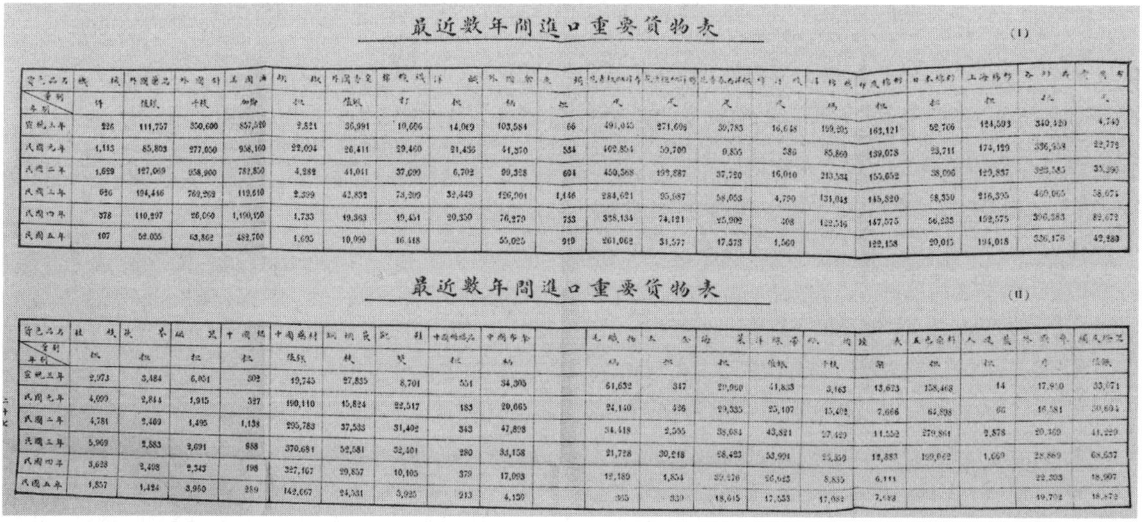

最近數年間進口重要貨物表 (I)

貨物名稱	機械	外國藥品	外國針	美國油	[illegible]	外國[illegible]	[illegible]	[illegible]	外國[illegible]	[illegible]	[illegible]	[illegible]	[illegible]	[illegible]	[illegible]	[illegible]	日本棉紗	上海棉紗	[illegible]	[illegible]
單別 / 年別	件	值銀	千枝	加侖	担	值銀	打	担	[illegible]	[illegible]	尺	尺	尺	尺	碼	担	担	担	担	[illegible]
宣統三年	226	111,757	350,600	857,520	2,521	36,991	10,606	14,069	103,584	66	491,045	271,606	39,783	16,648	199,205	163,121	52,706	124,593	340,420	4,740
民國元年	1,113	85,803	277,050	958,160	22,024	26,411	29,460	21,436	41,370	534	402,854	50,700	9,836	386	85,860	139,078	23,711	174,129	336,959	22,779
民國二年	1,629	127,069	938,900	782,850	4,282	41,041	37,690	6,702	99,328	604	450,368	199,887	37,720	16,010	213,534	155,052	38,096	129,837	323,585	35,390
民國三年	626	104,446	769,262	119,610	2,399	42,832	73,209	32,449	126,001	1,146	284,621	95,987	58,053	4,790	131,043	145,820	58,350	216,395	460,065	58,071
民國四年	378	110,297	26,060	1,190,150	1,733	19,363	19,451	20,330	76,270	733	338,134	74,121	25,902	308	122,516	147,575	56,233	192,575	396,383	82,672
民國五年	107	52,036	63,862	482,700	1,695	10,090	16,448		55,025	919	261,062	31,577	17,373	1,560		122,158	20,015	194,018	336,176	42,280

最近數年間進口重要貨物表 (II)

貨物名稱	[illegible]	[illegible]	[illegible]	[illegible]	中國藥材	[illegible]	[illegible]	[illegible]	中國[illegible]		毛織物	[illegible]	海菜	[illegible]	[illegible]	[illegible]	五色染料	人造靛	[illegible]	[illegible]
單別 / 年別	担	担	担	担	值銀	枝	雙	担	[illegible]		碼	[illegible]	担	值銀	千枝	架	担	担	[illegible]	值銀
宣統三年	2,973	3,484	6,034	302	19,745	27,835	8,701	554	34,305		61,632	347	29,960	41,833	3,163	13,623	158,468	14	17,910	33,071
民國元年	4,099	2,844	1,915	327	190,110	15,824	22,517	183	20,065		24,140	436	29,335	25,107	15,402	7,666	64,898	66	16,581	30,604
民國二年	4,781	2,469	1,495	1,138	295,783	37,533	31,402	343	47,898		34,418	2,555	38,084	43,821	27,420	11,552	279,861	2,878	20,369	41,229
民國三年	5,969	2,583	2,691	988	370,681	52,581	32,401	280	33,158		21,728	30,218	58,423	53,991	25,350	12,883	199,062	1,069	28,869	68,637
民國四年	3,628	2,408	2,343	198	327,167	29,857	10,105	379	17,093		12,189	1,854	39,476	26,643	8,835	6,111			22,303	18,997
民國五年	1,857	1,424	3,960	289	142,067	24,331	3,925	213	4,130		365	330	18,015	17,353	17,082	7,428			19,702	18,479

《最近数年间进口重要货物表》（宣统三年至民国五年）

水銀二百四十兩
以上蕪湖關署章程

十年間重慶關徵稅表

(以兩爲單位)

表六

年　　別	徵　　稅
光緒卅三年	四四七,〇三〇,三四
光緒卅四年	六四六,八一七,五七
宣統元年	五八五,六四一,九三
宣統二年	五三七,三四四,一七
宣統三年	三七八,八八九,三九
民國元年	四〇四,四八二,〇〇
民國二年	四一一,一九五,〇〇
民國三年	五〇六,一五三,〇〇
民國四年	五一〇,六九五,〇〇
民國五年	五二〇,四二八,〇〇

二十

十年间重庆关征税表

監督自是以來外僑日集國際間始有直接貿易(非商埠洋商不得立行店故直接貿易自開商埠始)夫蜀爲沃野井鹽之富絲枲皮革藥物之饒外人豔偁而重慶當二江合流有舟航轉運之利蜀西南北旁及康藏以至滇黔之一隅商貨出入輸會必於重慶故重慶者蜀物所萃亦四方商賈輻湊地也然自海關成立四五十年之間無歲不爲入超蓋土貨出口恆爲生貨或半生貨至於熟貨則含犓陋常物而外往往而絕而關稅由於協定失自主之權無以保障土貨防制洋貨之傾消且彼設智巧仰機利挾其國力以畧取吾國貨物銷售之市場或主客違言紛難時起尊俎折衝舌人失詞一不當意至不辭以艨衝飛彈相恫喝(如民國十五年英兵艦轟擊萬縣是)若曰爲保護商務耳是以彼操勝算我被劫持彼則協以謀我我乃漫而應之故不必俟月要歲會以究其數之盈虛多寡而其事勢先已不敵矣況以國人日習侈靡貴遠而賤近不能塗蔽耳目以復返於淳樸益足令土貨積滯洋貨暢行哉茲錄國際貿易局所編三十四年來重慶對外貿易貨額統計表如左

年份	洋貨進口	土貨出口	入超
光緒二十六年	(單位關平兩)一二、九一七、〇八一		一二、九一七、〇八一
二十七年	一二、五九八、一一九		一二、五九八、一一九
二十八年	一二、八八五、八八六		一二、八八五、八八六

重庆开埠 34 年以来贸易统计表前言

老档案

据史料记载，自秦灭巴国设巴郡，郡治在江州县（今重庆市）直把重庆作为区域性军事城堡。漫长的封建时代，重庆工商业发达，区域规模较小。唐宋以后，社会经济发展，商品贸易兴旺

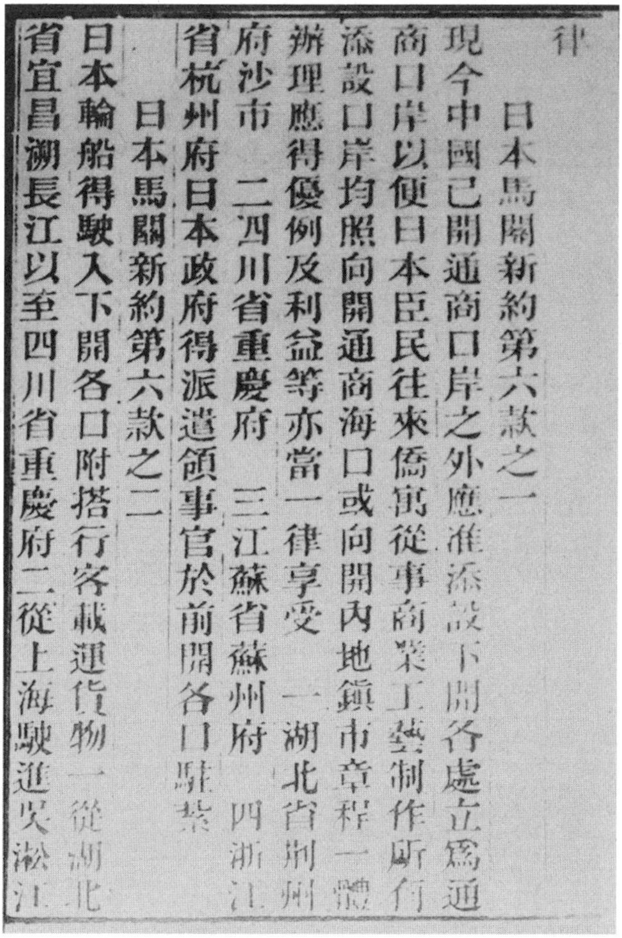

律

日本馬關新約第六款之一

現今中國已開通商口岸之外應准添設下開各處立爲通商口岸以便日本臣民往來僑寓從事商業工藝製作所有添設口岸均照向開通商海口或向開內地鎮市章程一體辦理應得優例及利益等亦當一律享受 一湖北省荊州府沙市 二四川省重慶府 三江蘇省蘇州府 四浙江省杭州府日本政府得派遣領事官於前開各口駐紮

日本馬關新約第六款之二

日本輪船得駛入下開各口附搭行客裝運貨物 一從湖北省宜昌溯長江以至四川省重慶府 二從上海駛進吳淞江

1895年4月17日签订的《中日马关条约》之部分条款

光緒二十七年八月十二日川東道寶棻與日本駐重慶領事官山崎桂訂重慶日本商民專界約書畫押

重慶日本商民專界約書二十二條

大清國欽命四川分巡川東兵備道監督重慶關兼辦通商事宜寶棻

大日本欽命駐劄重慶辦理通商事務領事官山崎桂

茲將確定日本專界事宜會同立約以憑照辦查前於明治二十九年四月即光緒二十二年二月開中日兩國委員業經協定在重慶日本租界地基及各要件在案現因兩國商務漸有起色四川總督部堂管巡撫事兼署成都將軍奎俊委派本兵備道會同本領事官確訂該租界一切事宜卽將議定條款開列於左

1901年9月24日签订的《重庆日本商民专界约书》

老档案

最近數年間出口大宗土貨表

貨物名稱	計量＼年別	宣統二年	宣統三年	民國元年	民國二年	民國三年	民國四年	民國五年
猪毛	擔	14.587	14 477	13.017	15.955	16.019	15 953	12.176
羊毛	擔	24.180	22 965	12.013	31.963	34.480	38 261	29 429
鵝鴨毛	擔	6.192	6.835	8 938	7 621	6 631	3.880	3.027
水牛皮	擔	19.323	16.036	21.960	24.530	30 042	48.282	33 688
羊皮	張	1.357 360	1 134.696	15.267	1 562 857	1.082.944	1.938.011	2.342.852
木耳	擔	5.196	4.515	10 336	7 269	10 611	10 383	8.519
[illegible]	擔		202	1 192	2 497	2.120	1.257	1.701
藥材	值關平銀	1.549.577	1.390.080	1.324.355	1.288 680	1.509.149	1.831.566	1.307 858
麝香	斤	2.442	2.120	1.726	2.235	1.769	1.680	1.605
五倍子	擔	13.012	3 952	15.976	8 360	14 556	20.019	18 852
大黃	擔	13.132	13 099	12 291	17 960	12.663	15.662	12 922
木油	擔	9.915	10.230	2.899	9.096	18.429	19 882	33 893
[illegible]	擔	3.744	7.639	14.682	25.470	4.410	8 034	13.736
[illegible]	擔	8.303	148.949	128.905	95.813	63.519	49.916	35.538
[illegible]	擔	14.233	17.532	17.114	17.963	19.316	15.841	19 529
[illegible]	擔	34.795	40 627	50,070	28.945	35.584	35.409	41.341
白蠟	擔	10.904	10 081	5,065	6.523	4.314	7.784	6.119
夏布	擔	5 107	4 018	5,209	4.277	5,834	6,336	7.030
[illegible]	擔	7.884	11.209	17 085	18.355	33.387	32.943	27 838
[illegible]	擔	41	95	161	101	306	81	229
[illegible]	擔	5	30	67	126	131	151	284
[illegible]	擔	362	305	1,247	1.289	2.021	1.753	2 308
[illegible]	擔						976	1 046
[illegible]	擔	6.395	5.344	9 114	7.159	8.703	5.635	4.878
[illegible]	擔		64	114		14	17	13
[illegible]	擔		64	114		14	50	
[illegible]	擔	2.003	832	498	579	276	235	582

宣统二年至民国五年间大宗出口的土货表

最近九年間之輪船出入表

No. I.

(表三)

年別	進口		出口		進出口共	
	隻數	噸數	隻數	噸數	隻數	噸數
光緒卅四年						
宣統元年	1	196			1	196
宣統二年	14	2.744	15	2.940	29	5.684
宣統三年	9	1.764	8	1.568	17	3 332
民國元年	12	2.352	13	2.548	25	4.900
民國二年	13	2.548	13	2 548	26	5 096
民國三年	47	13.293	43	12.154	90	25.447
民國四年	58	15.244	62	16 303	120	31.627
民國五年	35	11 108	18	5 266	53	16 374

最近九年間之帆船出入表

No. II. No. II.

(表四)

年別	進口		出口		進出口共	
	隻數	噸數	隻數	噸數	隻數	噸數
光緒卅四年	1.355	43.082	962	25 577	2.317	68.659
宣統元年	1.563	51.871	1.004	24.837	2.567	79.708
宣統二年	1.520	51.263	619	23.037	2.139	74.300
宣統三年	1.255	45.254	772	21.811	2.027	67.065
宣統四年	1.284	48 099	878	24 295	2.162	72.394
民國元年	1.191	47.554	923	27.307	2.114	74.861
民國二年	1.227	51.808	776	23.718	2.000	75.526
民國三年	1.376	66.730	697	26.043	2.073	94.332
民國四年	1.096	58.150	807	27.643	1.903	85.794
民國五年	835	45 430	849	45.416	1.684	90.832

最近九年间之轮船出入表

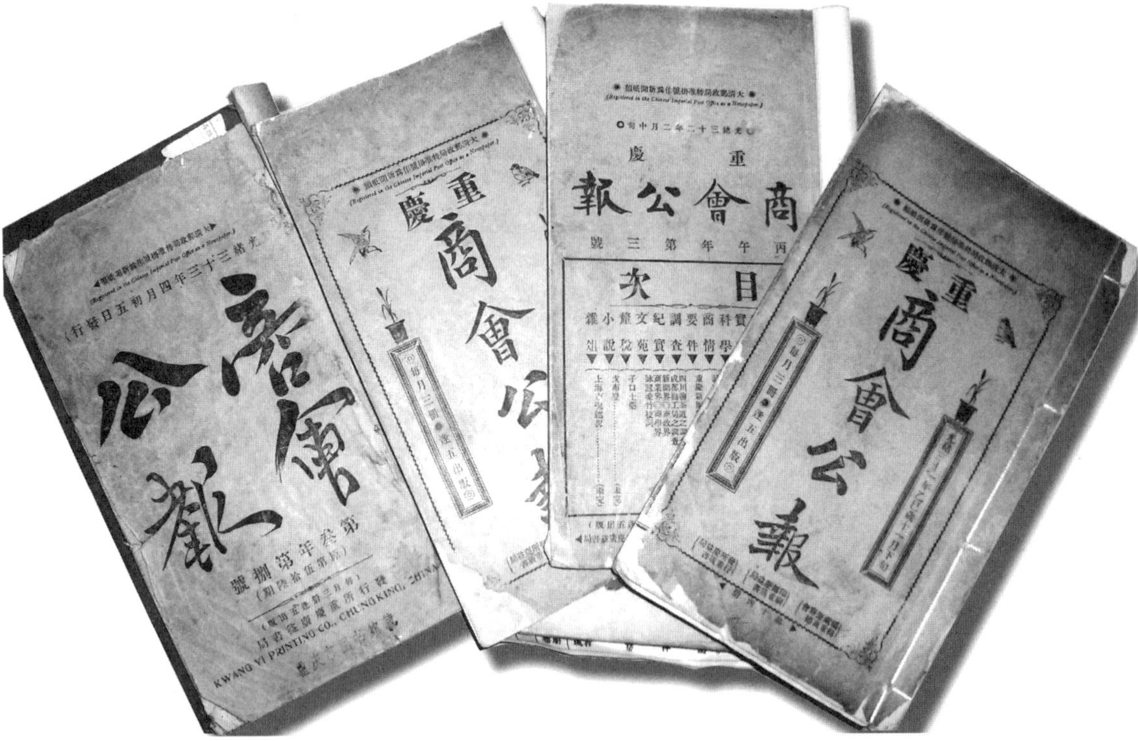
商會公報
重慶
商會
重慶
商會公報
丙午年第三號
目次
重慶
商會公報
KWANG YI PRINTING CO., CHUNGKING, CHINA

重庆商会公报

各领事馆和洋行设立

1890年，中英《烟台条约续增专条》订立，英国取得了重庆开埠的条约权利，而且，获得了在重庆设领事馆的法律依据。馆址初期定在方家什字麦家院，1900后迁至领事巷。甲午战争后，西方列强掀起瓜分中国的狂潮，地处内陆要冲的重庆成了列强们争夺的目标。1896年3月法国、日本、美国也要求在渝设立领事馆。经与清政府议定，法国领事馆当年选址在城内二仙庵。美国领事馆设于城内五福宫前。日本领事馆设于城内小梁子五公馆，1921年又将馆址设在通元门培德堂巷内。1904年，德国在重庆的领事馆建立。

西方各国在重庆设立领事馆的同时，纷纷在城内开设了洋行、公司、商行、教堂、学校、医院等机构。1890年，重庆第一家外国洋行立德洋行在下陕西街开办，专门经营进出口贸易及航运业。以后，立德洋行还开办专门从事旗船保险的利川保险公司。据统计，1890年—1911年间外国先后在重庆设立过的洋行、公司、药房等有51家。规模较大的有英商的怡和洋行、太古洋行、白理洋行、吉利洋行、英美纸烟公司等15家；美商的利泰洋行、永丰洋行、美孚油行等4家；日商的大阪洋行、宝丰洋行、大阪轮船公司等11家。到辛亥革命爆发时，仍在重庆开办的有28家，经营的商品销售全川，形成强大的商品销售网络。在进口的洋货商品中居垄断地位的是英国纺织品，数量占进口的89.6%，一战时，英国无暇东顾，日货才乘机后来居上。国外进

法国水兵营，抗战时期一度成为法国大使馆办公所在地

位于重庆领事巷的英国大使馆

重庆日本领事馆

重庆立德洋行

重庆长江岸边立德的工厂

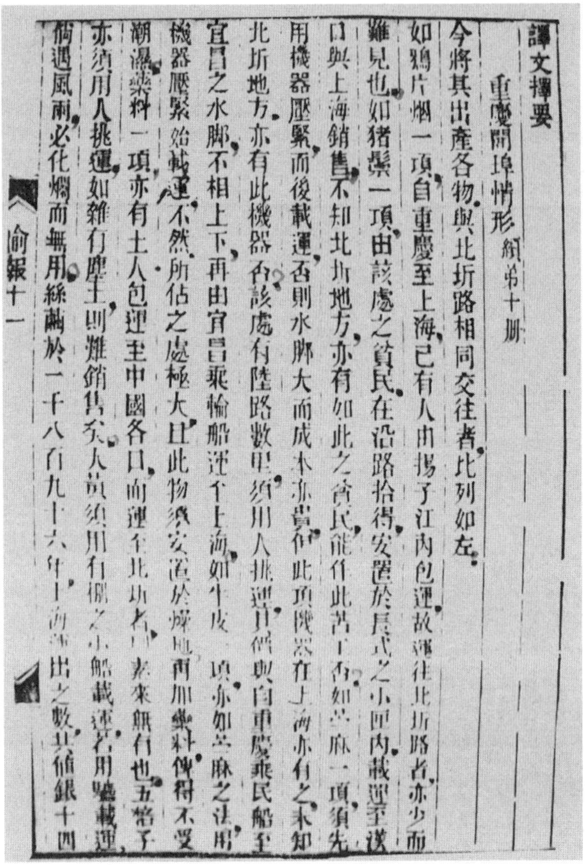

譯文擇要

重慶開埠情形 續第十册

今將其出產各物與北圻路相同交往者比列如左

如鴉片烟一項自重慶至上海已有人由揚子江內包運故運往北圻路者亦少而難見也如猪鬃一項由該處之貧民在沿路拾得安置於長式之小匣內載運至漢口與上海銷售不知北圻地方亦有如此之貧民能作此事否如苧麻一項須先用機器壓緊而後載運否則水脚大而成本亦貴作此項機器在上海亦有之未知北圻地方亦有此機器否該處有陸路數里須用人挑運其價與自重慶乘民船至宜昌之水脚不相上下再由宜昌乘輪船運至上海如牛皮一項亦如苧麻之法用機器壓緊始載運不然所佔之處極大且此物須安置於燥地再加藥料俾得不受潮濕藥料一項亦有土人包運至中國各口而運至北圻者則素來無有也五棓子亦須用人挑運如雜有塵土則難銷售矣大黃須用有棚之小船載運若用艙載運倘遇風雨必化爛而無用緣爲於一千八百九十六年由上海出之數共值銀十四

渝報十一

开埠情形（外电报道二）

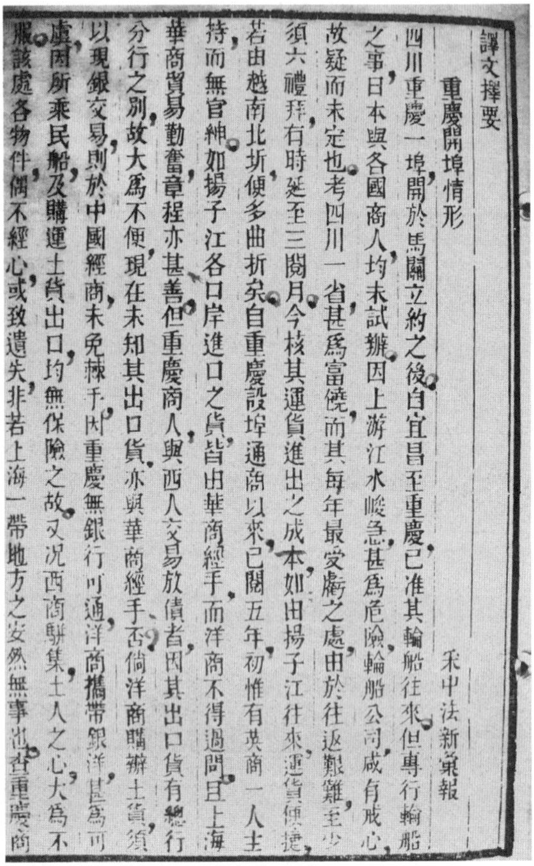

譯文擇要

重慶開埠情形 采中法新彙報

四川重慶一埠開於馬關立約之後自宜昌至重慶已准其輪船往來但專行輪船之事日本與各國商人均未試辦因上游江水峻急甚爲危險輪船公司咸有戒心故疑而未定也考四川一省甚爲富饒而其每年最受虧之處由於往返艱難至少須六禮拜有時延至三閱月今核其運貨進出之成本如由揚子江往來運貨便捷若由越南北圻便多曲折矣自重慶設埠通商以來已閱五年初惟有英商一人主持而無官紳如揚子江各口岸進口之貨皆由華商經手而洋商不得過問且上海華商貿易勤奮章程亦甚善但重慶商人與西人交易放債者因其出口貨有總行分行之別故大爲不便現在未知其出口貨亦與華商經手否倘洋商購辦土貨須以現銀交易則於中國經商未免棘手因重慶無銀行可通洋商攜帶銀洋甚爲可慮因所乘民船及購運土貨出口均無保險之故又况西商駢集土人之心大爲不服該處各物件倘不經心或致遺失非若上海一帶地方之安然無事也查重慶商

开埠情形（外电报道一）

口商品向重庆倾销，造成贸易额的失衡，开埠后的 1892 年，逆差为 322 万两；1900 年，高达 952 万两，不到 10 年增加 2 倍。这一阶段贸易逆差的结果，加速了四川、重庆自然经济的解体。以纺织品为例，洋纱入川之前，重庆走马、白市驿、龙凤等乡“机声轧轧，比户相闻”，“贫乏之家，赖以为食”。重庆生产的土布，皮实、耐穿，不但足够自用，还销往滇、黔等地。开埠后，价廉质优而且勿需再纺的“棉（洋）纱畅行，此事尽废”，农村传统的手纺业逐渐瓦解。

位于白象街的美商捷江公司

務情形，凡進口貨物，約值銀六兆九十二萬九千三百九十三兩，以上之數，並非由北圻運進。今將其各國運進之貨，值開列於左：英國洋布值銀一兆七十一萬零五百五十五兩。印度棉紗，值銀三兆九十八萬二千五百九十四兩。英國棉紗，值銀一千零十兩。英國呢布值銀三十萬三千二百二十三兩。比國金銀器，值銀三萬一千四百四十二兩。德國銅針，值銀一萬四千八百五十七兩。瑞士國表值銀八千六百零九兩。德國銅鈕子，值銀二萬四千四百六十六兩。德國各色燒料，值銀八萬九千五百六十九兩。以上各數，共值銀六兆十六萬六千三百二十五兩。又值銀七十六萬三千零六十八兩，係由日本與華商運往之魚膠燕窩魚翅沙魚扇子藥料樟腦等物。從前法國於重慶至北圻之商務，無甚利益，因法之織布商人，由北圻往者甚少，故不悉該埠情形。而英國洋布運往者，中國海關照例值百抽五，抑知今之法商，不久亦將滿載而來也。如英商運進之洋紗，祇值銀一千零十兩，而印度商人運進之棉紗，反多，共值銀三兆九十八萬二千五百九十四兩。豈我法國各廠所製之紗，獨不能於中國市上，興極大之利哉？如呢布一項，雖非進口之要物，我之製織者，必應竭力講求，務使較前增長加闊，則非獨中國人必喜購之，即各國之人，亦無不樂於購用也。如各色燒料等件，我製造家如肯仿造，該處所必需之瓶子及匣子等類，務使式樣與德國無異，我國家定當協助而減價售之。其製造一項，除軍火外，尚有銅針等類，我國亦當仿造。鐘表一項，宜再造各種新式之法，鑑表務極精緻，用者必廣。以上數端，如欲由北圻地方運去銷售，須於內地之各釐卡允准，不致留難，則所銷之貨，必在中等之上，而價值亦可稍增也。今更將該省土產出口之數查核，共值銀五兆二十二萬三千二百二十九兩，其分數如左：鴉片烟，值銀一兆六十五萬三千九百七十三兩。猪鬃，值銀十二萬九千零九十九兩。苧麻，值銀九萬零六百二十兩。牛皮，值銀三萬四千六百十七兩。藥料值銀五十萬七千九百兩。五倍子，值銀六萬六千四百二十八兩。大黃，值銀六萬七千五百六十九兩。絲繭，共值銀八十九萬四千六百二十一兩。白蠟，值銀七十九萬九千二百九十八兩。羊毛，值銀十四萬五千零四十六兩。以上各數，共值銀四兆三十八萬九千一百七十一兩。未完

开埠情形（外电报道三）

重慶海關貨物進出表

年別 ＼ 進出口別	進口	出口	出超或入超	進出口共
民國元年	15,792,360	11,078,507	入超 4,713,853	26,870,367
民國二年	17,976,570	12,132,662	入超 5,840,350	30,107,192
民國三年	23,773,020	13,859,188	入超 9,913,823	37,632,203
民國四年	18,462,076	16,537,260	入超 1,931,816	35,006,346
民國五年	15,059,330	17,303,514	出超 2,744,084	32,869,774

重庆海关货物进出表

川江航运权的攫取与生存

扩大对华贸易额是西方资本主义国家企望的目的，而要实现这一目的的首要条件是要与中国更多的内地城市通航。综观西方列强对中国的内港、内河及航行特权的掠取，以英国攫取自汉口至重庆上游川江段之航行权最为重要。

1924 年，万县川楚商船以宜渝两埠失业为由，递呈川军总司令，请饬重庆海关交涉署与各国领事交涉，要求外国轮船只限于在通商口岸航行。图为重庆龙门浩江面的木船

早在 19 世纪 60 年代，英法等列强就开始垂涎西部丰沃的物质资源和重庆特殊的地理位置，开始为进入这一地区作准备。而进入西南市场唯一可行的交通就是川江航运。1888 年，英国驻重庆领事谢立三、盘斯等多次乘帆船往来宜昌重庆之间，考察航线。英籍商人立德考察川江后深信“只要操作灵便，吃水不超过现行帆船，而马力强大的轮船，便能开到川江”，并认为“川江如无轮船行驶，重庆开埠亦毫无作用”。立德的想法得到英国资产阶级和政府的广泛认同，《泰晤士报》兴奋地表示：“假如立德成功，则七千万人口的贸易就送上门来了”。1888 年，立德根据川江航道量身定制轮船“固陵号”，建造停泊码头，准备以宜昌为根据地，闯滩驶向重庆，并向清政府申请宜—渝航线行驶执照。但这一计划受挫于木船业的强烈反对，打算聚众堵截，清政府衡量后，深恐会“酿成事端”，否决了立德的要求。类似事件在民国时期也曾发生，1922 年，盐商周俊清请兵轮运送大宗物资，船户闻讯，聚集千人上轮，将船捣毁。事件发生后，经重庆海关和驻军商议，以后运送川盐将轮木兼顾，此事方告平息。19 世纪 80

1898年2月16日英商约翰·立德驾小火轮“利川”号由宜昌出发，于同年3月抵达重庆

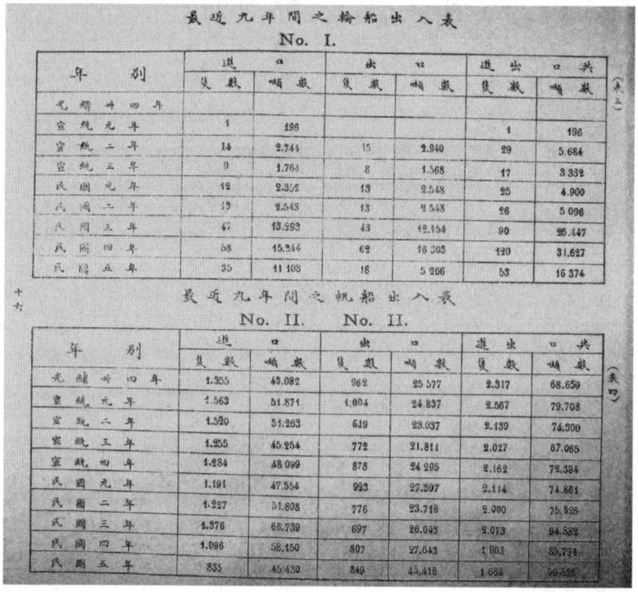

最近九年間之輪船出入表

No. I.

年别	進口 隻數	進口 噸數	出口 隻數	出口 噸數	進出口共 隻數	進出口共 噸數
光緒卅四年						
宣統元年	1	196			1	196
宣統二年	14	2.744	15	2.940	29	5.684
宣統三年	9	1.764	8	1.568	17	3 332
民國元年	12	2.352	13	2.548	25	4.900
民國二年	13	2.543	13	2 543	26	5 096
民國三年	47	13.293	43	12.154	90	25.447
民國四年	58	15.244	62	16 303	120	31.627
民國五年	35	11 108	18	5 266	53	16 374

（表三）

十六

最近九年間之帆船出入表

No. II. No. II.

年别	進口 隻數	進口 噸數	出口 隻數	出口 噸數	進出口共 隻數	進出口共 噸數
光緒卅四年	1.355	43.082	962	25 577	2.317	68.659
宣統元年	1.563	51.871	1.004	24.837	2.567	79.708
宣統二年	1.520	51.263	619	23.037	2.139	74.300
宣統三年	1.255	45.254	772	21.811	2.027	67.065
宣統四年	1.284	48 099	878	24 295	2.162	72.394
民國元年	1.191	47.554	923	27.307	2.114	74.861
民國二年	1.227	51.808	776	23.718	2.000	75.526
民國三年	1.376	66.739	697	26.043	2.073	94.832
民國四年	1.096	58.150	807	27.043	1.903	85.794
民國五年	835	45.430	849	45.416	1.684	90.528

（表四）

《最近九年间之轮船出入表》（光绪二十四年至民国五年）

年代，四川境内商品运输的主要载体是木船。每年进出入重庆的木船约5000～7000艘，载货量达24万吨。据统计，船户和纤夫总计不少于20万人，若加上其家属，赖以木船为生者约百万人之多，几乎所有四川水系的船帮组织都云集重庆。轮船运输运价低，速度快，川江木船与其竞争自然不是对手，而且川江航道狭窄，木船在强势的轮船面前，安全难以保障。但1890年3月签订的《烟台条约续增专条》允许英商“雇用华船或自备华式之船”，挂外国旗由川江上驶重庆，享有与轮船在其他口岸和水域的同等权益。受这一规定的影响，川江上航运的木船运输业竞争出现奇特景观，相当多的内地木船纷纷挂上外国旗。英商立德洋行租用木

……每月飯食銀二十四兩
公局房租每月支銀二十四兩
監督每月薪水銀二百四十兩
以上蕪湖關署章程

重慶新關船隻來往宜昌重慶通商試辦章程

船隻章程

英商雇用華船

一英商准雇華船由宜昌赴重慶或由重慶赴宜昌或雇來回一趟皆可

二凡所雇之船須報明新關由稅務司發給雇用執照內將船戶及雇船商各名號以及雇往何處各情形詳細載明

三凡所雇之船應由雇船商照關式自備旗幟以便該船挂

[illegible]

外即將該船拏獲充公

重慶新關試辦章程

一凡洋商雇用華船及自備之船起卸貨物界限現暫定朝天門外對岸獅子山上自太平渡起下至蛋子石止

二凡起下貨物均須日間以早六點鐘起至晚六點鐘止禮拜日給假日非特請專單概不准行凡未領有准單私行起下或所載之貨與總單不符由本關查出均罰入官

三凡洋商自備之船須挂用關式紅色旗幟旗式三角尖形幅寬四尺斜長八尺底長六尺九寸旗面橫書關式兩大字旁用小字書明某商自備船隻旗幟第某號

四凡洋商雇用之船須挂用關式藍色旗幟形式大小俱同

1891 年初《重庆新关试办章程》《重庆新船只来往宜昌重庆通商试办章程》(20 条)

最近八九年間嘉敘瀘渝間進出小輪表

No. III

表五

年别	進口		出口		進出口共	
	隻數	噸數	隻數	噸數	隻數	噸數
宣統元年						
宣統二年	1	196	1	196	2	392
宣統三年						
民國元年	1	196	1	196	2	392
民國二年	1	196	1	196	2	392
民國三年	1	196	1	196	2	392
民國四年	13	1,036	13	1,036	26	2,072
民國五年	9	593	11	637	20	1 230

十七

最近八九年间嘉叙泸渝间进出小轮表（宣统元年至民国五年）

英、法、美炮舰在重庆江面上游弋（一）

挂法国旗的四川客船

英、法、美炮舰在重庆江面上游弋（二）

英、法、美炮舰在重庆江面上游弋（三）

民初享有特权的“挂旗船”生意兴隆

船满载煤油、海带抵达朝天门，成为进入重庆的第一艘挂旗船。从此，米字旗、星条旗、太阳旗等各色外国旗开始在川江航线上飘扬。挂旗船成了入川洋货的主要承运者。据1892年统计，“半数以上的上行船和三分之二的下行船只都挂英国旗，主要是太古和怡和两个洋行”，依赖于不平等条约所赋予的特权，挂旗船在商业运输竞争中处于有利地位，吸引着大批中国民船，只要“给银五两”，即准挂该洋行的旗帜。如此以来，华商将货船挂洋旗即可与洋货一样享有免厘的优待，及至“商务利权悉入西人掌握”。挂旗船揽货运输，凭借特权优势，打击了官办运输业，亦造成民船运输萎缩。从重庆开埠到1911年辛亥革命爆发的20年间，川江航运实际上是外商的“独霸时代”。

1894年，《马关条约》的签订，从法律上保证了西方列强在川江的航运特权。英国工程队对重庆航道进行系统的测量，并对云阳境内险滩进行了整治。1898年2月，英籍商人立德夫妇亲驾一艘重量7吨的小火轮“利川”号，经过20多天

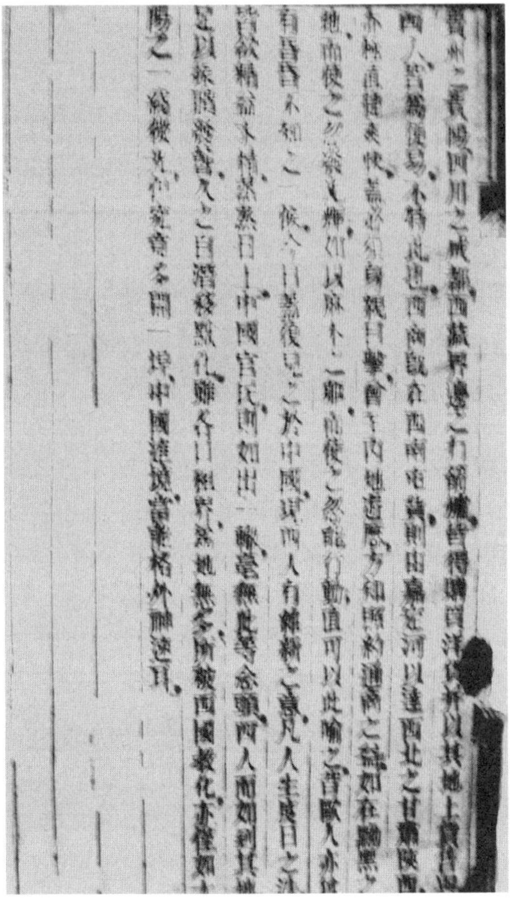

法国与地会论重庆通商（二）

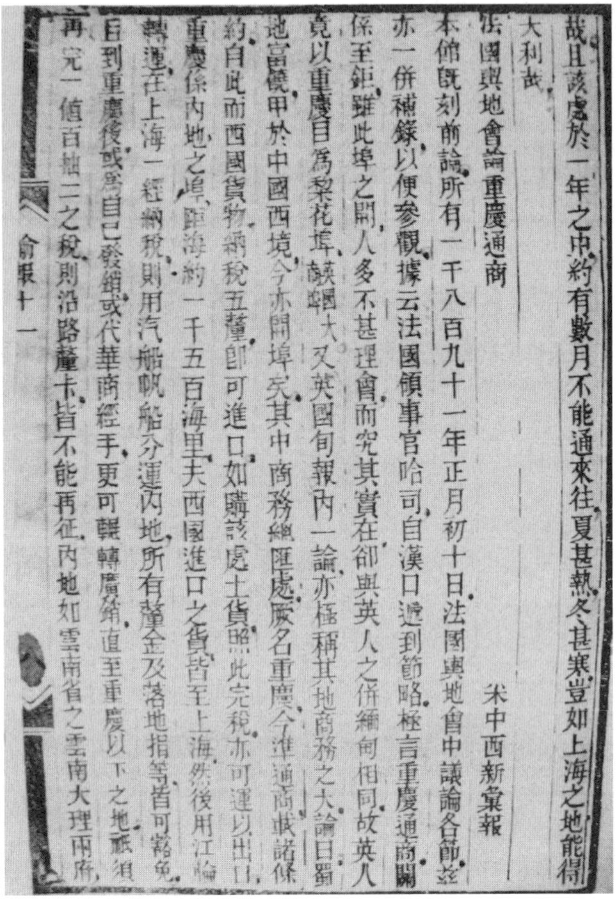

哉且該處於一年之中約有數月不能通來往夏甚熱冬甚寒豈如上海之地能得大利哉

法國與地會論重慶通商　　采中西新彙報

本館既刻前論所有一千八百九十一年正月初十日法國與地會中議論各節茲亦一併補錄以便參觀據云法國領事官哈司自漢口遄到節略極言重慶通商關係至鉅雖此埠之開人多不甚理會而究其實在卻與英人之係緬甸相同故英人竟以重慶目為梨花埠鱗蠋大又英國旬報內一論亦極稱其地商務之大論曰蜀地富饒甲於中國西境今亦開埠究其中商務總匯處厥名重慶今準通商載諸條約自此而西國貨物納稅五釐即可進口如購該處土貨照此完稅亦可運以出口重慶係內地之埠距海約一千五百海里夫西國進口之貨皆至上海然後用江輪轉運在上海一經納稅則用汽船帆船分運內地所有釐金及落地指等皆可豁免且到重慶後或售自己發銷或代華商經手更可襲轉廣銷直至重慶以下之地祇須再完一値百抽二之稅則沿路釐卡皆不能再征內地如雲南省之雲南大理兩府

俞根十一

法国与地会论重庆通商（一）

的艰辛航行，于 1898 年 3 月 9 日抵达重庆。“利川”号试航成功，使西方列强深受鼓舞。翌年，英政府派出两艘炮舰 WOODCOCK（山鸡号）和 WOODLARK（山莺号）驶达宜昌，于 1890 年 5 月 7 日又抵达重庆。1899 年，英国商轮“先行”号也到达重庆。此后，英、法、德、日、意等国军舰，常年往来于重庆至宜昌之间，以保护本国商人在川江上的商业利益。兵舰的驶入标志川江航行权的完全丧失。需要说明的是，虽然外国列强控制了川江航运权，对川江航道进行系统的勘测和标注，实际上并未得到太多的商业利益，据档案史料统计，此后的 20 余年间，川江上行驶的商业轮船并不多，在重庆江面上游弋的仍以兵舰为主。其原因，主要受阻于险滩林立的川江航道和木船业的反对。如 1900 年，德国瑞记洋行特制的“瑞生”号 载重 358 吨）于 12 月 27 日由宜昌驶出，行至 40 公里的空岭峡触礁沉没，成为川江海难的第一艘外轮。

勘測已定鳩眾興工當不遠也

輪船

重慶商埠緐盛後外僑日多皆垂涎川江航運以為巨利可圖先是英商立德援據烟臺條約自置輪船擬由宜上駛經官民反對乃由政府備價接買其船即後往來宜漢間之固陵船是已詳交涉踵英商而起者則有德商瑞生其船駛至空舲峽觸礁沉沒於時外商購販貨物恆雇木船運輸而懸外國商旗為標識俗稱曰掛旗船然英之威進烏那兩兵艦託保僑之名往往乘漲上下矣

清光緒三十三年勸業道周善培在重慶商會議集股

重庆近代民族工业的形成

创业的启蒙

从 1891 年重庆开埠到辛亥革命前的近 20 年间，是重庆近代工业的萌芽时期，工业生产刚起步，产业结构分布在火柴、纺织、缫丝、采煤、玻璃、航运等少数几个行业，直到 20 世纪 30 年代初期以后，重庆工业在原有基础上才有了进一步的发展。据统计，辛亥革命前，重庆市近代工矿交通企业共约 20 余家，职工 2000 余人。从整体而言，多数厂矿规模较小，设备简陋，机械化程度低，有些可以称为手工作坊加工场。但这批企业却代表重庆工业由小生产转向现代化大生产的希望所在。

火柴业：重庆最早的民族资本和产业工人是以森昌字号火柴为标志。1891 年（光绪十七年），卢干臣等从日本引进火柴生产的化工技术和工艺流程创办了森昌泰洋火股份公司，资本五万元，厂址设在南岸王家沱，先后生产红、黑头火柴。四年后，又继办森昌正火柴厂，资本 3 万元，产品销路旺盛，利润丰厚，1897 年，两厂工人达数千人。公司还分别在泸州、嘉定设立分厂。这一时期，重庆涌现了一批火柴企业，如立德燧、丰裕、福兴、惠利、华业等。这些企业多数属于手工作坊生产，但其中也有使用从日本引进的蒸汽机和处理木材的排梗机、卸梗机。到 1936 年重庆已成为中国内陆地区火柴业中心。拥有数千名工人。

民族资本家陈秉渊在北碚后峰岩开掘的矿井——秉渊洞

1922 年，黄锡兹在北碚代家沟开掘西兹洞矿井。该井是天府煤矿最早的矿井之一

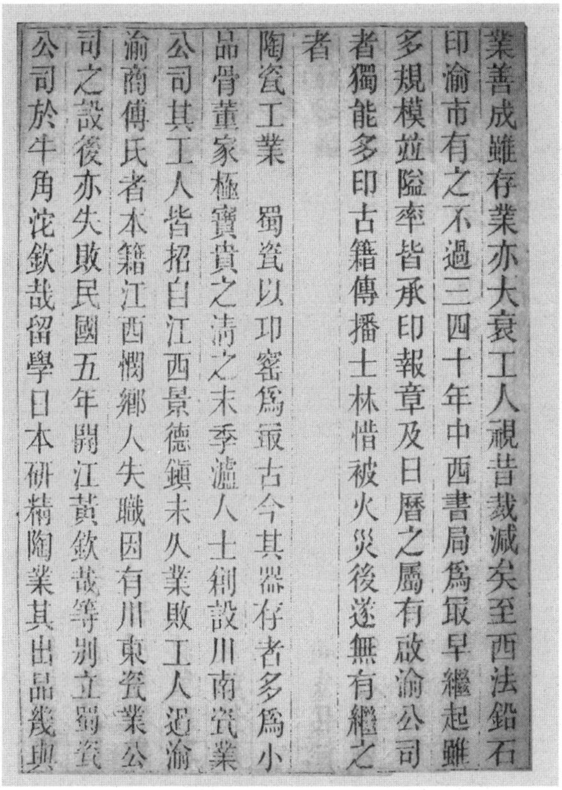

業善成雖存業亦大衰工人視昔裁減矣至西法鉛石印渝市有之不過三四十年中西書局爲最早繼起雖多規模竝隘率皆承印報章及日曆之屬有啟渝公司者獨能多印古籍傳播士林惜被火災後遂無有繼之者

陶瓷工業　蜀瓷以邛窰爲最古今其器存者多爲小品骨董家極寶貴之淸之末季瀘人士創設川南瓷業公司其工人皆招自江西景德鎭未久業敗工人逗渝渝商傅氏者本籍江西𨤲鄉人失職因有川東瓷業公司之設後亦失敗民國五年閬江黃欽哉等別立蜀瓷公司於牛角沱欽哉留學日本研精陶業其出品幾與

印刷坊刻档案（二）

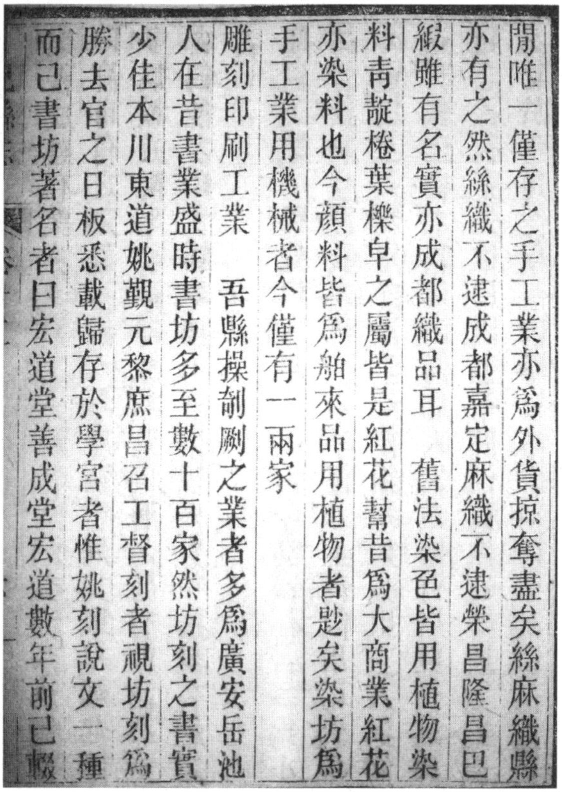

開唯一僅存之手工業亦爲外貨掠奪盡矣絲麻織縣亦有之然絲織不逮成都嘉定麻織不逮榮昌隆昌巴緞雖有名實亦成都織品耳　舊法染色皆用植物染料靑靛棬葉櫟皁之屬皆是紅花幫昔爲大商業紅花亦染料也今顏料皆爲舶來品用植物者尠矣染坊爲手工業用機械者今僅有一兩家

雕刻印刷工業　吾縣操剞劂之業者多爲廣安岳池人在昔書業盛時書坊多至數十百家然坊刻之書實少佳本川東道姚覲元黎庶昌召工督刻者視坊刻爲勝去官之日板悉載歸存於學宮者惟姚刻說文一種而已書坊著名者曰宏道堂善成堂宏道數年前已輟

印刷坊刻档案（一）

抗战期间民生轮船行驶在川江航线上

猪鬃业：重庆猪鬃加工业是产生工人阶级最早的行业。在中国出口商品中、除蚕丝、茶叶、桐油外，猪鬃亦是重要品种，1937年全国年输美的猪鬃价值2700多万美元，其中重庆就占14%。猪鬃之最大用途为制造牙刷、发刷、衣刷和应用于军需领域。较大型的加工场有和源、崇德、宝丰、新华、瑞祥等30余家，3000多名工人。古耕虞是猪鬃业著名的实业家，其一手创立的“虎牌”闻名中外。此外，英籍商人立德开办有猪鬃加工厂，专门从天津招雇工人来渝从事加工生产。

玻璃工业：重庆地区的玻璃行业首推何鹿蒿创办的鹿蒿玻璃厂。1902—1904年期间，何鹿蒿怀揣实业救国的梦想，东渡扶桑，苦研三年，掌握了玻璃器皿制造的关键技术，购买了制造玻璃器皿的原材料和设备返回重庆，兴办玻璃厂，建成了重庆近代第一座工业熔炉，采用当时世界上最先进的玻璃制造技术，熔制玻璃产品。生产出来的各种玻璃器皿畅销省内外，供不应求。1911 年，该厂产品参展巴拿马国际工业产品博览会，获得一等奖，为民族工业挣得荣誉。为保护民族资本工业，重庆玻璃公司垄断了重庆玻璃业的销售，召集玻璃厂家，规定各厂不聘洋匠，不收洋股，此举得到地方官府的支持。至 20 世纪初，重庆地区已发展了华洋、蜀磁、瑞华等十几家玻璃企业。

纺织业：纺织业是重庆的传统工业。1888 年，熊汉臣在江北沙湾创办了重庆第一家具有近代工业性质的协兴织布厂。在生产工艺上引进较为先进的木质拉梭机和织布机，提高产量并使布幅加宽。自 1893 年起，重庆扩大引进西洋结纱机和织布机，使其逐步取代传统纺织机具。1905 年，脚踏铁轮织机也引进重庆富川织布厂、复兴织布厂、蜀华布厂。这种有总控制枢纽的脚踏铁轮织机，较之木轮织机的生产效率有了明显提高。1928 年，又出现了若干使用现代化设备的新兴企业，如大中袜厂、渝德机器纺织股份有限公司。1930 年，卢作孚在北碚创办三峡染织厂，是当时四川最大的织布厂。此外，江北、

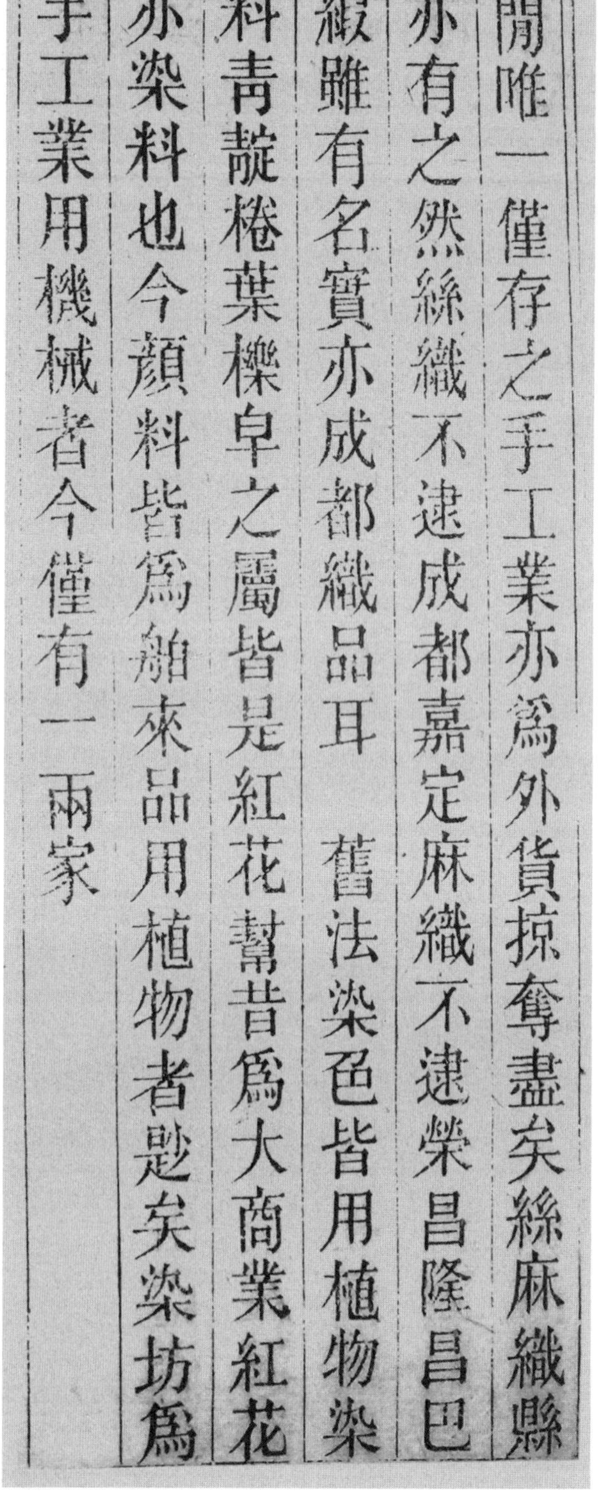
閒唯一僅存之手工業亦爲外貨掠奪盡矣絲麻織縣亦有之然絲織不逮成都嘉定麻織不逮榮昌隆昌巴緞雖有名實亦成都織品耳　舊法染色皆用植物染料青靛橡葉櫟皂之屬皆是紅花幫昔爲大商業紅花亦染料也今顏料皆爲舶來品用植物者尟矣染坊爲手工業用機械者今僅有一兩家

重庆缫丝工业兴衰史记载（一）

据史料记载，自秦灭巴国设巴郡，郡治在江州县（今重庆市）
直把重庆作为区域性军事城堡。漫长的封建时代，重庆工商业
发达。区域规模较小。唐宋以后，社会经济发展。商品贸易兴旺

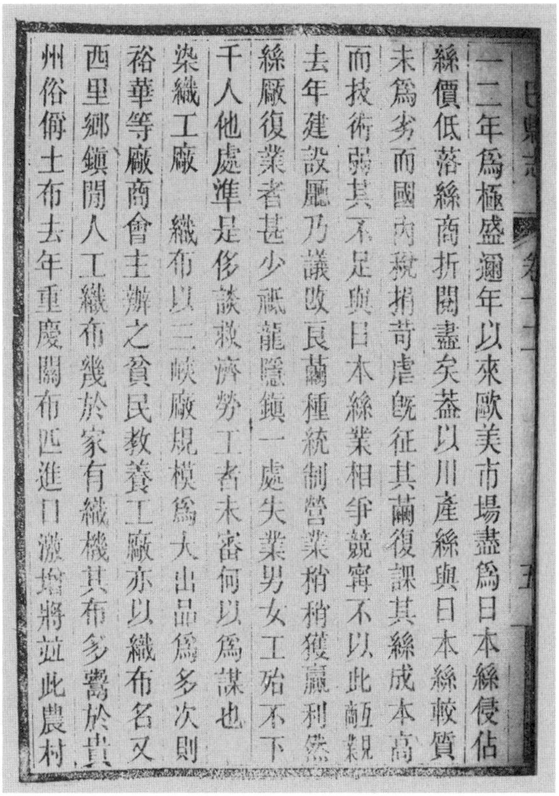

一二年爲極盛邇年以來歐美市場盡爲日本絲侵佔
絲價低落絲商折閱盡矣蓋以川產絲與日本絲較質
未爲劣而國內稅捐苛虐旣征其繭復課其絲成本高
而技術弱其不足與日本絲業相爭競寧不以此虧[illegible]
去年建設廳乃議改良繭種統制營業稍稍獲贏利然
絲廠復業者甚少祇龍隱鎮一處失業男女工殆不下
千人他處準是侈談救濟勞工者未審何以爲謀也
染織工廠　織布以三峽廠規模爲大出品爲多次則
裕華等廠商會主辦之貧民教養工廠亦以織布名又
西里鄉鎮閒人工織布幾於家有織機其布多鬻於貴
州俗稱土布去年重慶關布匹進口激增將並此農村

重庆缫丝工业兴衰史记载（三）

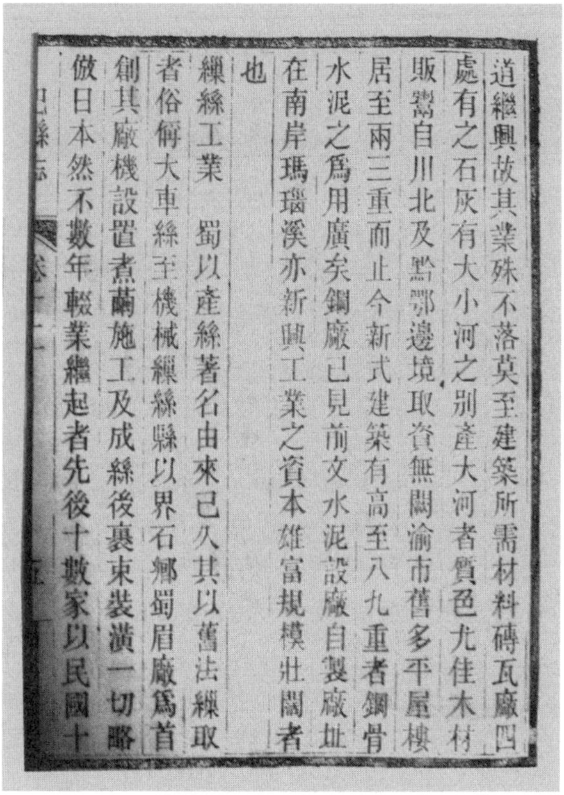

道繼興故其業殊不落莫至建築所需材料磚瓦廠四
處有之石灰有大小河之別產大河者質色尤佳木材
販鬻自川北及黔鄂邊境取資無闕渝市舊多平屋樓
居至兩三重而止今新式建築有高至八九重者鋼骨
水泥之爲用廣矣鋼廠已見前文水泥設廠自製廠址
在南岸瑪瑙溪亦新興工業之資本雄富規模壯闊者
也
繅絲工業　蜀以產絲著名由來已久其以舊法繅取
者俗稱大車絲至機械繅絲縣以界石鄉蜀眉廠爲首
創其廠機設置煮繭施工及成絲後裹束裝潢一切略
倣日本然不數年輟業繼起者先後十數家以民國十

重庆缫丝工业兴衰史记载（二）

柴火球獅上頂
請
國
貨
用
LION
TRADE
BALL
MARK
重慶
設廠
司公柴火記和業華

重庆华业和记火柴公司

巴县还有一批工场，利用洋纱织造宽布、毛巾、花布等布料。抗战期间，国内大型纺织企业，如豫丰、裕华、申新迁来重庆建厂，迅速改变了本地棉纺织业的旧貌，成为重庆机器棉纺织业的骨干。

缫丝业：缫丝业是四川传统的家庭手工业，长期以成都和川北一带为盛，开埠以后，受国外资本影响，重庆缫丝业迅速发展。1908 年建立的蜀眉丝厂，采用日本蒸汽缫丝机，是四川缫丝业最先使用先进机器的厂家。随后，有诚成、旭东、又新等缫丝厂家相继建立。30 年代初，日本生丝在国际市场倾销，受其影响，重庆缫丝厂纷纷倒闭。江北香国寺的渝丝厂首先倒闭，其余丝厂合并为大华丝厂。

机器制造业：清朝末期，商品流通领域币制混乱，习用的银锭成色有多种规格之分，用作交易的币钱被私自改铸的现象严重。币制混乱现象给商品的流通带来严重不便。1905 年，四川总督锡良决定设局铸造铜元，经费从川汉铁路股款中拨付，选址南岸苏家坝（现铜元局），购地 200 亩，从英国、德国添置机器设备和生产原料，1913 年正式投入生产。当时铜的压片、冲坯、印花等生产工艺技术含量高，模具翻砂是一流的技术水平。该厂还是重庆最早的自备电力照明的工业企业。据重庆商会统计，1933 年重庆大小机器厂有 41 家，其中 20 人以上者仅为 10 余，其余多数为几人的小厂（店），直到 1928 至 1934 年才出现具有现代意义的民生机器厂和华西机器厂。民生机器厂厂址在江北青草坝，是卢作孚创办的民营企业，主要是

从河南迁来的大型纺织厂——豫丰纱厂

三峡纺织厂新购的大隆织机

天府煤鑛公司

天府煤矿公司

华西兴业公司

1926年，民生公司购置的第一艘船只“民生号”

为民生公司修理船舶等。华西机器厂是官商合办企业，技术力量雄厚，主要从事兵工机械制造。

冶金炼钢业：民国初期，熊克武督任四川督军，主持川政时，为解决制造武器所需要的钢材，拟在铜元局内建设钢厂，曾派人赴美国考察，并订购500千瓦透平发电设备两套，250毫米轧机1套及2吨蒸汽锤1台。1921年，刘湘派人运回重庆，并请国民政府拨180万元作建设费用。后因政局动乱，筹建工作几乎停顿。1934年4月，刘湘决定成立重庆电力筹备委员会，委派杨吉晖为委员长。同年7月，在磁器口开始建厂。1938年1月，西南地区第一个现代炼钢企业——兵工署重庆炼钢厂正式投产。该厂投产后日炼钢9吨。据统计，1942年底，重庆共有钢铁企业20余家，其中以民营企业渝鑫钢铁厂实力最为雄厚。该厂原为上海大鑫钢铁厂，抗战开始后迁到重庆与民生公司合营，拥有各种规格的轧钢机，员工达千余人。抗战期间，渝鑫厂为后方民族工业的发展做出了较大的贡献。1938—1939年间以制造军火为主，以后逐渐转向民用生产。1942年1月14日，周恩来与冯玉祥参观渝鑫厂，周恩来题词：“没有重工业，便没有民族工业的基础，更谈不上国防工业，渝鑫厂的生产已为我民族工业打下了初步的基础。”解放后，渝鑫钢铁厂合并为三钢和特殊钢铁厂。

北川铁路公司

民生机器厂

铜元局铸造压片所

煤矿业：1741年（乾隆六年），位于江北嘉陵江畔的复兴隆煤矿，是重庆创办最早的煤矿企业。创办人周世渝，当年购买合川江北二岩山地，伐木辟荒，发现有煤窑平峒一个，遂雇工采掘，命名甲子洞。该煤矿藏量丰富，煤质上佳，销量畅通，重庆铜元局的生产用煤也从该煤矿购进。1909年，重庆绅商集资筹款创办江合矿务有限公司，从立德洋行购得所需原材料和机器设备，采煤能力大增，产量在相当时期内一直处于同业领先水平。1933年，民生公司与北川铁路联合，合并北碚嘉陵江煤区6个较大的开采煤窑，组成统一的天府煤矿股份有限公司，这种采煤与新式铁路运输相结合的方式，使天府煤矿股份有限公司成为抗战前重庆最有规模和影响的企业。

化学、制革工业：1933年，重庆开始陆续兴办化工企业。这一时期重庆共有九家提炼煤油的炼油厂，供应重庆及川东南各县照明之用。1935年，重庆创办了生产类的化工厂——广益化工厂。1935年5月，民族资本家吴蕴初将在上海创办的天厨味精厂、天原化工厂、天利氯气厂迁来重庆江北。这是重庆较早

猪鬃依长短粗细而分成数类，使其各符合标准

裕华纱厂女工在战时参加夜班纺纱的情形

的现代化工企业。1912 年，重庆就有粗具规模的日新、惠丰、振华三家制革厂，1916—1921 年期间，在南岸大佛寺江岸成立了重庆求新制革厂、中华制革厂，两厂规模大，设备新，掌握了当时先进的日本制革技术，生产出来的各式制革产品深受市场欢迎，在国内高规格的展览会上多次获奖。

制纸印刷业：据史料记载，曾留学日本专攻化学的吴铸久“筹集股本”，开办化学造纸厂，收集废旧字纸，用药水融化，使其墨迹沉下，纸料浮上，制造“再生纸”，其质不减外货，价廉物美。早年在渝从事印刷业的多是从广安、岳池来渝工匠创办的刻书作坊，规模偏小，刻书数量少。20年代以后，铅印技术得到发展，据初步统计，重庆当时除了 100 余家石印小厂外，还有 10 多家机器印刷厂。最有影响和规模的有“德新”、“渝商”、“新民”、“中西书局”等厂，主要承印报纸、日历、书刊及商业广告。

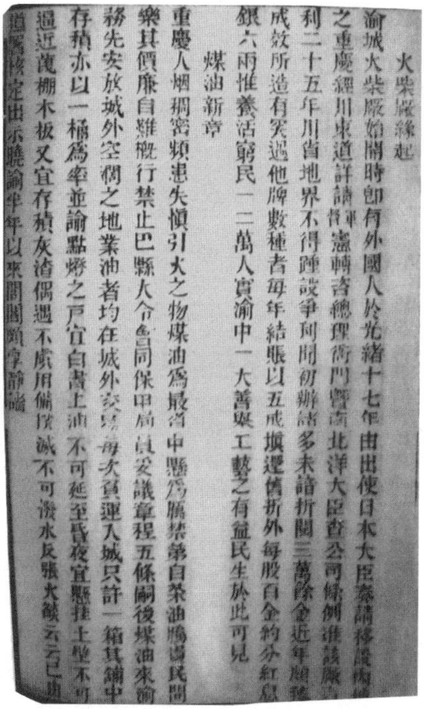

火柴廠緣起

渝城火柴廠始開時卽有外國人於光緒十七年由出使日本大臣奏請移廠

之重慶經川東道詳請督軍憲轉咨總理衙門暨南北洋大臣查公司條例准該廠

利二十五年川省地界不得踵設爭利開辦諸多未諳折閱三萬餘金近年頗稱

成效所造有奚過他牌數種者每年結賬以五成塡還舊折外每股百金約分紅息

銀六兩惟養活窮民一二萬人實渝中一大善舉工藝之有益民生於此可見

煤油新章

重慶人烟稠密頻患失愼引火之物煤油爲最渝中縣爲牖禁第自茶油騰貴民間

樂其價廉自難概行禁止巴縣大令會同保甲局員妥議章程五條嗣後煤油來渝

務先安放城外空闊之地業油者均在城外交易每次負運入城只許一箱其鋪中

存積亦以一桶爲率並諭點燈之戶宜白晝上油不可延至昏夜宜懸掛上壁不可

過近蔑棚木板又宜存積灰渣偶遇不虞用備撲滅不可潑水反張火燄云云已通

道憲核定出示曉諭半年以來閭閻頗享靜謐

关于火柴厂缘起之记载

航运业：1925 年，卢作孚在合川创办民生公司，初期仅一艘 70 余吨的小轮，经 20 多年的艰难经营，发展到 150 艘江海轮，航线由重庆至合川的嘉陵江支流贯通到长江及沿海、东南亚、日本一带，成为中国最成功的民族企业。早在 1908 年，重庆官商曾合办“川江行轮有限公司”，打建了第一艘商轮“蜀通”号，雇驾驶经验丰富的英国人浦蓝田为船长。稍后，又从英国购得“蜀亨”、“蜀

附重慶市各業工人人數及工作時間表（據商會民國二十二年調察見工商特刊）

名	傭人數	每日工作時間	備攷
泥水	一三〇〇	十時	
電務	一七〇〇	八時	
絲棉	一五〇〇	九時	
絲煙	二八〇〇	九時	
野牲羔皮	二五〇〇	十時	
下貨苦力	五〇〇	八時	
油漆	三〇〇	八時	
洋服	二〇〇〇	十二時	
成衣	六〇〇〇	十一時	男五千女千餘
擇藥	三五〇	十時	
大小木工	二七〇〇	十時	
鐵機織布	七〇〇	十一時	
腸業	二〇〇	九時	
熟毛	二〇〇	十一時	
氈巾	一七〇〇	十二時	
薙髮	一二〇〇	六時	
染製	二一〇〇	十二時	
山貨捆製	三九〇	八時	
機械	一八〇〇	八時	
軍服	二七〇〇	十一時	
熟毛洗梳	一二〇〇	八時	
丹粉	一三〇	八時	
玻璃	六四〇	十二時	
校工		九時	
機器縫紉	五〇〇	十時	
石業	二三〇〇	十時	
蘇裱	六〇	十二時	
長江上游領江	六八	七時	
白毛梳工	七〇〇	十二時	
山貨藥材捆製	四〇〇	十時	
運炭苦力	五七〇〇	十二時	
木機織布	四〇〇	十時	
篾業	一二〇〇	十時	
東川郵務	三〇〇	十時	
筆墨製造	九〇	十時	
金銀工	二〇〇	八時	
水毛	七〇〇		
疋紗捆製運輸	六九〇		
彈花	二〇〇		
[illegible]	三[illegible]〇〇		
死花	二〇〇		
棉線	一三〇		
斗量	七〇		
渡船勞工	三〇〇		
提裝	一〇七〇		
鑌鐵	一〇〇		
佛金	一〇〇		
鉛石印	四〇〇		
鐫刻	二〇〇		
火柴	八〇四		男女工并計
製絲	三〇〇		
捲煙	二〇〇		
輪夫	四四六二		
共計	四九八二四		男女工并計

民国时期重庆各业工人人数及工作时间表

和”、“新蜀通”号投入川江营运。但后来，“蜀和”、“新蜀通”遇难沉没，剩余船只拍卖，公司倒闭。

重庆近代工业早期的发展，有三个比较明显的特点：一是近代工业大都是由商业资本的投资而兴起，因重庆作为西南重要的商埠城市，商业贸易功能强于其他产业，早年经营的民族资本积累到一定程度，为获得更多利润，故投资于商品制造；二是工业多集中于简单机器生产的轻纺、出口加工业，占据社会总

据史料记载，自秦灭巴国设巴郡，郡治在江州县（今重庆市）
把重庆作为区域性军事城堡。漫长的封建时代，重庆工商业异

至今猶有名
火柴業創自森昌
泰初呈請川東道署給予專利其後外商繼起無以止
遂火柴有紅頭黑頭之別紅頭者燐硫焰重害於衛生
以其摩戛易然鄉民至今習用之聞官府已明令禁止
皆製紅頭者皆將改製黑頭已
食品工業 鑵頭食品有生生公司等數家縣境以產
橘著其製橘羹一種尤佳 機械磨米有和豐寶豐等
數家機械磨麵有新豐先農歲豐等數家舊日磨麥

森昌火柴厂产品种类

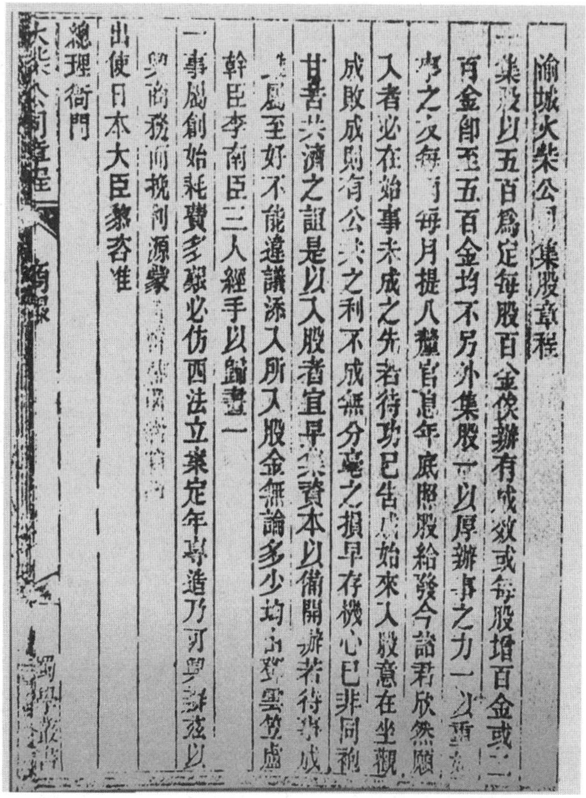
渝城火柴公司集股章程
一集股以五百爲定每股百金俟辦有成效或每股增百金或二
百金即至五百金均不另外集股以厚辦事之力
一每月提八釐官息年底照股給發今諸君欣然願
入者必在始事未成之先若待功已告成始來入股意在坐觀
成敗成則有公共之利不成無分毫之損早存機心已非同袍
甘苦共濟之誼是以入股者宜早集資本以備開辦若待辦成
……至好不能違議添入所入股金無論多少均……
幹臣李南臣三人經手以歸畫一
一事屬創始耗費多端必仿西法立案定年……乃可……
……商務而挽利源……
出使日本大臣黎杏隹
總理衙門

1891年森昌公司集股章程

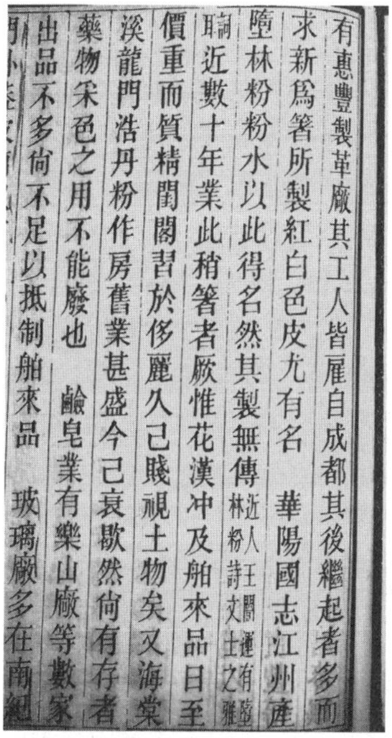
有惠豐製革廠其工人皆雇自成都其後繼起者多而
求新爲箸所製紅白皂皮尤有名 華陽國志江州產
墮林粉粉水以此得名然其製無傳
膩近數十年業此稍箸者厥惟花漢冲及舶來品日至
價重而質精閒閣耆於侈麗久已賤視土物矣又海棠
溪龍門浩丹粉作房舊業甚盛今已衰歇然尚有存者
藥物采色之用不能廢也 鹼皂業有樂山廠等數家
出品不多尚不足以抵制舶來品 玻璃廠多在南紀

重庆制革工艺记载

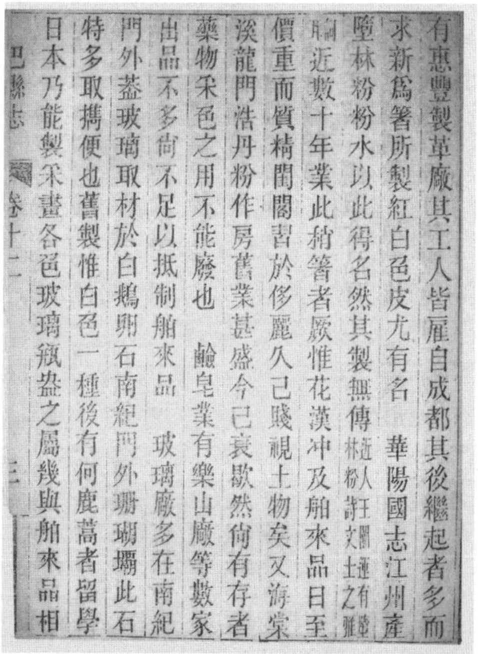
有惠豐製革廠其工人皆雇自成都其後繼起者多而
求新爲箸所製紅白皂皮尤有名 華陽國志江州產
墮林粉粉水以此得名然其製無傳
膩近數十年業此稍箸者厥惟花漢冲及舶來品日至
價重而質精閒閣耆於侈麗久已賤視土物矣又海棠
溪龍門浩丹粉作房舊業甚盛今已衰歇然尚有存者
藥物采色之用不能廢也 鹼皂業有樂山廠等數家
出品不多尚不足以抵制舶來品 玻璃廠多在南紀
門外蓋玻璃取材於白鵝卵石南紀門外珊瑚壩此石
特多取攜便也舊製惟白色一種後有何鹿蒿者留學
日本乃能製采畫各色玻璃瓶盎之屬幾與舶來品相
巴縣志 卷十二

玻璃厂原料来源记载

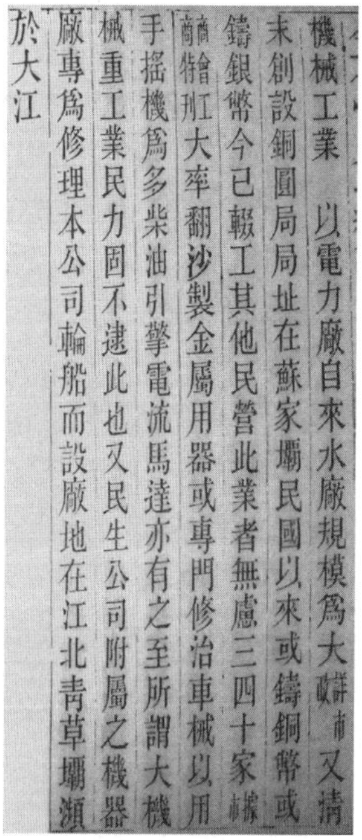
機械工業 以電力廠自來水廠規模爲大又清
末創設銅圓局局址在蘇家壩民國以來或鑄銅幣或
鑄銀幣今已輟工其他民營此業者無慮三四十家
大率翻沙製金屬用器或專門修治車械以用
手搖機爲多柴油引擎電流馬達亦有之至所謂大機
械重工業民力固不逮此也又民生公司附屬之機器
廠專爲修理本公司輪船而設廠地在江北青草壩瀕
於大江

《巴县志》中机械工业的记载

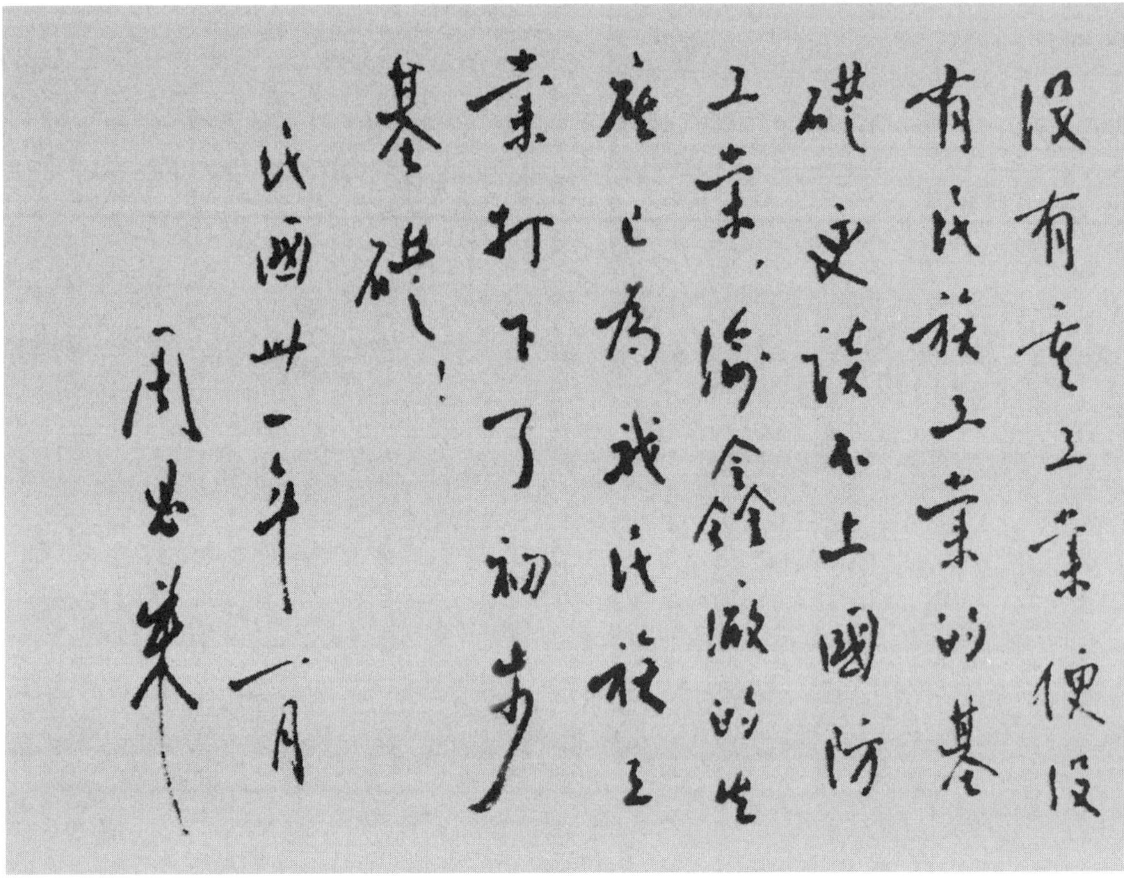
没有重工业便没有民族工业的基础，更谈不上国防工业，渝鑫的生产已为我民族工业打下了初步基础！
民国卅一年一月
周恩来

周恩来参观渝鑫钢铁厂后的题词

资本的比例很小，工业难以大规模发展；三是基础工业薄弱，辛亥革命前，全市共 53 家工业企业，制造业仅两家，轻纺业占 92.45%，这一状况和开埠后廉价倾销进口洋（棉）纱有关。民族资本之所以对投资基础工业缺乏信心，最大障碍是外部条件制约了投资环境，如交通、资源、劳动力、技术都难以达到工业要求。特别是交通，当时重庆乃至四川都无铁路运输，公路运输干线极为有限，唯一依赖的长江水道风险甚大。因此，重庆经济结构呈现“工弱商强”的现象。

重庆早期的教育事业

古代传统教育兴起与传承

据现有史料记载，重庆有办学的传统。重庆教育的兴起始于北宋治平元年（1064年），江津知县郑谔在治西修建孔庙，创办县学，成为重庆地区第一所官学。重庆府于南宋年间修建孔庙，创办府学。巴县亦同时建庙，创办县学。

至明朝，重庆府所属的大多数州（县）亦修建孔庙。孔庙又称学宫，属官方教育机构，即祭祀孔子，又设学教授生员。重庆学校除府、州、县、厅学外，还有书院，书院又称经堂。既有官办，又有私人创办。重庆书院最多的是江津，在宋朝时就办有五举书院、南山经堂，至明朝又办有楼清书院、梅溪书院、楼山书院及稍后的聚奎书院。书院常年办学经费主要依靠书院拥有的学田、房产、科举经费、附加捐税以及庙产之盈余等。

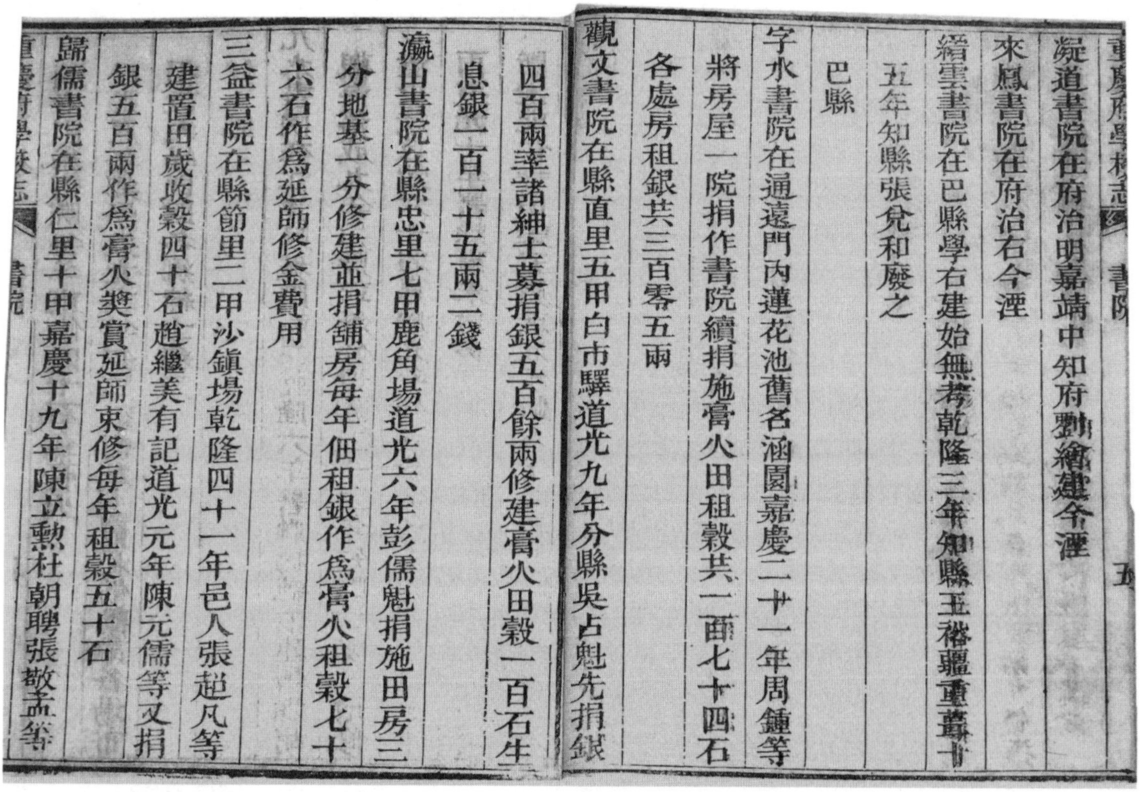

巴县地区书院的地址分布

重慶府學校志 書院
凝道書院在府治明嘉靖中知府劉綸建今湮
來鳳書院在府治右今湮
縉雲書院在巴縣學右建始無考乾隆三年知縣王裕疆重葺十
五年知縣張兌和廢之
巴縣
字水書院在通遠門內蓮花池舊名涵園嘉慶二十一年周鍾等
將房屋一院捐作書院續捐施膏火田租穀共一百七十四石
各處房租銀共三百零五兩
觀文書院在縣直里五甲白市驛道光九年分縣吳占魁先捐銀
四百兩率諸紳士募捐銀五百餘兩修建膏火田穀一百石生
息銀一百一十五兩二錢
瀛山書院在縣忠里七甲鹿角場道光六年彭儒魁捐施田房三
分地基一分修建並捐舖房每年佃租銀作爲膏火租穀七十
六石作爲延師修金費用
三益書院在縣節里二甲沙鎮場乾隆四十一年邑人張超凡等
建置田歲收穀四十石趙繼美有記道光元年陳元儒等又捐
銀五百兩作爲膏火獎賞延師束修每年租穀五十石
歸儒書院在縣仁里十甲嘉慶十九年陳立勳杜朝聘張敬孟等
重慶府學校志 書院

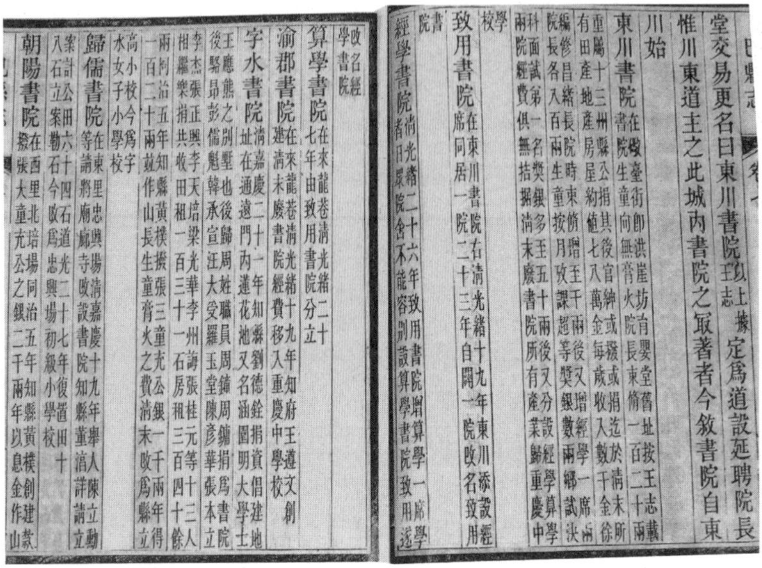

巴縣志 卷十

堂交易更名曰東川書院以上據王志定爲道設延聘院長
惟川東道主之此城內書院之最著者今敘書院自東
川始
東川書院在礮臺街即洪崖坊育嬰堂舊址按王志載書院生童向無膏火院長束脩一百二十兩重屬十三州縣公捐其後官紳或發或捐迄於清末所有田產地產房屋約值七八萬金每歲收入數千金編修昌緒長院時東脩增至千兩後又增經學一席院長各入百兩生童按月攷課超等獎銀數兩鄉試決科面試第一名獎銀多至五十兩後又分設經學算學兩院經費俱無拮据清末廢書院所有產業歸重慶中學
學校
致用書院在東川書院右清光緒十九年東川黎設經席同居一院二十三年自闢一院改名致用
書院
經學書院清光緒二十六年致用書院增算學一席者因原院舍不能容別設算學書院致用遂改名經學書院
算學書院在來龍巷清光緒二十七年由致用書院分立
渝郡書院在來龍巷清光緒十九年知府王遵文創建清末廢書院經費移入重慶中學校
字水書院清嘉慶二十一年知縣劉德銓捐資倡建地址在通遠門內蓮花池又名涵圓明大學士王應熊之別墅也後歸周姓職員周鏞捐爲書院後緊昂彭儒魁韓承宣汪大受羅玉堂陳彥華張本立李杰張正興李天培梁光華李州誨張桂元等十三人相繼樂捐共收田租一百三十一石房租三百四十餘兩同治五年知縣黃樸撥張三童充公銀一千兩年得一百二十兩益作山長生童膏火之費清末改爲縣立高小校今爲字水女子小學校
歸儒書院在東里忠興場清嘉慶十九年舉人陳立勳等請將廟廊寺改設書院知縣董淯詳請立案計公田六十四石道光二十七年復置田十八石立案勸石今改爲忠興場初級小學校
朝陽書院在西里北培場同治五年知縣黃樸創建款撥張大童充公之銀二千兩年以息金作山

《巴县志》各书院、学宫介绍（二）

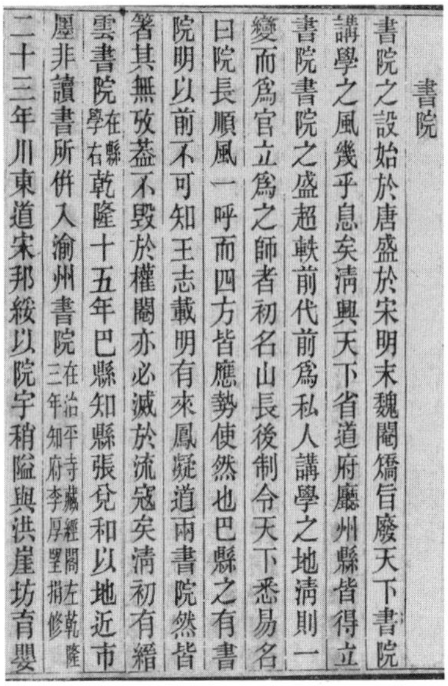

書院

書院之設始於唐盛於宋明末魏閹矯旨廢天下書院
講學之風幾乎息矣清興天下省道府廳州縣皆得立
書院書院之盛超軼前代前爲私人講學之地清則一
變而爲官立爲之師者初名山長後制令天下悉易名
曰院長順風一呼而四方皆應勢使然也巴縣之有書
院明以前不可知王志載明有來鳳凝道兩書院然皆
箸其無攷蓋不毀於權閹亦必滅於流寇矣清初有縉
雲書院在縣學右乾隆十五年巴縣知縣張兌和以地近市
廛非讀書所併入渝州書院在治平寺藏經閣左乾隆三年知府李厚望捐修
二十三年川東道宋邦綏以院宇稍隘與洪崖坊育嬰

《巴县志》各书院、学宫介绍（一）

书院的房舍，一般都建有讲堂三五间，东西两斋各五间，大门三间，院长、教师和学生宿舍十来间以及庖（厨房、浴室）等房，周边筑以围墙，建筑规模正规者，堂、厅、舍、厢、厨样样俱全。如乾隆时期的渝州书院（后改称东川书院）：“造讲堂五间，前堂五间，左右厢二间，院墙重门，前屏后厨皆具。”

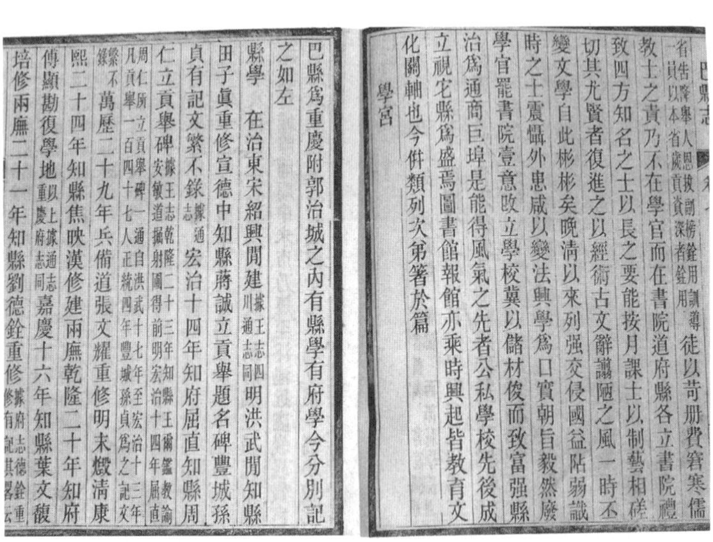

巴縣志

省告降舉人恩拔副榜銓用訓導一員以本省歲貢資深者銓用徒以苛册費窘寒儒
教士之責乃不在學官而在書院道府縣各立書院禮
致四方知名之士以長之要能按月課士以制藝相磋
切其尤賢者復進之以經術古文辭讜陋之風一時不
變文學自此彬彬矣晚清以來列强交侵國益阽弱識
時之士震懾外患咸以變法興學爲口實朝旨毅然廢
學官罷書院壹意改立學校冀以儲材俊而致富强縣
治爲通商巨埠是能得風氣之先者公私學校先後成
立視宅縣爲盛焉圖書館報館亦乘時興起皆教育文
化關輔也今併類列次第箸於篇
學宮

巴縣爲重慶附郭治城之內有縣學有府學今分別記
之如左
縣學 在治東宋紹興間建據王志四川通志同明洪武間知縣
田子貞重修宣德中知縣蔣誠立貢舉題名碑豐城孫
貞有記文繁不錄據通志宏治十四年知府屈直知縣周
仁立貢舉碑據王志乾隆二十三年知縣王爾鑑教諭安徽道掘射圃得前明宏治十四年屈直周仁所立貢舉碑一通自洪武十七年至宏治十三年凡貢舉一百四十七人正統四年豐城孫貞爲之記文繁不錄萬歷二十九年兵備道張文耀重修明末燬清康
熙二十四年知縣焦映漢修建兩廡乾隆二十年知府
傳顯勘復學地以上據通志重慶府志同嘉慶十六年知縣葉文馥
培修兩廡二十一年知縣劉德銓重修據府志德銓重修有記其略云

《巴县志》各书院、学宫介绍（三）

在政府的支持下，书院的发展很快，光绪年间，重庆有59所书院，如东川书院（洪崖坊）、晋云书院（县庙街）、字水书院（莲花池涵园）、渝郡书院（来龙巷）、致用书院（炮台街）、朝阳书院（西里北碚场）、观澜书院（东里木洞镇）等。重庆书院考棚的地址，据清代年间绘制的《重庆府治全图》的记载就设在七星岗的莲花池字水书院附近的百子巷旁边。

私塾历史悠久，属启蒙教育和中等教育的机构，到清代已普及化和规范化，遍及城乡。重庆私塾分两种：专馆与散馆。专馆是富家人士特聘教师到家中讲

水銀二百四十兩
以上蕪湖關署章程
船隻來往宜昌重慶通

老档案

据史料记载，自秦灭巴国设巴郡，郡治在江州县（今重庆市）
直把重庆作为区域性军事城堡。漫长的封建时代，重庆工商业
发达，区域规模较小。唐宋以后，社会经济发展，商品贸易兴旺

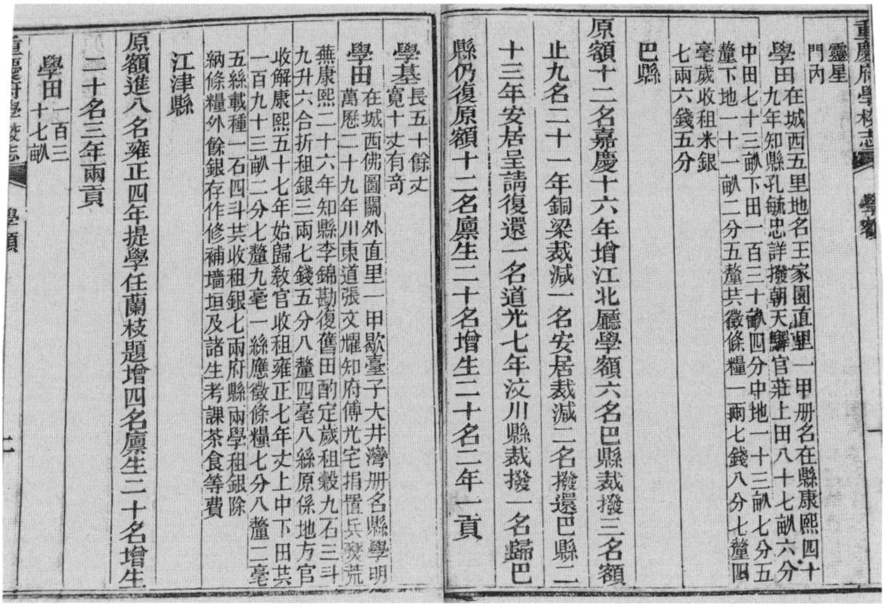

靈星門內

學田 在城西五里地名王家園直里一甲册名在縣康熙四十九年知縣孔毓忠詳撥朝天驛官莊上田八十七畝六分中田七十三畝下田一百三十畝四分中地一十三畝七分五釐下地一十一畝二分五釐共徵條糧一兩七錢八分七釐四毫歲收租米銀七兩六錢五分

巴縣

原額十二名嘉慶十六年增江北廳學額六名巴縣裁撥三名額止九名二十一年銅梁裁減一名安居裁減二名撥還巴縣二十三年安居呈請復還一名道光七年汶川縣裁撥一名歸巴縣仍復原額十二名廩生二十名增生二十名二年一貢

學基 長五十餘丈寬十丈有奇

學田 在城西佛圖關外直里一甲歇臺子大井灣册名縣學明萬歷二十九年川東道張文耀知府傅光宅捐置兵燹荒蕪康熙二十六年知縣李錦勘復舊田酌定歲租穀九石三斗九升六合折租銀三兩七錢五分八釐四毫八絲原係地方官收解康熙五十七年始歸教官收租雍正七年丈上中下田共一百九十三畝二分七釐九毫一絲應徵條糧七分八釐二毫五絲載種一石四斗共收租銀七兩府縣兩學租銀除納條糧外餘銀存作修補墻垣及諸生考課茶食等費

江津縣

原額進八名雍正四年提學任蘭枝題增四名廩生二十名增生二十名三年兩貢

學田 一百三十七畝

书院的学田学基

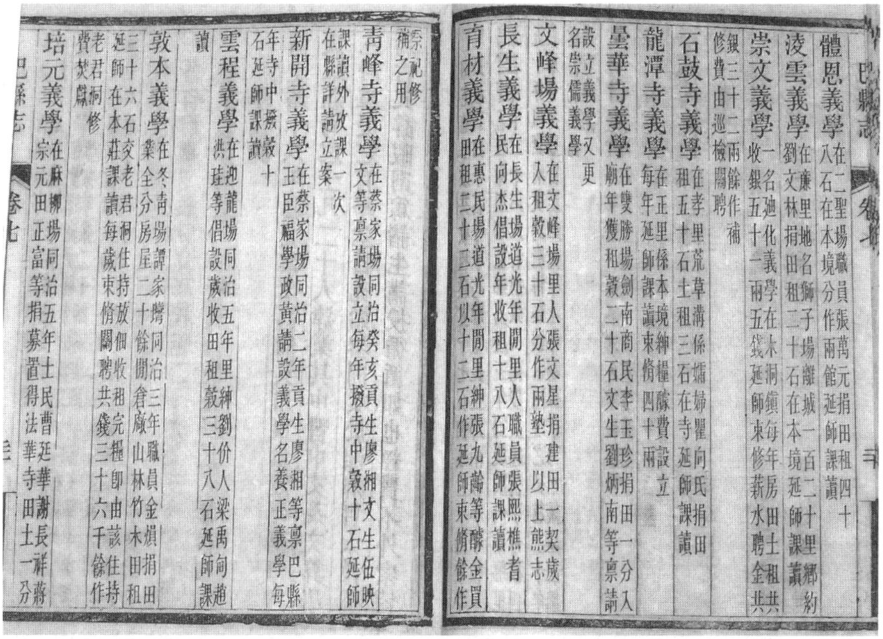

體恩義學 在二聖場職員張萬元捐田租四十八石在本境分作兩館延師課讀

凌雲義學 在廉里地名獅子場離城一百二十里劉文林捐田租二十石在本境延師課讀鄉約

崇文義學 一名廸化義學在木洞鎮每年房田土租共收銀五十一兩五錢延師束修薪水聘金共銀三十二兩餘作補修費由巡檢關聘

石鼓寺義學 在孝里荒草溝係孀婦瞿向氏捐田租五十石土租三石在寺延師課讀

龍潭寺義學 在正里係本境紳糧醵費設立每年延師課讀束脩四十兩

曇華寺義學 在雙勝場南商民李玉珍捐田一分入廟年獲租穀二十石文生劉炳南等稟請設立義學又更名崇儒義學

文峰場義學 在文峰場里人張文星捐田建一契歲入租穀三十石分作兩塾以上熊志

長生義學 在長生場道光年間里人職員張熙樵者民向杰倡設年收租十八石延師課讀

育材義學 在惠民場道光年間紳張九齡等醵金買田租二十二石以十二石作延師束脩餘作

祭祀修補之用

青峰寺義學 在蔡家場同治癸亥貢生廖湘文生伍映文等稟請設立每年撥寺中穀十石延師課讀外放課一次在縣詳請立案

新開寺義學 在蔡家場同治二年貢生廖湘等稟巴縣王臣福學政黃請設義學名養正義學每年寺中撥穀十石延師課讀

雲程義學 在迎龍場同治五年里紳劉价人梁禹甸趙洪珪等倡設歲收田租穀三十八石延師課讀

敦本義學 在冬青場譚家灣同治三年職員金熉捐田棨全分房屋二十餘間倉廒山林竹木田租三十六石交老君洞住持放佃收租完糧即由該住持延師在本莊課讀每歲束脩關聘共錢三十六千餘作老君洞修費焚獻

培元義學 在麻柳場同治五年士民曹廷華謝長祥蔣宗元田正富等捐募置得法華寺田土一分

《巴县志》义学介绍

学；散馆则是教师寻地设馆，中下层收入家庭的子弟入学。私塾教师大多数是未仕的知识分子，讲授的多属国文和算学知识。据《巴县志》记载，清道光年间，重庆府约有 300 所私塾。

义学通常是由官绅、富商人士捐资助学，接收贫困子女念书，一般不收学费或仅收半费。私塾和义学主要读的是《三字经》、《千字文》、《增广》、《百家姓》等启蒙书籍。

古代传统教育的改革

书院起源于南宋，兴盛于清代，到乾隆年间，官办书院已占据主导地位，统治者热衷于办学目的，是培养朝廷需要的人才，满足任命官员的需要。在清世祖福临所撰的学规《训士卧碑文》中讲得十分明白："朝廷建立学校……全要养成贤才，经供朝廷之用。诸生皆当上报国恩，下立人品。"成为政府"赖以造士"的主要场所。

选派官吏的科举制度，对重庆古代教育的影响广泛而深刻。

书院既是教士，也是养士的地方，学生都是通过科举考试选拔而来，均已取得生员、童生等初级的科举功名。教师和山长大都为知名人士和宿学名儒，山长一般都是进士出身，进士是通过殿试考取的人，而殿试是科举制度中最高一级的考试，在皇帝宫内大殿上举行，一般由皇帝亲自主持。

明清两代文科只设进士一科，考八股文。士子读书，不是为了研究学问，而是准备应考中举，成为举人、进士，完成作为政府官吏的预备任务。据史料统计，明清时期，为重庆府科举取士最多的时期。明代，重庆府科举中进士者318人，举人1295人。清代，重庆府中进士者98人，举人1117人，在四川各府州中居第二位。

清代书院科举考试和教学主要是以宋代的程朱理学为主要内容，讲授的是四书五经和八股制帖，士人崇浮去实，荒弃群经，唯读《四书》，唯事八股。光绪年间，一些官绅进行改革，如川东道张华奎以实学相号召，考试时要求用杂文体仿折白式写条，不用四书、八股。东川书院还聘请福建名士江翰来主讲古学，强调不唯科名是务，学业应崇"诗"、"书"、"礼"、"乐"四术，应以文载道等。经此改革，东川书院呈现出一定活力。书院作为当时培养社会精英的教育场

清代年间绘制的《重庆府治全图》（局部）中考棚位置示意图

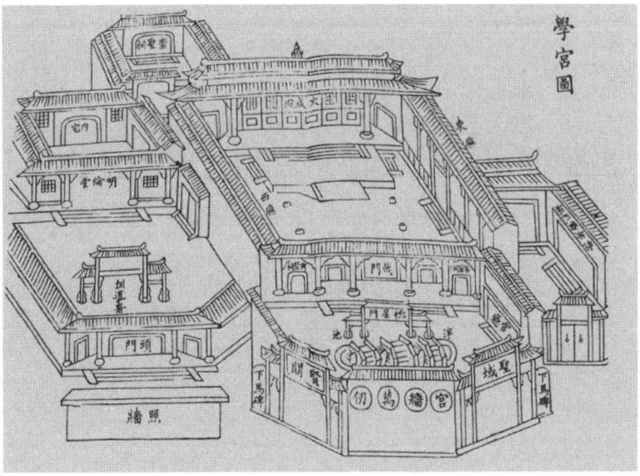
學宮圖
学宫图

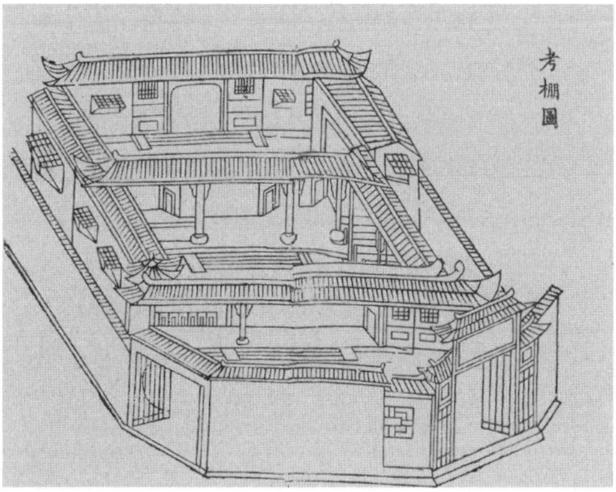
考棚圖
考棚图

所，对城市发展起着重要的作用。

科举制度在明以前对促进重庆教育起到一定的积极作用，随着社会的发展和近代洋务运动兴起，出现了与传统书院迥异的新式学校，开始了近代教育的发展历程。1892 年，四川第一所新式学校——“川东洋务学堂”在重庆设立，该学堂为川东道黎庶昌创办，课程内容以英语、数学、地理为主科取代传统的经学八股。在兴洋务的名义下，公开承认西学的作用，破除了重庆传统教育一统天下的局面。1898 年川东副使在重庆建“中西学堂”。中西学堂的建立，对学界影响较大，各地“亦集万金，踵设中西学堂，风教渐开，蜀学当日兴起”。

同时，来渝传教的外国传教士也在重庆兴办了许多学校。1894 年，基督教美以美教会传教士鹿依士创办求精中学（曾家岩）、启明小学（戴家巷），英教公谊会创办广益书院（都邮街），后迁至南岸更名为广益中学，美布道会创办淑德女中（曾家岩），法教会创办法文学堂（杨家坪十字街）。传统教育的改革和教会学校的兴起，使重庆学界接触到西方近代科学文化，感觉到中国与世界潮

兩輪停泊觀音灘

重慶留法學生彙聞

1920 年 9 月《国民公报》有关重庆留法预备学校学生邓绍圣等 84 人从重庆市起程赴法的报道

重庆留法预备学校

流的差距，认识到改革的必要性。在洋务运动和维新思潮的推动下，1901 年，清政府明令：废除八股，乡试会试各科，改试策论，各省及州县设立学堂。1906 年，重庆成立专门负责教育的行政机构学务综核所，不久后改名为劝学所，改变了重庆教育无人管理的混乱状况。劝学所采取了若干举措来发展新教育，如培养教师、鼓励公私办学、改造私塾。同年，川东道知县创办官立川东师范学堂（学府街），此为重庆第一所正式的师范学堂。重庆知府创办了重庆公立法政专门学堂（来龙巷）。其他的如正蒙公塾（方家什字）、开智小学（来龙巷）、重庆府中学堂（炮台街）、巴县医学堂（莲花池）以及懿行女学堂等，形成了比较完备的教育体系。到 1911 年“渝中学校林立，学款丰厚”，到清末，重庆地区学校共有中学堂 14 所，职业学堂 26 所，师范学堂 1 所。

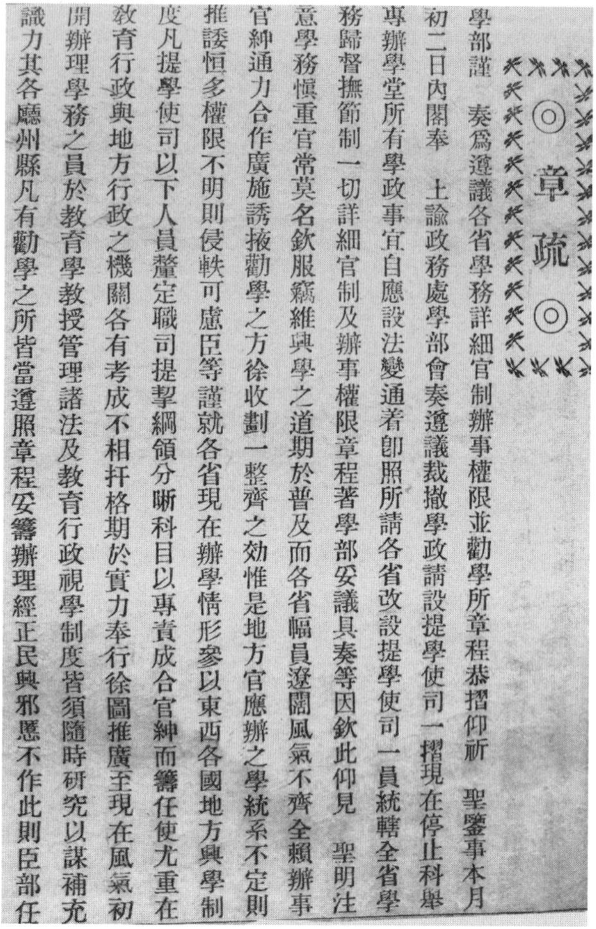
◎章疏◎

學部謹 奏爲遵議各省學務詳細官制辦事權限並勸學所章程恭摺仰祈 聖鑒事本月初二日內閣奉 上諭政務處學部會奏遵議裁撤學政請設提學使司一摺現在停止科舉專辦學堂所有學政事宜自應設法變通着即照所請各省改設提學使司一員統轄全省學務歸督撫節制一切詳細官制及辦事權限章程著學部妥議具奏等因欽此仰見 聖明注意學務愼重官常莫名欽服竊維興學之道期於普及而各省幅員遼闊風氣不齊全賴辦事官紳通力合作廣施誘掖勸學之方徐收劃一整齊之効惟是地方官應辦之學統系不定則推諉恒多權限不明則侵軼可慮臣等謹就各省現在辦學情形參以東西各國地方興學制度凡提學使司以下人員釐定職司提挈綱領分晰科目以專責成合官紳而籌任使尤重在教育行政與地方行政之機關各有考成不相扞格期於實力奉行徐圖推廣至現在風氣初開辦理學務之員於教育學教授管理諸法及教育行政視學制度皆須隨時研究以謀補充識力其各廳州縣凡有勸學之所皆當遵照章程妥籌辦理經正民興邪慝不作此則臣部任

劝学所管理内容及职责

清末时期重庆教育有两个显著特点：一是学堂和新学制的建立，结束了以科举取士为目的，传统的经学八股为主要内容的封建主义教育体制。改革了课程内容，英语、数学、地理、理化等的近代科学知识进入学校。职业教育也得到发展，破除了传统教育一统天下的局面。二是鼓励青年学子出国留学。因为新式学校的大量兴办，而师资、经费都面临短缺，鉴于此，清政府鼓励士子出国留学。当时留学方向主要是日本。其代表性人物有邹容、胡景伊、向楚、张森楷等人。1919 年，俄国十月革命震撼了全世界，欧洲出现革命高潮，到欧洲寻求革命真理成为进步青年的向往，各类出国留学语言补习班骤然增多。1919 年，重庆商会会长汪云松、教育局长温少鹤在夫子池创办了重庆留法勤工俭学预备学校，从中先后走出了邓小平、周钦岳、聂荣臻、冉均、赵世炎等优秀巴渝儿女。

据史料记载，自秦灭巴国设巴郡，郡治在江州县（今重庆市）。
上把重庆作为区域性军事城堡。漫长的封建时代，重庆工商业并
发达。区域规模较小。唐宋以后，社会经济发展，商品贸易兴旺

老档案

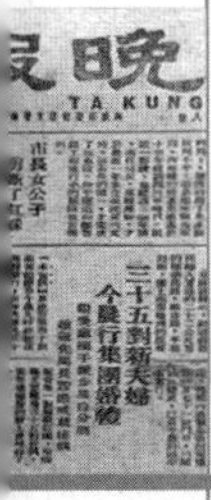

晚
TA KUNG

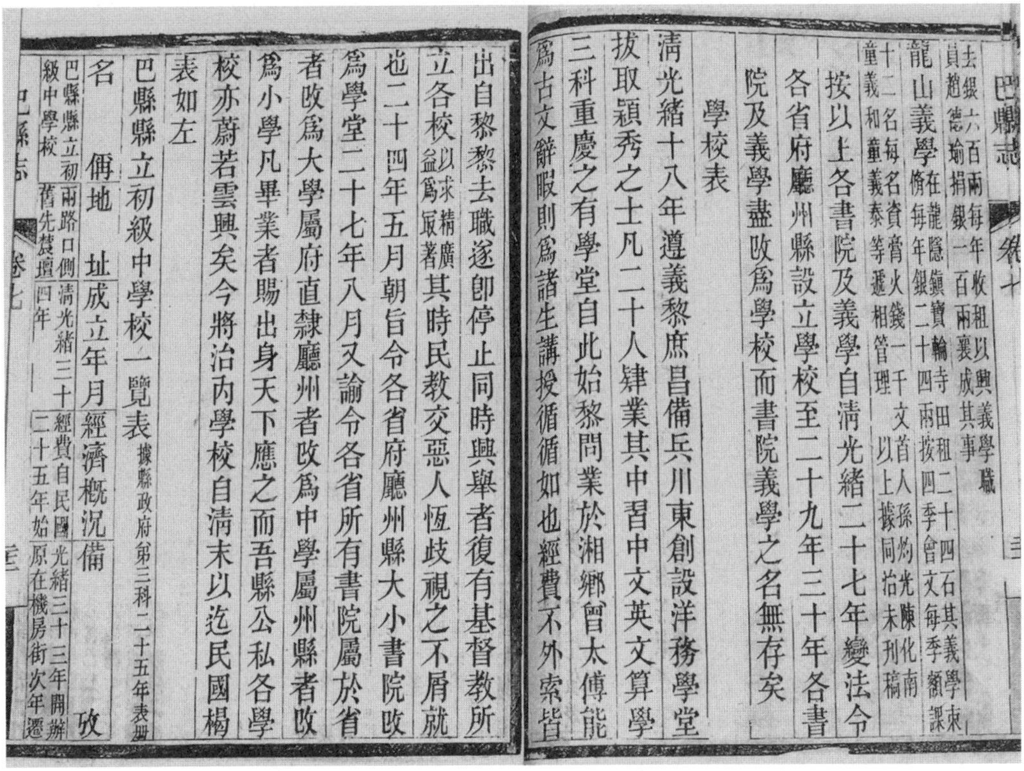

去銀六百兩每年收租以興義學職員趙德瑜捐銀一百兩襄成其事

龍山義學在龍隱鎮寶輪寺田租二十四石其義學束脩每年銀二十四兩按四季會文每季額課十二名每名資膏火錢一千文首人孫灼光陳化南童義和童義泰等遞相管理以上據同治未刊稿

按以上各書院及義學自清光緒二十七年變法令各省府廳州縣設立學校至二十九年三十年各書院及義學盡改為學校而書院義學之名無存矣

學校表

清光緒十八年遵義黎庶昌備兵川東創設洋務學堂拔取穎秀之士凡二十人肄業其中習中文英文算學三科重慶之有學堂自此始黎問業於湘鄉曾太傅能為古文辭暇則為諸生講授循循如也經費不外索皆出自黎黎去職遂卽停止同時興舉者復有基督教所立各校以求精廣益為最著其時民教交惡人恆歧視之不屑就也二十四年五月朝旨令各省府廳州縣大小書院改為學堂二十七年八月又諭令各省所有書院屬於省者改為大學屬府直隸廳州者改為中學屬州縣者改為小學凡畢業者賜出身天下應之而吾縣公私各學校亦蔚若雲興矣今將治內學校自清末以迄民國楬表如左

巴縣縣立初級中學校一覽表 據縣政府第三科二十五年表冊

名	地址	成立年月	經濟概況	備攷
巴縣縣立初級中學校	兩路口側舊先農壇	清光緒三十四年	經費自民國二十五年始	光緒三十三年開辦原在機房街次年遷

巴县县立初级中学校一览表（一）

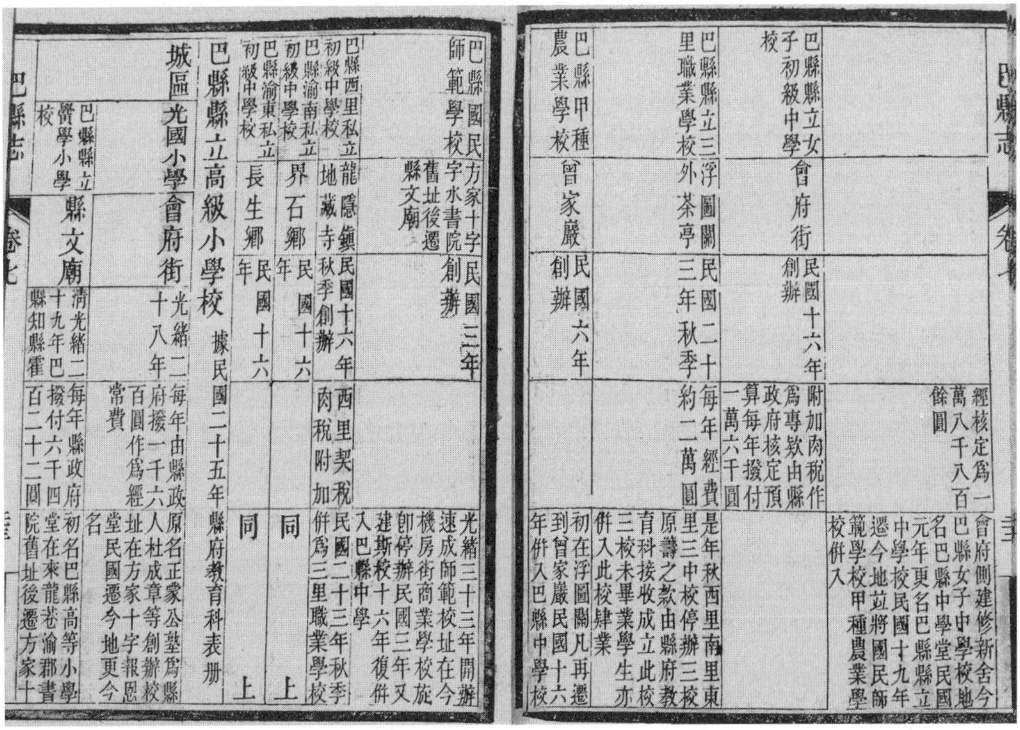

名	地址	成立年月	經濟概況	備攷
			經核定為一萬八千八百餘圓	會府側建修新舍今巴縣女子中學校地名巴縣中學堂民國元年更名巴縣縣立中學校民國十九年遷今地並將國民師範學校甲種農業學校併入
巴縣縣立女子初級中學校	會府街	民國十六年創辦	附加肉稅作為專款由縣政府核定預算每年撥付一萬六千圓	
巴縣縣立三里職業學校	浮圖關外茶亭	民國二十三年秋季	每年經費約二一萬圓	是年秋西里南里東里三中校停辦三校原籌之款由縣府教育科接收成立此校三校未畢業學生亦併入此校肄業
巴縣甲種農業學校	曾家巖	民國六年創辦		初在浮圖關凡再遷到曾家巖民國十六年併入巴縣中學校
巴縣國民師範學校	方家十字水書院舊址後遷縣文廟	民國三年創辦		光緒三十三年開辦速成師範校址在今機房街商業學校旋卽停辦民國三年又建斯校十六年復併入巴縣中學
巴縣西里私立初級中學校	龍隱鎮地藏寺	民國十六年秋季創辦	西里契稅肉稅附加	民國二十三年秋季併為三里職業學校
巴縣渝南私立初級中學校	界石鄉	民國十六年		同上
巴縣渝東私立初級中學校	長生鄉	民國十六年		同上

巴縣縣立高級小學校 據民國二十五年縣府教育科表冊

名	地址	成立年月	經濟概況	備攷
城區光國小學	會府街	光緒二十八年	每年由縣政府撥一千六百圓作為經常費	原名正蒙公塾為縣人杜成章等創辦校址在方家十字報恩堂民國遷今地更今名
巴縣縣立賢學小學校	縣文廟	清光緒二十九年巴縣知縣霍	每年縣政府撥付六千四百二十二圓	初名巴縣高等小學堂在來龍巷渝郡書院舊址後遷方家十

巴县县立初级中学校一览表（二）

			統制教育經費年撥七萬一千八百九十三圓	
慶高級商業職業學校	機房街	慶知府耿保烇倡議興辦	一萬三千九百五十四圓最近全年經費爲二萬八千五百六十二圓	入民國改爲省立
四川省立重慶女子師範學校	牛皮蕩	民國三年省公署令飭開辦	成立時開辦費爲五萬圓常年經費無定額視班次多寡而定二十六年全校師範初級中學附屬小學共爲七萬一千五百三十五圓	原名省立第二女子師範二十四年改今名民國十一年附高級初級中學二十五年奉令停招中學生併附設小學一所
四川省立重慶高級工業職業學校	大溪溝	民國五年開辦	初以川東道署收存重慶已停八校學款五萬四千七百餘兩作爲開辦費六年重慶綜核所劃撥重屬二釐契底作常年經費二十四年改省立省政府年撥約六七萬圓更指定三釐契底作建築設備費	原名川東聯合縣立甲種工業學校十四年更名川東聯合縣立高級工科中學校二十年更名川東共立高級工科中學校二十三年改爲川東聯立高級工業職業學校二十四年改爲省立
四川省立重慶高級陶藝專科職業學校	牛角沱	民國十六年開辦	省政府年撥二萬七千六百一十九圓	民國元年在成都開辦名陶藝講習所十六年始遷重慶
四川省立重慶女子初級職業學校	通遠門內至聖宮街	民國十八年開辦		原名四川省立第一成年婦女補習學校附設省立第二女子師範學校內十九年始遷今地有農工商專科各一班
川東聯合縣立師範學校	通遠門外石馬岡	光緒三十二年川東道張鐸倡議興辦	初撥道庫銀五萬兩發商生息又徵每名官費生銀六十兩作爲經費民國二十五年省政府	原名川東師範學校民國三年改爲聯合縣立校址初設前學院署民國十八年遷今地併附設小學一所

巴县县立初级中学校一览表（三）

重慶聯合縣立高級中學校	兩路口駱家花園	光緒三十年重慶知府張鐸倡議興辦	初以東川經學渝郡三書院舊款爲開辦費	原名重慶府中學校民國三年改爲聯合縣立校址在千廝門炮台街東川書院內民國七年春遷今地
重慶公立法政專門學校	來龍巷	光緒三十二年重慶知府高增爵倡議興辦		民國五年遵奉教育部令歸併四川省立法政專門學校
重慶市立初級中學校	兩路口	民國二十一年重慶市政府創辦	市政府照預算撥付	
私立西南實用藝術職業學校	兩路口	民國十四年		
私立南岸初級中學校	通遠門外張家花園	民國十六年	省政府年撥二千圓不足時由董事會補助	民國二十四年添辦女生部校地在觀音巖男生部初設南岸廬陵鄉祠二十五年遷今地
私立贛江初級中學校	萬壽宮	民國十七年江西旅渝同鄉會以常年辦會會產捐	江西同鄉會年撥八千圓	
私立兼善初級中學校	北碚鄉平民公園內	民國十九年盧作孚倡辦	每年經費約八千圓	
私立通惠中學校	兩路口			
私立益商職業學校	兩路口			
私立復旦初級中學校	菜園壩重慶大學舊址	民國二十四年上海復旦大學同學會重慶分會創辦	同學會共募集約十三萬圓放利生息作爲經常費	
私立南渝中學校	沙坪壩	民國二十五年	省內外共募集基金三十萬圓設教育部每年補助二萬圓常年經費約三萬圓	由天津南開大學分

巴县县立初级中学校一览表（四）

水銀二百四十兩
以上蕪湖關署章程

老档案

据史料记载，自秦灭巴国设巴郡，郡治在江州县（今重庆市），直把重庆作为区域性军事城堡。漫长的封建时代，重庆工商业

发达，区域规模较小。唐宋以后，社会经济发展，商品贸易兴旺

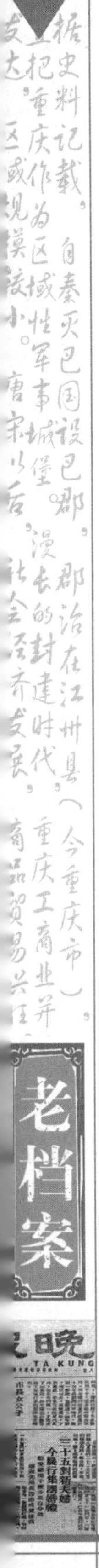
据史料记载，自秦灭巴国设巴郡，郡治在江州县（今重庆市），
把重庆作为区域性军事城堡。漫长的封建时代，重庆工商业并
区域规模较小。唐宋以后，社会经济发展，商品贸易兴旺
老档案

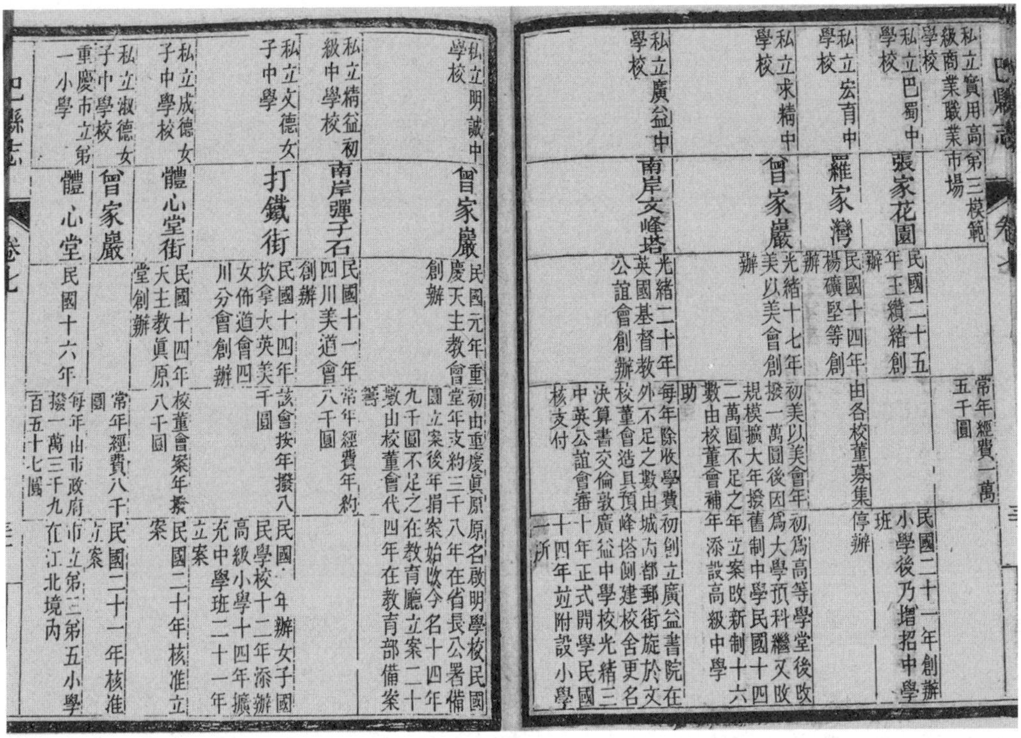

巴縣志 卷七

私立實用高級商業職業學校	第三模範市場		常年經費一萬五千圓	
私立巴蜀中學校	張家花園	民國二十五年王纘緒創辦		民國二十一年創辦小學後乃增招中學班
私立宏育中學校	羅家灣	民國十四年楊礦堅等創辦	由各校董募集	停辦
私立求精中學校	曾家巖	光緒十七年美以美會創辦	初美以美會年撥一萬圓後因規模擴大年撥二萬圓不足之數由校董會補助	初爲高等學堂後改爲大學預科繼又改舊制中學民國十四年立案改新制十六年添設高級中學
私立廣益中學校	南岸文峰塔	光緒二十年英國基督教公誼會創辦	每年除收學費外不足之數由校董會造具預決算書交倫敦中英公誼會審核支付	初創立廣益書院在城內都郵街旋於文峰塔側建校舍更名廣益中學校光緒三十年正式開學民國十四年並附設小學一所
私立明誠中學校	曾家巖	民國元年重慶天主教會堂創辦	初由重慶眞原堂年支約三千圓立案後年捐九千圓不足之數由校董會籌	原名啟明學校民國八年在省長公署備案始改今名十四年在教育廳立案二十四年在教育部備案
私立精益初級中學校	南岸彈子石	民國十一年四川美道會創辦	常年經費年約八千圓	
私立文德女子中學	打鐵街	民國十四年坎拿大英美女佈道會四川分會創辦	該會按年撥八千圓	民國□年辦女子國民學校十二年添辦高級小學十四年擴充中學班二十一年立案
私立成德女子中學校	體心堂街	民國十四年天主教眞原堂創辦	校董會案年撥八千圓	民國二十年核准立案
私立淑德女子中學校	曾家巖		常年經費八千圓	民國二十一年核准立案
重慶市立第一小學	體心堂	民國十六年	每年由市政府撥一萬三千九百五十七圓	市立第三第五小學在江北境內

巴县县立初级中学校一览表（五）

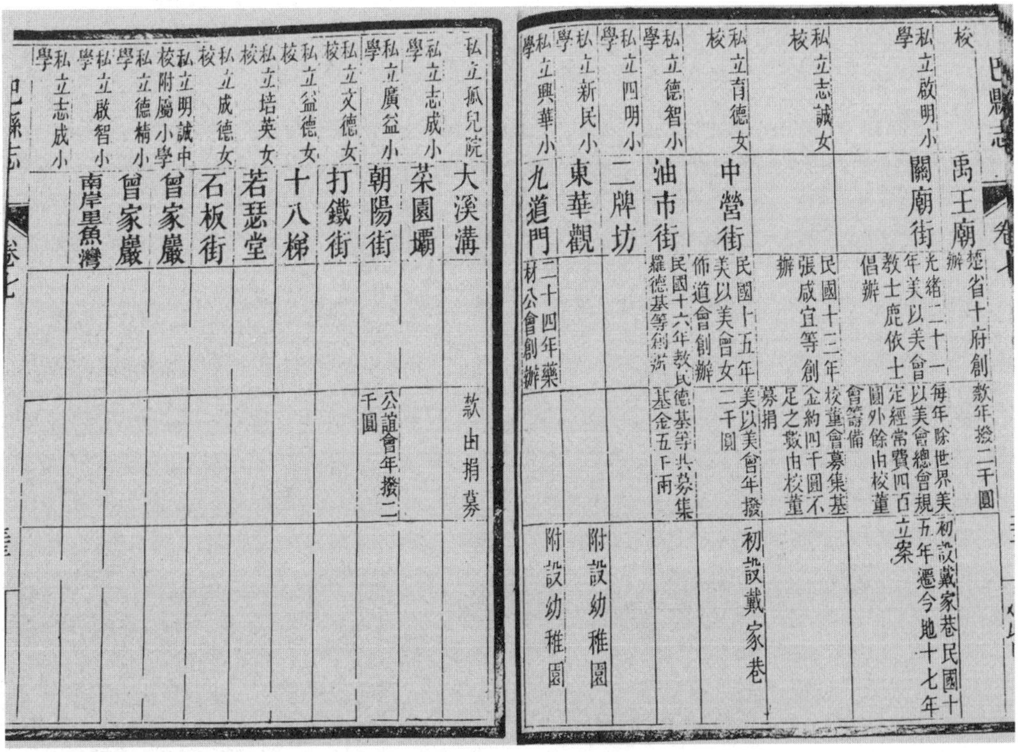

巴縣志 卷七

校	禹王廟	楚省十府創辦	款年撥二千圓	
私立啟明小學	關廟街	光緒二十一年美以美會教士鹿依士倡辦	每年除世界美以美會總會規定經常費四百圓外餘由校董會籌備	初設戴家巷民國十五年遷今地十七年立案
私立志誠女校		民國十三年張咸宜等創辦	校董會募集基金約四千圓不足之數由校董募捐	
私立育德女校	中營街	民國十五年美以美會女佈道會創辦	美以美會年撥二千圓	初設戴家巷
私立德智小學	油市街	民國十六年教民羅德基等創辦	德基等共募集基金五千兩	
私立四明小學	二牌坊			
私立新民小學	東華觀			附設幼稚園
私立興華小學	九道門	二十四年藥材公會創辦		附設幼稚園
私立孤兒院	大溪溝		款由捐募	
私立志成小學	菜園壩			
私立廣益小學	朝陽街		公誼會年撥二千圓	
私立文德女校	打鐵街			
私立益德女校	十八梯			
私立培英女校	若瑟堂			
私立成德女校	石板街			
私立明誠中校附屬小學	曾家巖			
私立德精小學	曾家巖			
私立啟智小學	南岸里魚灣			
私立志成小學				

巴县县立初级中学校一览表（六）

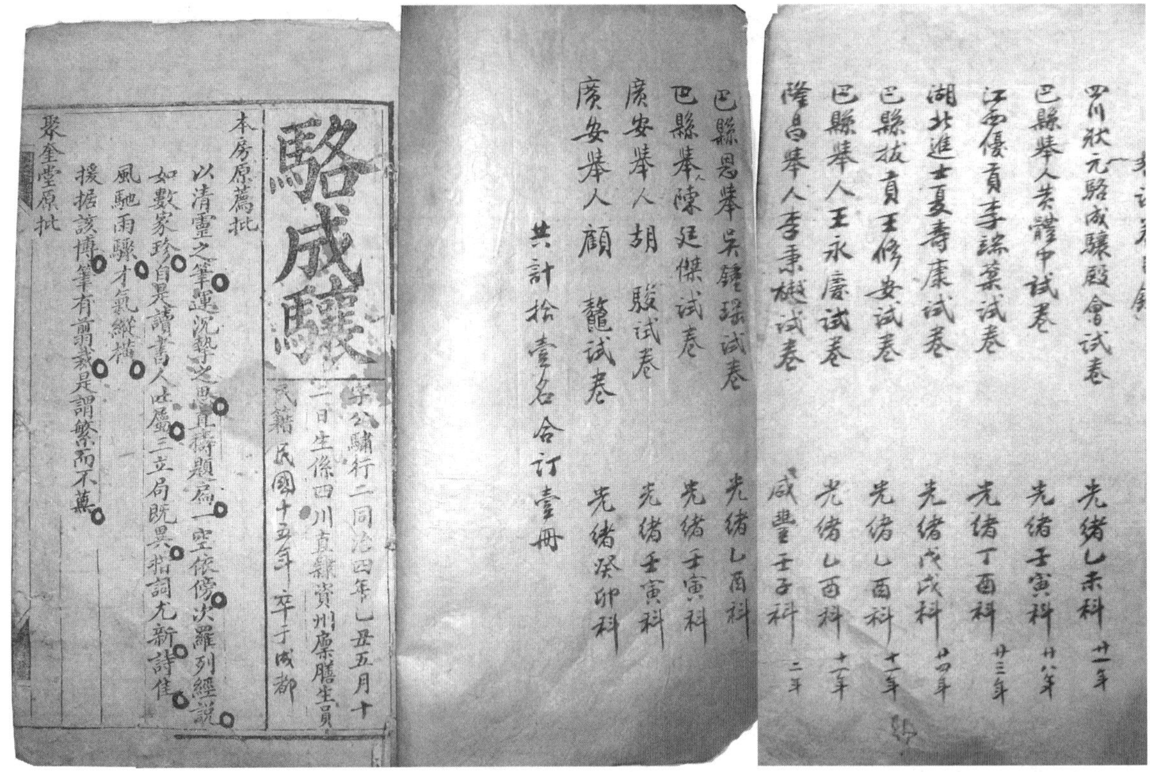
駱成驤

字公驌行二同治四年乙丑五月十二日生係四川直隸資州廩膳生員民籍民國十五年辛于成都

本房原薦批

聚奎堂原批

四川狀元駱成驤殿會試卷　光緒乙未科　廿一年

巴縣舉人黃體中試卷　光緒壬寅科　廿八年

江西優貢李琮葉試卷　光緒丁酉科　廿三年

湖北進士夏壽康試卷　光緒戊戌科　廿四年

巴縣拔貢王修安試卷　光緒乙酉科　十一年

巴縣舉人王永慶試卷　光緒乙酉科　十一年

隆昌舉人李秉樾試卷　咸豐壬子科　二年

巴縣恩舉吳鍾瑤試卷　光緒乙酉科

巴縣舉人陳廷傑試卷　光緒壬寅科

廣安舉人胡駿試卷　光緒壬寅科

廣安舉人顧鼇試卷　光緒癸卯科

共計拾壹名合訂壹冊

清光绪年间四川状元骆成骧殿会试卷（一）

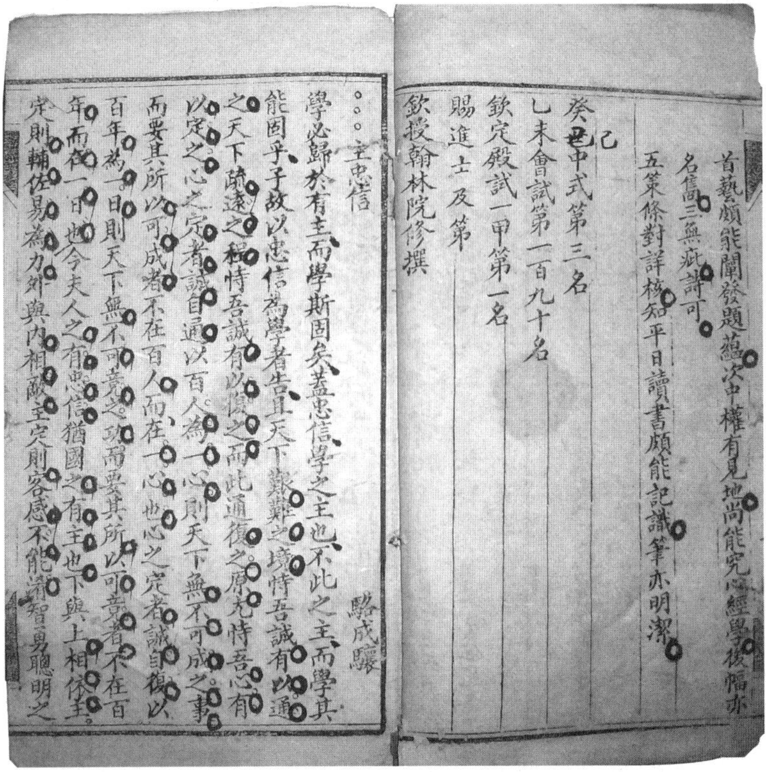
乙

癸巳中式第三名

乙未會試第一百九十名

欽定殿試一甲第一名

賜進士及第

欽授翰林院修撰

主忠信

駱成驤

清光绪年间四川状元骆成骧殿会试卷（二）

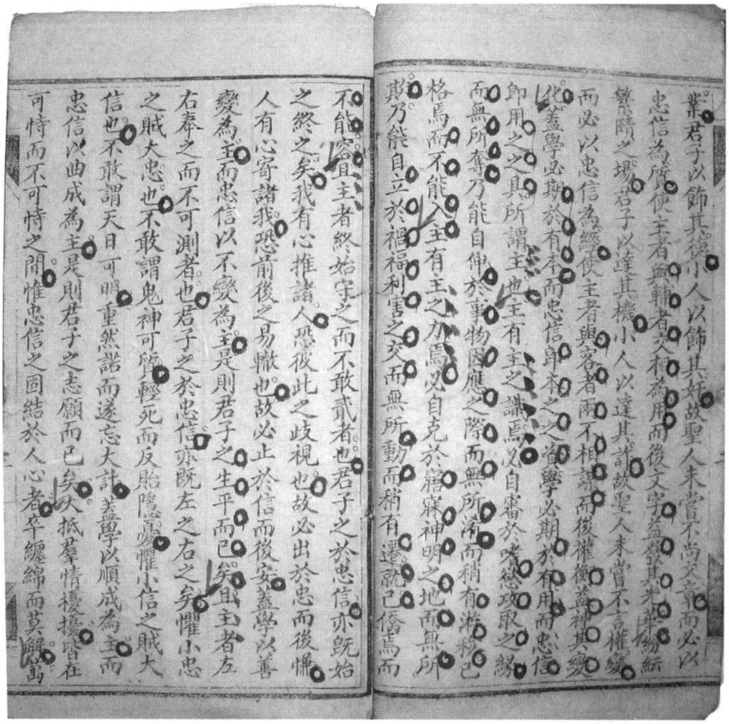
業君子以飾其德小人以飾其奸故聖人未嘗不尚文章而必以
忠信為質使主者無輔者文相為用而後文字益發其光華絢紛
繁賾之場君子以達其機小人以達其詐故聖人未嘗不言權變
而必以忠信為經使主者與客者兩不相謀而後權術益神其變
化蓋學必期於有本而忠信即本之所資學必期於有用而忠信
即用之之具所謂主也主有主之識焉必自審於嗜慾攻取之緣
而無所奪乃能自伸於事物困厄之際而無所滯而稍有游移已
格焉而不能入主有主之力焉必自克於窮寐神明之地而無所
欺乃能自立於禍福利害之交而無所動而稍有遷就已倚焉而
不能容宜主者終始守之而不敢貳者也君子之於忠信亦既始
之終之矣我有心推諸人恐彼此之歧視也故必出於忠而後怫
人有心寄諸我恐前後之易轍也故必止於信而後安蓋學以善
變為主而忠信以不變為主是則君子之生平而已矣且主者左
右奉之而不可測者也君子之於忠信亦既左之右之矣懼小忠
之賊大忠也不敢謂鬼神可質輕死而反貽隱憂懼小信之賊大
信也不敢謂天日可明重然諾而遂忘大計蓋學以順成為主而
忠信以曲成為主是則君子之志願而已矣大抵群情擾擾皆在
可恃而不可恃之間惟忠信之固結於人心者卒纏綿而莫解焉

清光绪年间四川状元骆成骧殿会试卷（三）

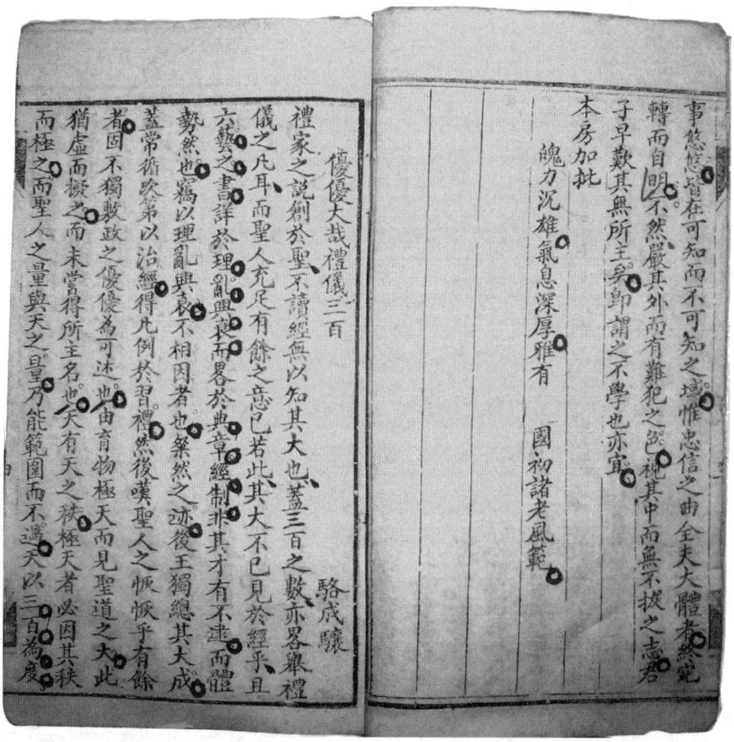
事態皆在可知而不可知之域惟忠信之曲全夫大體者終究
轉而自明不然嚴其外而有難犯之色視其中而無不拔之志君
子早歎其無所主矣即謂之不學也亦宜
本房加批
魄力沉雄氣息深厚雅有
國初諸老風範
優優大哉禮儀三百　駱成驤
禮家之說創於聖不讀經無以知其大也蓋三百之數亦畧舉禮
儀之凡耳而聖人充足有餘之意已若此其大不已見於經乎且
六藝之書詳於理亂興衰而畧於典章經制非其才有不逮而體
勢然也竊以理亂興衰不相因者也粲然之迹後王獨總其大成
蓋常循次第以治經得凡例於習禮然後嘆聖人之恢恢乎有餘
者固不獨敷政之優優為可述也由育物極天而見聖道之大此
猶虛而擬之而未嘗得所主名也天有天之秩極天者必因其秩
而極之而聖人之量與天之量乃能範圍而不過天以三百為度

清光绪年间四川状元骆成骧殿会试卷（四）

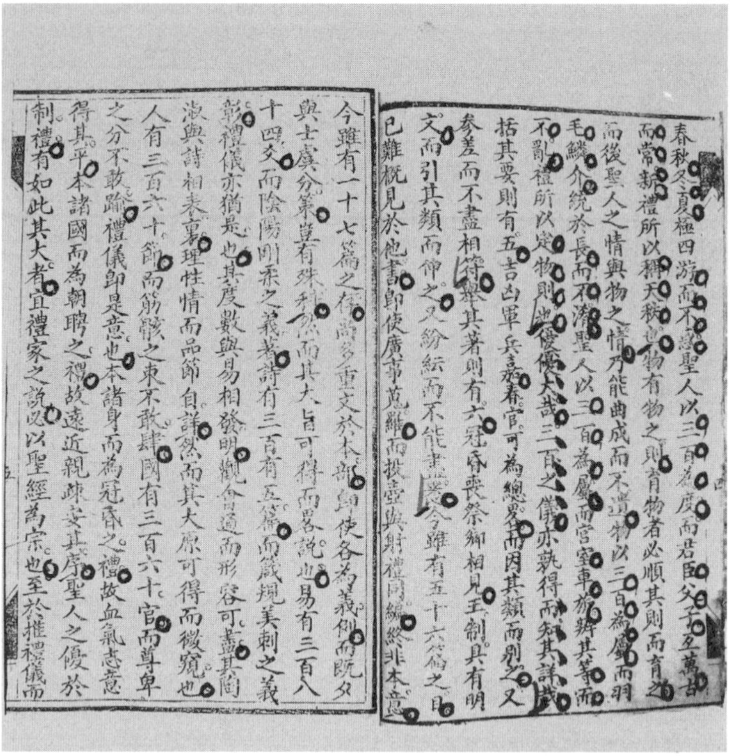
春秋冬夏極四游而不惑聖人以三百為度而君臣父子互萬古而常新禮所以稱天秩也物有物之則育物者必順其則而育之而後聖人之情與物之情乃能曲成而不遺物以三百為屬而羽毛鱗介統於長而不淆聖人以三百為屬而宮室車旂辨其等而不亂禮所以定物則也優優大哉三百之儀亦孰得而知其詳哉括其要則有五吉凶軍賓嘉春官可為總要而因其類而別之又參差而不盡相符舉其著則有六冠昏喪祭鄉相見王制具有明文而引其類而伸之又紛紜而不能盡覽今雖有五十六篇之目已難概見於他書即使廣蒐羅而投壺與射禮同編終非本意

今雖有一十七篇之存尚多重文於本部即使各為義例而既夕與士虞分篆莫有殊科然而其大旨可得而略說也易有三百八十四爻而陰陽剛柔之義著詩有三百有五篇而箴規美刺之義彰禮儀亦猶是也其度數與易相發明觀會通而形容可盡其間微與詩相表裏理性情而品節自詳然而其大原可得而徵窺也人有三百六十節而筋骸之束不敢肆國有三百六十官而尊卑之分不敢踰禮儀即是意也本諸身而為冠昏之禮故血氣志意得其平本諸國而為朝聘之禮故遠近親疎安其序聖人之優於制禮有如此其大者宜禮家之說必以聖經為宗也至於推禮儀而

清光绪年间四川状元骆成骧殿会试卷（五）

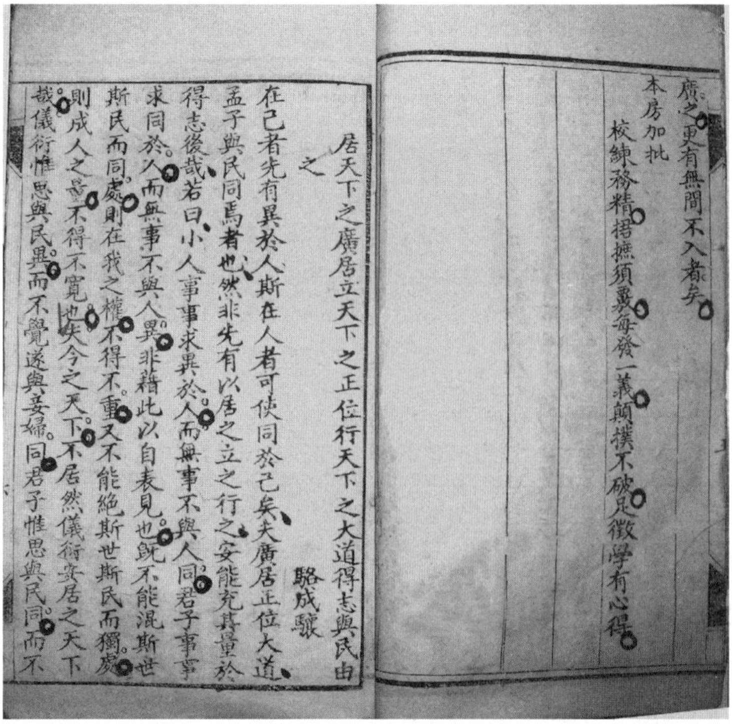
廣之更有無間不入者矣

本房加批

校鍊務精掊摭須覈每發一義顛撲不破足徵學有心得

居天下之廣居立天下之正位行天下之大道得志與民由之

駱成驤

在己者先有異於人斯在人者可使同於己矣夫廣居正位大道孟子與民同焉者也然非先有以居之立之行之安能充其量於得志後哉若曰小人事事求異於人而無事不與人同君子事事求同於人而無事不與人異非藉此以自表見也既不能混斯世斯民而同處則在我之權不得不重又不能絕斯世斯民而獨處則成人之量不得不寬也矣今之天下不居然儀衍安居之天下哉儀衍惟思與民異而不覺遂與妾婦同君子惟思與民同而不

清光绪年间四川状元骆成骧殿会试卷（六）

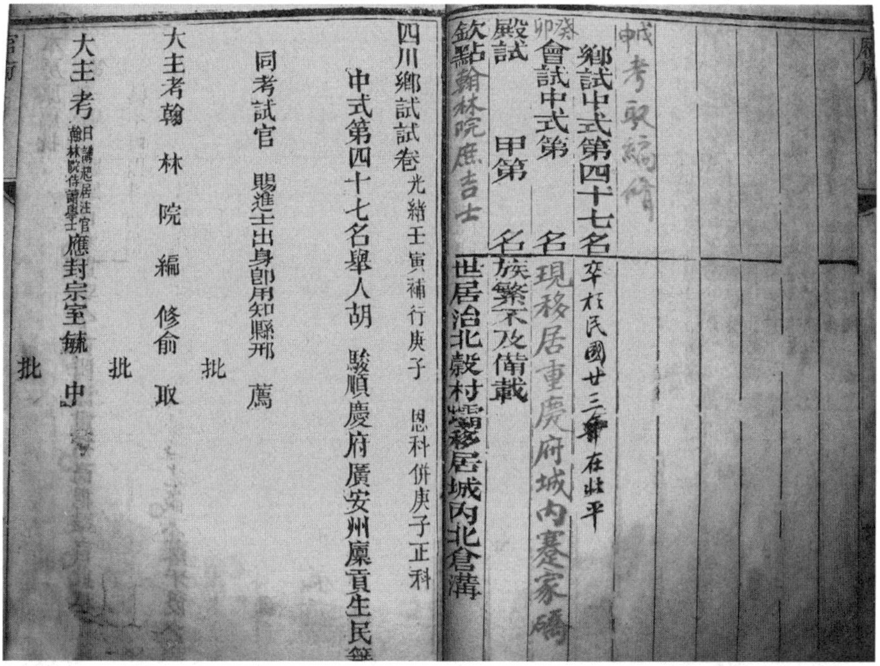
鄉試中式第四十七名 卒於民國廿三年 在北平
會試中式第 名 現移居重慶府城內蹇家橋
殿試 甲第 名 族繁不及備載
欽點翰林院庶吉士 世居治北穀村壩移居城內北倉溝

四川鄉試試卷 光緒壬寅補行庚子 恩科併庚子正科
中式第四十七名舉人胡 駿 順慶府廣安州廩貢生民籍
同考試官 賜進士出身即用知縣邢 薦 批
大主考翰林院編修俞 取 批
大主考日講起居注官翰林院侍讀學士應封宗室毓 中 批

中式第四十七名举人胡骏试卷（一）

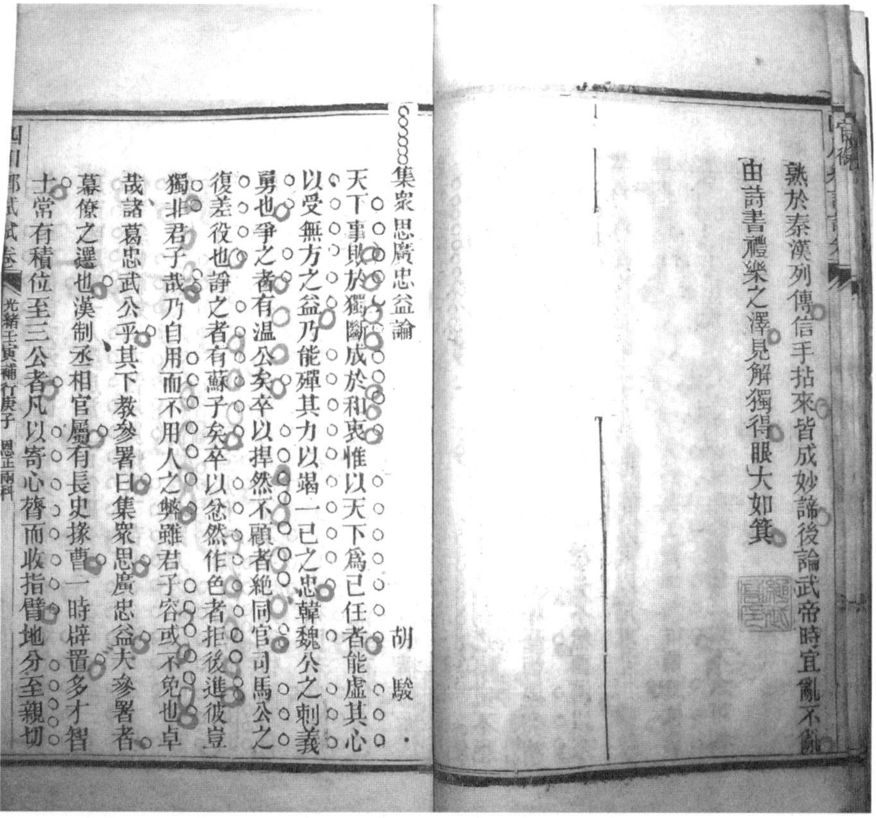
熟於秦漢列傳信手拈來皆成妙諦後論武帝時宜亂不亂由詩書禮樂之澤見解獨得眼大如箕

集衆思廣忠益論 胡 駿

天下事敗於獨斷成於和衷惟以天下為己任者能虛其心以受無方之益乃能殫其力以竭一己之忠韓魏公之剸義勇也爭之者有温公矣卒以捍然不顧者絕同官司馬公之復差役也諍之者有蘇子矣卒以忿然作色者拒後進彼豈獨非君子哉乃自用而不用人之弊雖君子容或不免也卓哉諸葛忠武公乎其下教參署曰集衆思廣忠益夫參署者幕僚之選也漢制丞相官屬有長史掾曹一時辟置多才智士常有積位至三公者凡以寄心膂而收指臂地分至親切

四川鄉試試卷 光緒壬寅補行庚子 恩正兩科

中式第四十七名举人胡骏试卷（二）

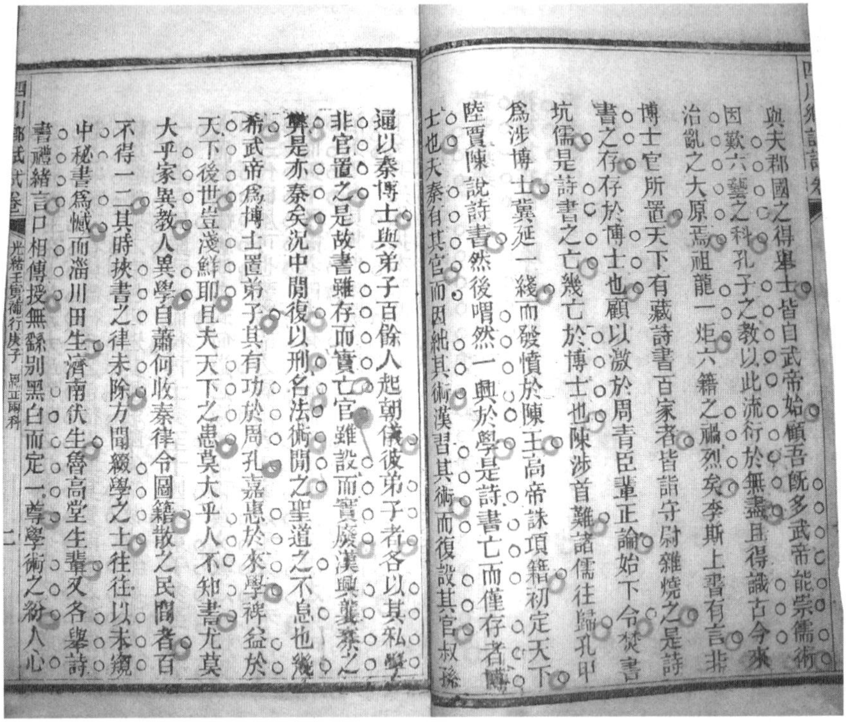

四川鄉試試卷

與夫郡國之得舉士皆自武帝始顧吾既多武帝能崇儒術因歎六藝之科孔子之教以此流衍於無盡且得識古今來治亂之大原焉祖龍一炬六籍之禍烈矣李斯上書有言非博士官所置天下有藏詩書百家者皆詣守尉雜燒之是詩書之存存於博士也顧以激於周青臣董正論始下令焚書坑儒是詩書之亡幾亡於博士也陳涉首難諸儒往歸孔甲為涉博士冀延一綫而發憤於陳王高帝誅項籍初定天下陸賈陳說詩書然後喟然一興於學是詩書亡而僅存者博士也夫秦有其官而因絀其術漢習其術而復設其官叔孫通以秦博士與弟子百餘人起朝儀彼弟子者各以其私學非官置之是故書雖存而實亡官雖設而實廢漢興襲秦之弊是亦秦矣況中間復以刑名法術聞之聖道之不息也幾希武帝為博士置弟子其有功於周孔嘉惠於來學裨益於天下後世豈淺鮮耶且夫天下之患莫大乎人不知書尤莫大乎家異教人異學自蕭何收秦律令圖籍散之民間者百不得一二其時挾書之律未除方聞綴學之士往往以未覩中秘書為憾而淄川田生濟南伏生魯高堂生輩又各舉詩書禮緒言口相傳授無繇别黑白而定一尊學術之紛人心

四川鄉試試卷 光緒壬寅補行庚子恩正兩科 二

中式第四十七名举人胡骏试卷（三）

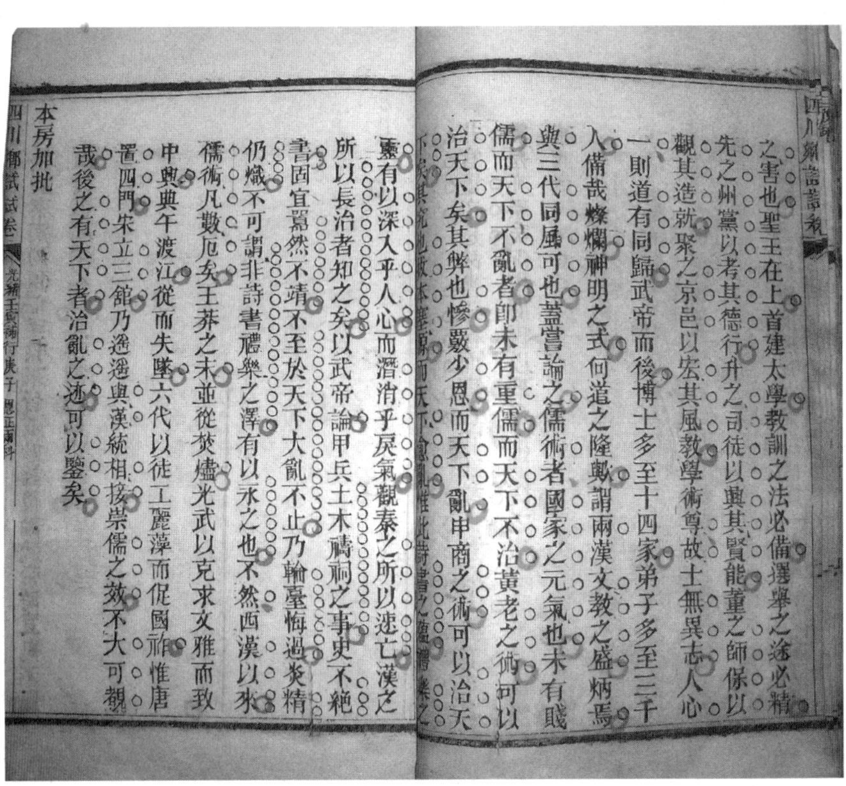

四川鄉試試卷

之害也聖王在上首建太學教訓之法必備選舉之途必精先之州黨以考其德行升之司徒以與其賢能董之師保以觀其造就聚之京邑以宏其風教學術尊故士無異志人心一則道有同歸武帝而後博士多至十四家弟子多至三千人備哉燦爛神明之式何道之隆歟謂兩漢文教之盛炳焉與三代同風可也蓋嘗論之儒術者國家之元氣也未有賤儒而天下不亂者即未有重儒而天下不治黃老之術可以治天下矣其弊也慘覈少恩而天下亂申商之術可以治天下矣其究也敗本塞原而天下愈亂惟此詩書之蘊禮樂之蘊有以深入乎人心而潛消乎戾氣觀秦之所以速亡漢之所以長治者知之矣以武帝論甲兵土木禱祠之事史不絕書固宜囂然不靖不至於天下大亂不止乃輪臺悔過炎精仍熾不可謂非詩書禮樂之澤有以永之也不然西漢以來儒術凡數厄矣王莽之末並從焚燼光武以克求文雅而致中興典午渡江從而失墜六代以徙工麗藻而促國祚惟唐置四門宋立三館乃遙遙與漢統相接崇儒之效不大可覩哉後之有天下者治亂之迹可以鑒矣

本房加批

四川鄉試試卷 光緒壬寅補行庚子恩正兩科

中式第四十七名举人胡骏试卷（四）

老档案

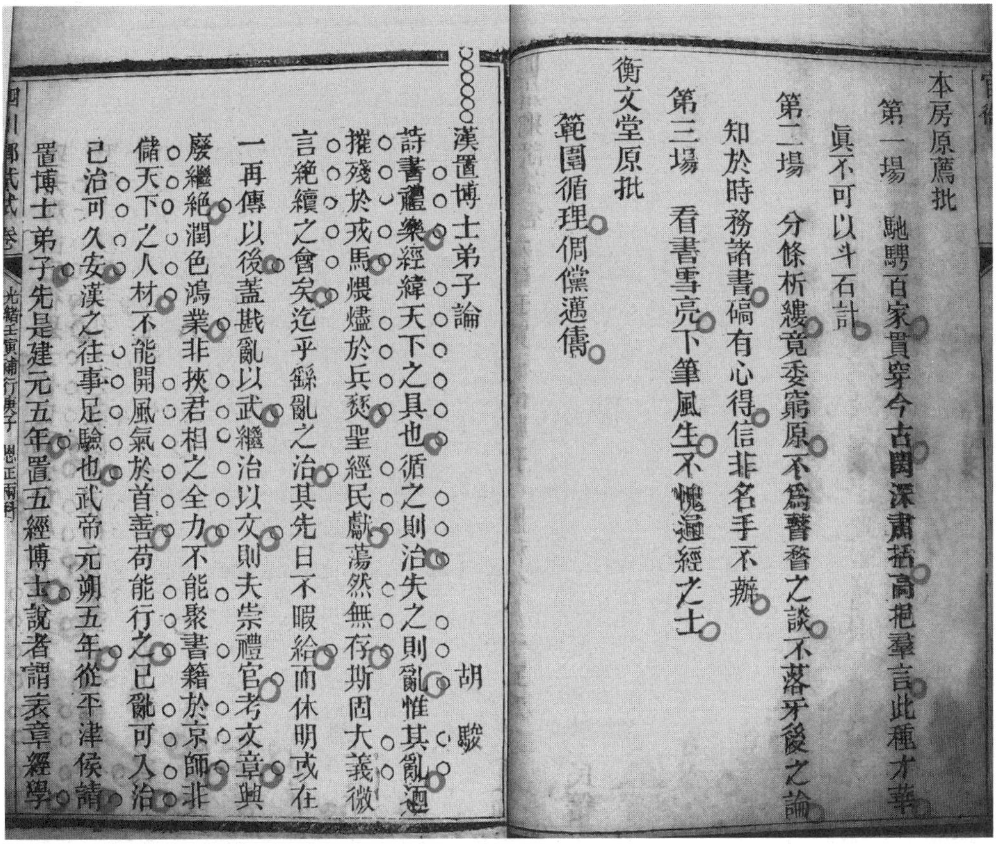
本房原薦批
第一場　馳騁百家貫穿今古閎深肅括高挹羣言此種才華
眞不可以斗石計
第二場　分條析縷竟委窮原不爲聱牙之談不落牙後之論
知於時務諸書碻有心得信非名手不辦
第三場　看書雪亮下筆風生不愧通經之士
衡文堂原批
範圍循理倜儻邁儔

漢置博士弟子論　胡駿
詩書禮樂經緯天下之具也循之則治失之則亂惟其亂迺
摧殘於戎馬煨燼於兵燹聖經民獻蕩然無存斯固大義微
言絕續之會矣迄乎繇亂之治其先日不暇給而休明或在
一再傳以後蓋戡亂以武繼治以文則夫崇禮官考文章興
廢繼絕潤色鴻業非挾君相之全力不能聚書籍於京師非
儲天下之人材不能開風氣於首善苟能行之已亂可入治
已治可久安漢之往事足驗也武帝元朔五年從平津侯請
置博士弟子先是建元五年置五經博士說者謂表章經學

中式第四十七名举人胡駿试卷（五）

近代教育事业艰难的发展

1912 年，中华南京临时政府成立。教育部颁布了一系列普通教育的标准和规定，主要内容是加强普及教育和重视师范教育。重庆蜀军政府通令所属各州县执行。劝学所改称教育公所，学堂一律改称学校，监督（堂长）一律称呼为校长，以示区别。

辛亥革命后，四川陷入军阀混战，重庆作为商埠重镇和军事要地，一直是各路军阀争夺的重点。直至 1926 年，刘湘军事集团击退其他军阀，实行四川防区制，坐镇重庆，使重庆教育才进入相对稳定的发展时期。

为普及学校教育，重庆市政府将旧有的小学校加以改革，如在学制方面，规定男女儿童都应接受 4 年的义务教育，课程内容要符合社会需求和新道德标准。对私立学校进行了整顿，裁汰了不能保证办学经费和教学质量的学校，保留了 59 所私立小学校。到 1936 年，重庆城区共有公、私立学校 99 所。加上城郊及巴县地区的小学校则达到 396 所。教育当局对教育质量也有严格的规定，对小学师资力量进行考核，达标者予以留用，对私塾办学也纳入管理考核范围，符合规定者，可以改为代用小学，毕业同样实行会考。

民国初期设立的中学有重庆联立中学、巴县县立中学、江北县立中学，此外新创办了一批私立教会学校，如精益中学（1922 年）、启明中学（1912 年）、成德女中（1925 年）等。1931 年，潘文华任重庆市市长时，创办了重庆公立初级中学，即现重庆一中的前身。

中等职业学校有：巴县农业学校（1912 年）、商业中学（1925 年）、省立高级工业中学（1917 年）、宽仁高级护士职业学校（1924 年）等。师范学校有：省立女子第二师范学校，该校是四川早期一所重点中等学校，创办于 1913 年，校址设于城区牛皮凼。该校有着光荣的革命历史传统，校风开明、进步、时尚，在多次学潮风波和社会运动中都走在斗争的前列。1919 年的“五四”运动，女二师率先成立学生自治会。8 月，该校又发起成立川东女子救国会，被市政府予以强行解散，引起进步学生的愤慨。学生中的骨干分子仍继续保持联系，成立了读书会，阅读进步书籍，讨论时事。如图所示，女二师一群洋溢着青春朝气的读书会成员，她们是重庆知识界新女性的代表。1921 年，新文化运动中，女二师一批思想解放学生毅然剪去长发，很快形成示范效应，成为社会一大时尚，

頂上獅球火柴
LION BALL
TRADE MARK
請用國貨
重慶
設廠
華業和記火柴公司

重庆市立初级中学食堂和礼堂

市立第一書報社

市立第一书报社

重慶大學

重庆大学校徽

1906 年兴办的川东师范学校

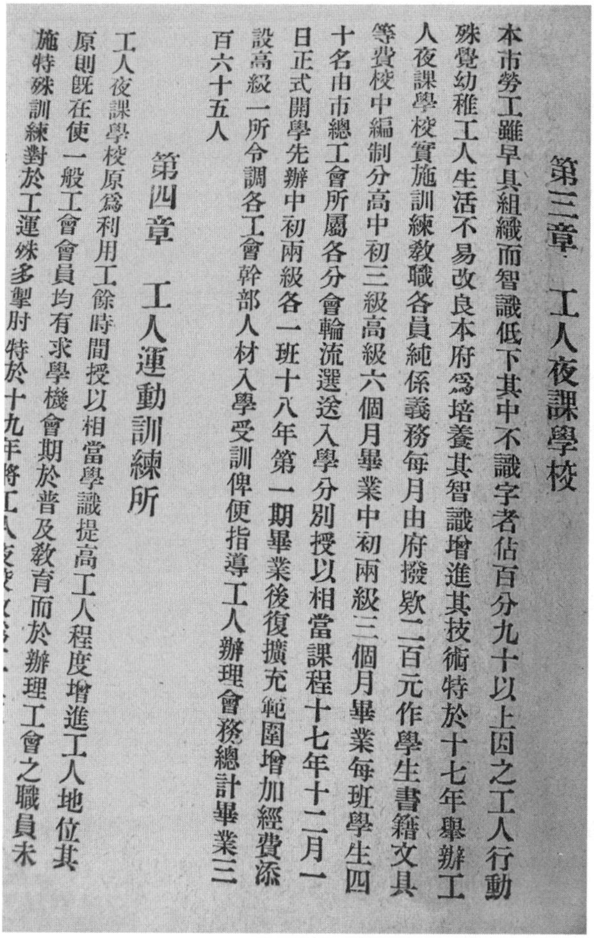

第三章　工人夜課學校

本市勞工雖早具組織而智識低下其中不識字者佔百分九十以上因之工人行動殊覺幼稚工人生活不易改良本府爲培養其智識增進其技術特於十七年舉辦工人夜課學校實施訓練教職各員純係義務每月由府撥欵二百元作學生書籍文具等費校中編制分高中初三級高級六個月畢業中初兩級三個月畢業每班學生四十名由市總工會所屬各分會輪流選送入學分別授以相當課程十七年十二月一日正式開學先辦中初兩級各一班十八年第一期畢業後復擴充範圍增加經費添設高級一所令調各工會幹部人材入學受訓俾便指導工人辦理會務總計畢業三百六十五人

第四章　工人運動訓練所

工人夜課學校原爲利用工餘時間授以相當學識提高工人程度增進工人地位其原則既在使一般工會會員均有求學機會期於普及教育而於辦理工會之職員未施特殊訓練對於工運殊多掣肘特於十九年將工人夜

工人夜校

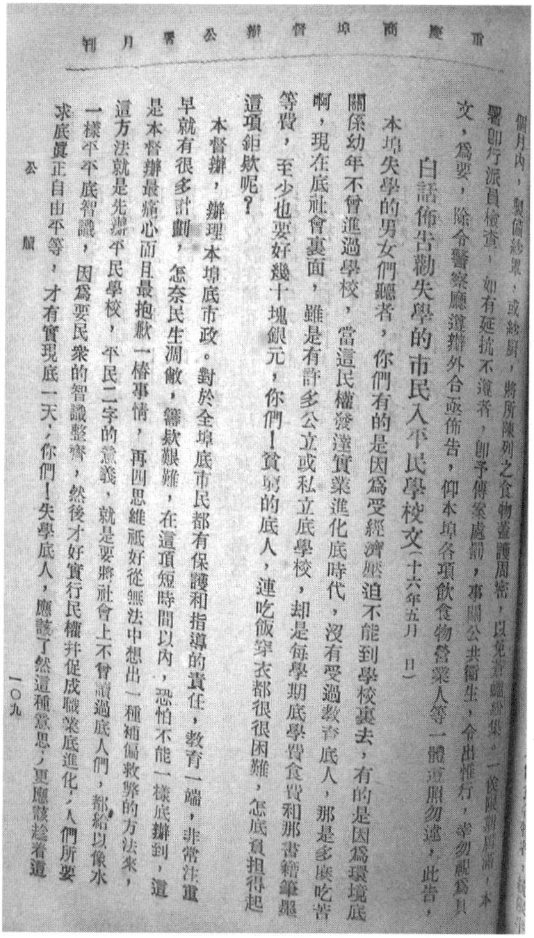

重慶商埠督辦公署月刊

個月內，製備紗罩，或紗厨，將所陳列之食物蓋護周密，以免蒼蠅紛集。一俟限期屆滿，本署即行派員檢查，如有延抗不遵者，即予傳案處罰，事關公共衛生，令出惟行，幸勿視爲具文，爲要，除令警察廳遵辦外合亟佈告，仰本埠各項飲食物營業人等一體遵照勿違，此告，

白話佈告勸失學的市民入平民學校文（十六年五月　日）

本埠失學的男女們聽者，你們有的是因爲受經濟壓迫不能到學校裏去，有的是因爲環境底關係幼年不曾進過學校，當這民權發達實業進化底時代，沒有受過教育底人，那是多麼吃苦啊，現在底社會裏面，雖是有許多公立或私立底學校，却是每學期底學費食費和那書籍筆墨等費，至少也要好幾十塊銀元，你們！貧窮的底人，連吃飯穿衣都很很困難，怎底負担得起這項鉅欵呢？

本督辦，辦理本埠底市政。對於全埠底市民都有保護和指導的責任，教育一端，非常注重早就有很多計劃，怎奈民生凋敝，籌欵艱難，在這頂短時間以內，恐怕不能一樣底辦到，這是本督辦最痛心而且最抱歉一樁事情，再四思維祇好從無法中想出一種補偏救弊的方法來，這方法就是先辦平民學校，平民二字的意義，就是要將社會上不曾讀過底人們，都給以像水一樣平平底智識，因爲要民衆的智識整齊，然後才好實行民權并促成職業底進化，人們所要求底眞正自由平等，才有實現底一天，你們！失學底人，應該了然這種意思，更應該趁着這

公牘　一〇九

潘文华市长劝告失学市民入平民学校读书文告

女二师课间活动场景

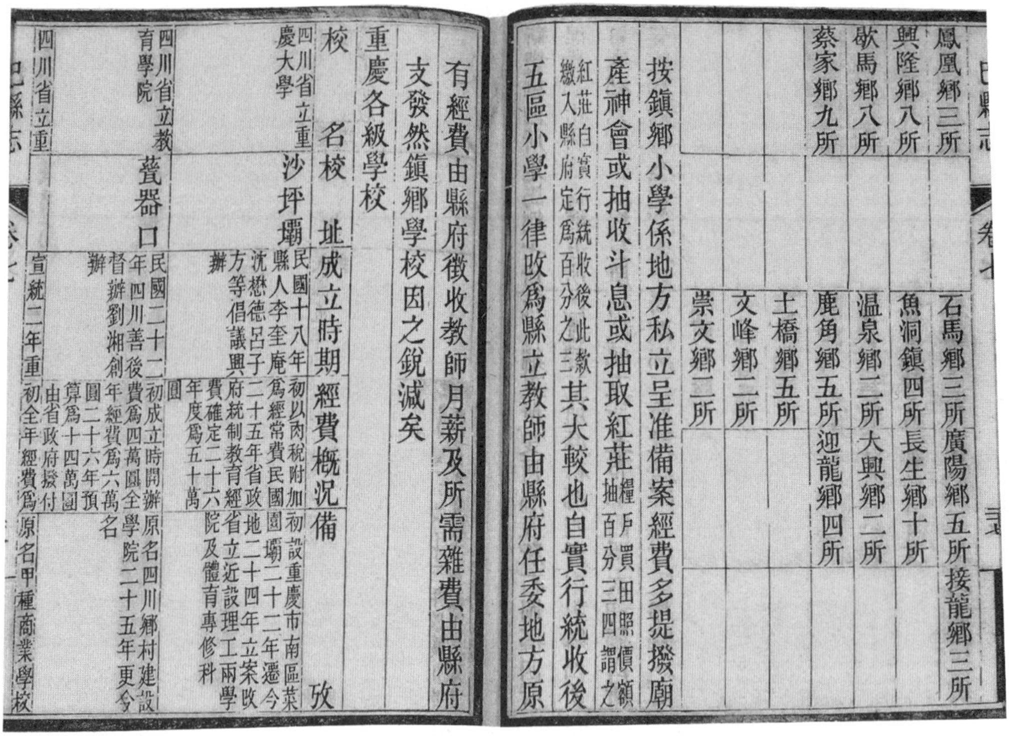

巴縣志 卷七

鳳凰鄉三所	石馬鄉三所 廣陽鄉五所 接龍鄉三所
興隆鄉八所	魚洞鎮四所 長生鄉十所
歇馬鄉八所	溫泉鄉二所 大興鄉二所
蔡家鄉九所	鹿角鄉五所 迎龍鄉四所
	土橋鄉五所
	文峰鄉二所
	崇文鄉二所

按鎮鄉小學係地方私立呈准備案經費多提撥廟產神會或抽收斗息或抽取紅莊（糧戶買田照價額抽百分三四謂之紅莊自實行統收後此款繳入縣府定爲百分之三）其大較也自實行統收後五區小學一律改爲縣立教師由縣府任委地方原有經費由縣府徵收教師月薪及所需雜費由縣府支發然鎮鄉學校因之銳減矣

重慶各級學校

校名	校址	成立時期	經費概況	備攷
四川省立重慶大學	沙坪壩	民國十八年縣人李奎庵沈懋德呂子方等倡議興辦	初以肉稅附加爲經常費民國二十五年省政府統制教育經費確定二十六年度爲五十萬圓	初設重慶市南區菜園壩二十二年遷今地二十四年立案改省立近設理工兩學院及體育專修科
四川省立教育學院	甆器口	民國二十二年四川善後督辦劉湘創辦	初成立時開辦費爲四萬圓全年經費爲六萬圓二十六年預算爲十四萬圓由省政府撥付	原名四川鄉村建設學院二十五年更今名
四川省立重		宣統二年重	初全年經費爲	原名甲種商業學校

《巴县志》重庆大学、四川省立教育学院基本情况介绍

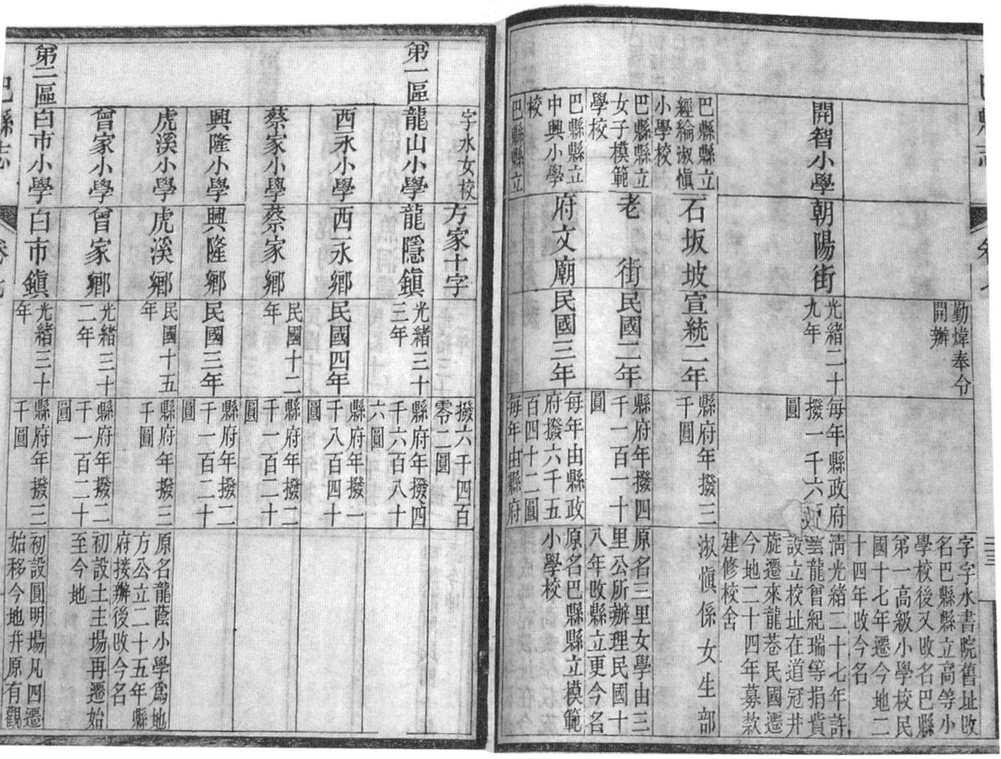

巴縣志 卷七

		勤煒奉令開辦		字水書院舊址改名巴縣縣立高等小學校後又改名巴縣第一高級小學校民國十七年遷今地二十四年改今名
開智小學	朝陽街	光緒二十九年	每年縣政府撥一千六百圓	清光緒二十七年許雲龍曾紀瑞等捐貲設立校址在道冠井旋遷來龍巷民國遷今地二十四年募款建修校舍
巴縣縣立經綸淑慎小學校	石坂坡	宣統二年	縣府年撥三千圓	淑慎係女生部
巴縣縣立女子模範學校	老街	民國二年	縣府年撥四千一百一十圓	原名三里女學由三里公所辦理民國十八年改縣立更今名
巴縣縣立中興小學校	府文廟	民國三年	每年由縣政府撥六千五百四十二圓	原名巴縣縣立模範小學校
巴縣縣立字水女校	方家十字		每年由縣府撥六千四百零二圓	
第一區				
龍山小學	龍隱鎮	光緒三十三年	縣府年撥四千六百八十六圓	
西永小學	西永鄉	民國四年	縣府年撥一千八百四十圓	
蔡家小學	蔡家鄉	民國十二年	縣府年撥二千一百二十圓	
興隆小學	興隆鄉	民國三年	縣府年撥二千一百二十圓	
虎溪小學	虎溪鄉	民國十五年	縣府年撥三千圓	原名龍蔭小學爲地方公立二十五年縣府接辦後改今名
曾家小學	曾家鄉	光緒三十二年	縣府年撥二千一百二十圓	初設土主場再遷始至今地
第二區				
白市小學	白市鎮	光緒三十年	縣府年撥三千圓	初設圓明場凡四遷始移今地并原有觀

《巴县志》记载清末民初时期重庆地区小学表

据史料记载 自秦灭巴国设巴郡 郡治在江州县（今重庆市）
直把。重庆作为区域性军事城堡。漫长的封建时代。重庆工商业
发达。区域规模较小。唐宋以后，社会经济发展。商品贸易兴旺

但剪发学生却遭到校方训斥，并限制其行动自由。是年 8 月，学生自治会曾发动同学开展择师风波并取得了胜利。1928 年下半年，省教育厅撤换进步校长蒙代才，委派封建保守的黄尚毅任校长，引起学生强烈不满。在重庆团地委的领导下，组织发起了“驱黄运动”。受其影响，重庆联合中学也发起驱逐校长舒启元的高潮。重庆其他学校纷纷发表宣言，声援女二师学潮，上海学生会专门致电川东教育厅，最后，斗争取得了胜利。但 25 名学潮骨干被学校当局悬牌除名。

总体而言，民国期间重庆政局相对稳定，教育开始受到重视。刘湘 21 集团军为发展教育，颁行了一系列加强管理的施政方针。首先是整顿。整顿从师范学校开始。1928 年，刘湘委派川东道尹公署道尹甘绩镛负责整顿川东师范学院。该校创办于 1906 年，当时学校已濒临绝境，靠变卖校产维持。甘绩镛决定将学校四贤巷的房产、地皮出卖，另在两路口石马岗购买大幅田地，修建新校舍，修建费用缺额部分向重庆商业界募捐。至竣工时，川东师范一跃成为设备完善，学舍壮观的花园学校。为办学顺利，商埠督办特在各县屠宰税中增加教育附加税，作为办学的固定经费，为提高教育质量创名校，严格选聘专职教师，并以优厚待遇吸引名师任教。川东师范学生大部分来自川东 36 县的贫苦家庭。学校当局对成绩优异而家庭特别困难的学生免除学费，设立了“典夔奖学金”予以鼓励，毕业后概由学校介绍工作。

1929 年重庆建市，城市地位得到提高，城市规模不断扩大，中等教育开始受到社会各方的关注，公、私立学校发展较快。抗战前，重庆的中等学校增加到 29 所。其中私立中学达 17 所，占中等学校总数的 58.6%。女子教育也受到广泛地重视，全市有 7 所女中，占全市中等学校的 24%。该时期中等教育的显著特点是侧重于职业训练，仅专科职中就有 10 所。在初、高中阶段的课程里设有农、工、商等科目，反映了这一时期社会经济发展对职业教育的需求。为确保中等教育的顺利开展，采取了相应的举措来完善办学机制。如严格执行中学会考，以考生成绩作为标准来衡量学校的办学质量。

重庆大学旧校址

高等教育在近代城市形成的过程中起着重要的作用。

1935 年重庆大学的工学院大楼

女二师读书会成员

1929 年，四川省政府主席刘湘根据四川善后会议议案决定筹办重庆大学。刘湘在筹办重庆大学的会议上指出："文化学术之盛衰关系国家民族之兴亡"，"欲图国家之强盛，与列强处与平等地位，应取法列强办理大学教育"，就四川情况而言，交通不便，导致文化闭塞，因此，"尤应多设大学，教育青年"。刘湘认为，重庆为西南重镇，川东首要地区，没有大学一级的高等教育机构，实为重庆地区之耻辱。建校之初，校址设在菜园坝杨家花园（现火车站），刘湘兼任校长，聘甘绩镛为副校长。学校主旨定为："为重庆市工商业经济服务，培养现代工商业专门人才，建设川东地区，乃至于西南地区的高等教育人才培训中心。"1929 年秋开办文理两系预科，1932 年开办正科，共招收学生 140 人，拥有教师 22 人。两年间，重庆大学购置图书 9300 余册及 2 万余元的科学仪器。1931 年秋，刘湘与巴县乡商定购置巴县西城里沙坪坝 900 余亩建筑新校址。1934 年迁入新校址。此外，为促进学校的发展，还划拨专门

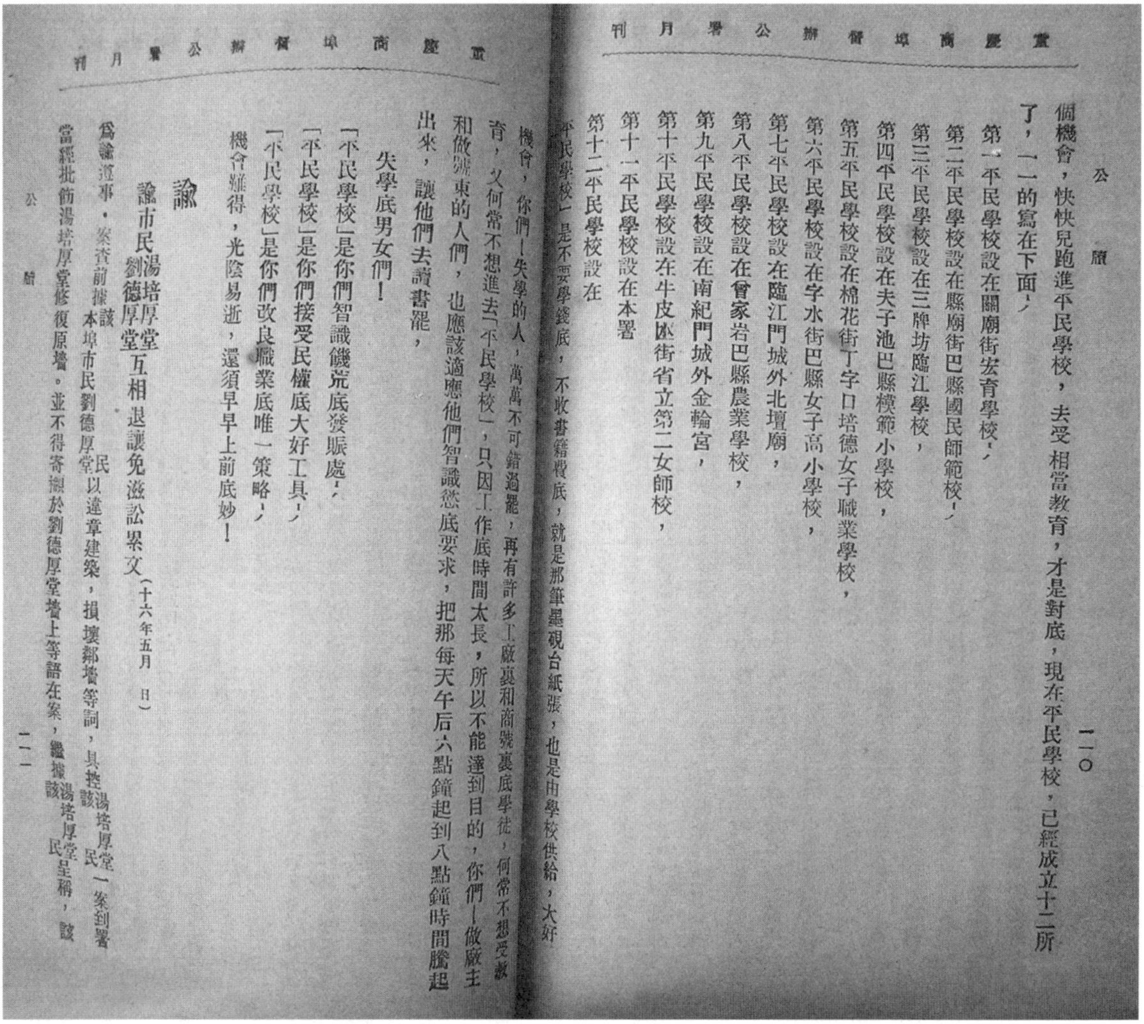
重慶商埠督辦公署月刊

公牘

個機會，快快兒跑進平民學校，去受相當教育，才是對底，現在平民學校，已經成立十二所了，一一的寫在下面，／
第一平民學校設在關廟街宏育學校，／
第二平民學校設在縣廟街巴縣國民師範校，／
第三平民學校設在三牌坊臨江學校，
第四平民學校設在夫子池巴縣模範小學校，
第五平民學校設在棉花街丁字口培德女子職業學校，
第六平民學校設在字水街巴縣女子高小學校，
第七平民學校設在臨江門城外北壇廟，
第八平民學校設在曾家岩巴縣農業學校，
第九平民學校設在南紀門城外金輪宮，
第十平民學校設在牛皮凼街省立第二女師校，
第十一平民學校設在本署
第十二平民學校設在
「平民學校」是不要學錢底，不收書籍費底，就是那筆墨硯台紙張，也是由學校供給，大好

一一〇

重慶商埠督辦公署月刊

機會，你們－失學的人，萬萬不可錯過罷，再有許多工廠裏和商號裏底學徒，何常不想受教育，又何常不想進去「平民學校」，只因工作底時間太長，所以不能達到目的，你們－做廠主和做號東的人們，也應該適應他們智識慾底要求，把那每天午后六點鐘起到八點鐘時間騰起出來，讓他們去讀書罷，

失學底男女們！
「平民學校」是你們智識饑荒底發賑處；／
「平民學校」是你們接受民權底大好工具！／
「平民學校」是你們改良職業底唯一策略；／
機會難得，光陰易逝，還須早早上前底妙！

諭

諭市民湯培厚堂劉德厚堂互相退讓免滋訟累文（十六年五月　日）

爲諭遵事，案查前據本埠市民劉德厚堂以違章建築，損壞鄰牆等詞，具控該民湯培厚堂一案到署當經批飭湯培厚堂修復原牆，並不得寄擱於劉德厚堂牆上等語在案，繼據該民湯培厚堂呈稱，該

公牘　一一一

潘文华市长劝告失学市民入平民学校读书的文告

地产和商业铺面作为学校固定资产收益，“为学校经费之补助”。1935 年，胡庶华任校长，重庆大学在教育部正式立案，改为公立大学。胡庶华在任期间，大力扩展办学规模，在学校理、工各院尚处于初创阶段，就提出将学校发展与城市建设需要结合起来，打算单列经费筹建医学院，增设体育专修科、商学院等学科（院校），培养造就各式专门人才。到抗战爆发前，重庆大学建成三院十系一科，有 34 个班，学生 720 人，职员 196 人。重庆大学还拥有一支高素质的教师队伍，据史料记载，当时，重庆大学各系主任均为留学归国人才，助教、讲师大都具有高学历教育背景。重庆大学的成功创办标志着重庆城市近代教育体系已初步建立。

1933 年，刘湘在磁器口地藏寺附近创办了四川省立乡村建设学院，后改名为四川省教育学院。这是除重庆大学以外重庆唯一的高等学校，校设有两系一科：乡村教育系、农事教育系、农事教育科。学院宗旨以民众教育为第一位，

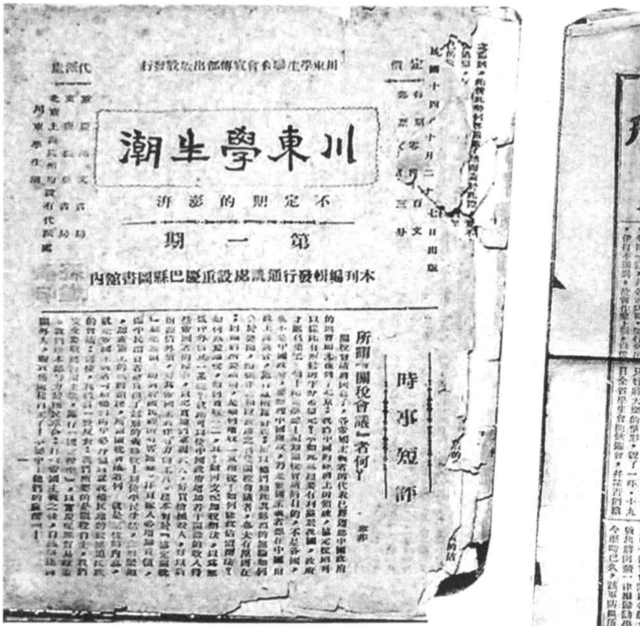

川東學生潮

不定期的澎湃

第一期

本刊編輯發行通訊處設重慶巴縣圖書館內

時事短評

所謂"關稅會議"者何

川東學生聯合會週刊

特刊號

《川东学生联合会周刊》和《川东学生潮》

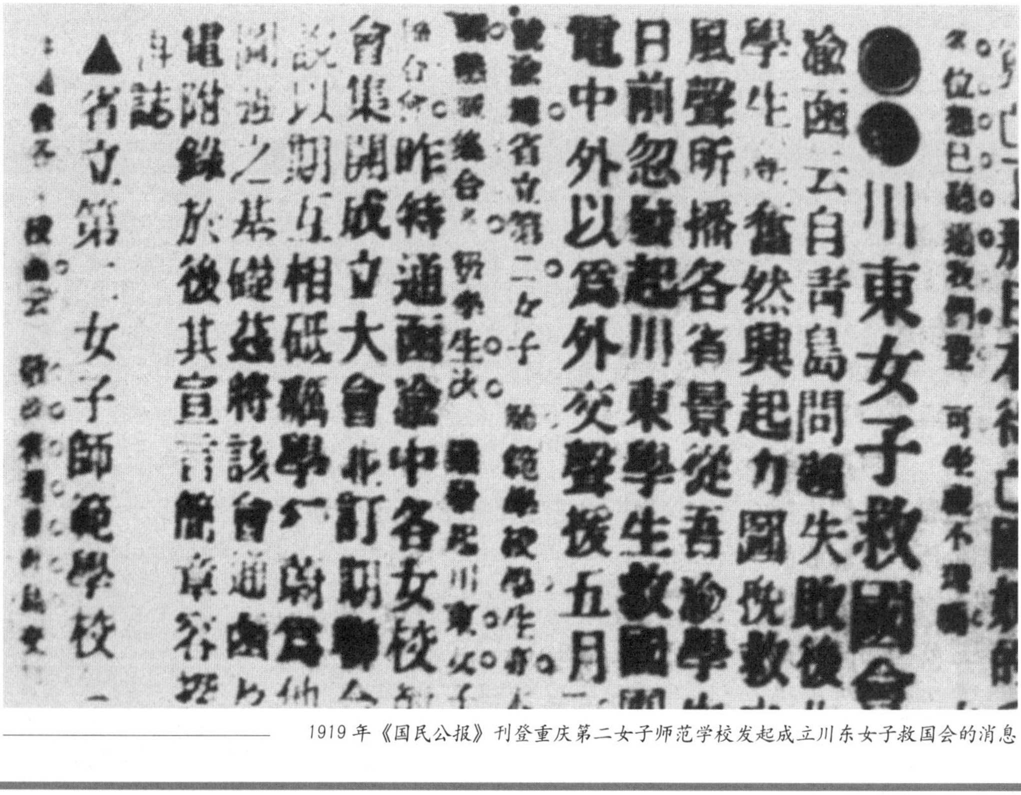

●●川東女子救國會

渝函云自青島問題失敗後學生奮然興起力圖挽救風聲所播各省景從吾渝學……日前忽發起川東學生救國……電中外以為外交聲援五月……

1919年《国民公报》刊登重庆第二女子师范学校发起成立川东女子救国会的消息

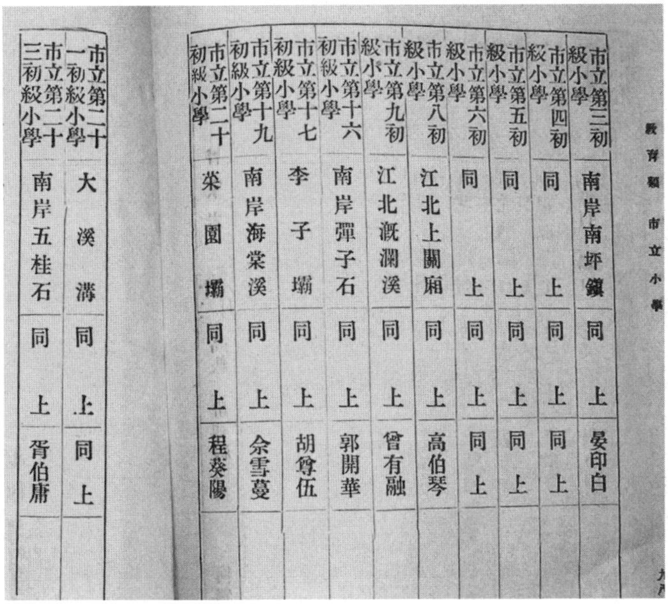

教育類 市立小學

市立第三初級小學	南岸南坪鎮	同	上	晏印白
市立第四初級小學	同上	同	上	同上
市立第五初級小學	同上	同	上	同上
市立第六初級小學	同上	同	上	同上
市立第八初級小學	江北上關廟	同	上	高伯琴
市立第九初級小學	江北溉瀾溪	同	上	曾有融
市立第十六初級小學	南岸彈子石	同	上	郭開華
市立第十七初級小學	李子壩	同	上	胡尊伍
市立第十九初級小學	南岸海棠溪	同	上	余雪蔓
市立第二十初級小學	菜園壩	同	上	程葵陽
市立第二十一初級小學	大溪溝	同	上	同上
市立第二十三初級小學	南岸五桂石	同	上	胥伯庸

市立部分初级中学和小学基本表

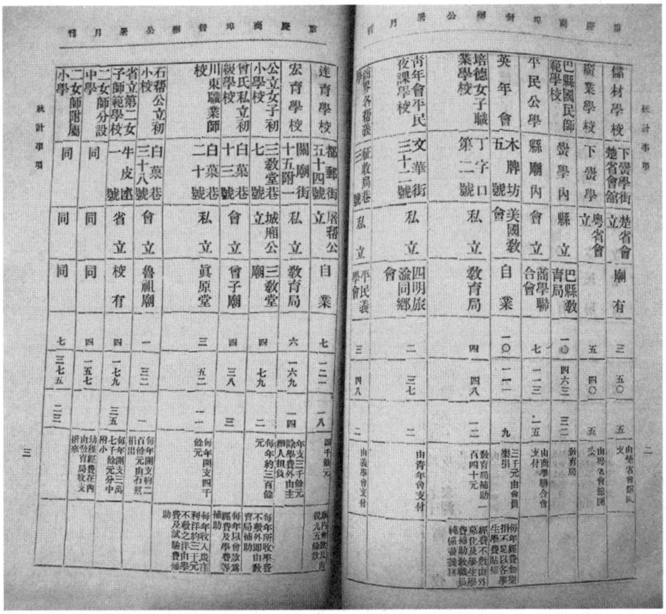

部分职业学校统计表

注意培养既懂农业又懂教育的专业人员，为防区储备建设乡村的实干型人才。

在社会教育方面，民众的识字水平和文化素质受到当局重视，在财政困难情况下，仍划拨出全市教育经费的20%启动了平民教育计划，筹办了多个民众教育馆、阅报室、通俗图书馆等公共文化设施，如重庆通俗图书馆就设有成人、儿童阅览室，配有通俗读物和全国各大省市的报刊杂志。商埠督办公署明文规定："凡具规模的工商业团体均应设立民众学校一所，暂未设立夜校的各会所，必须出资配合学校协办文化学习班，按市政府规定统一的学科内容讲授。针对内陆民众风气闭塞，教育意识淡漠，有些民众不愿参加学习，潘文华市长发布文告，动之以情，晓之以理，殷殷地劝导："……先办平民学校，平民二字意义，就是要将社会上不曾读过书的人们，都给以像水一样平平的知识，因为民众的知识整齐，然后才好实行民权并促进职业的进化，人们要求的真正自由平等，才有实现的一天。你们！失学的人，应该了解这种意思，更应该趁着这个机会，快快跑进平民学校，去受相当教育，现在平民学校，已经成立十二所了，一一写在下面……平民学校是不收学费、书籍费，笔墨砚台纸张也是由学校供给，失学的人，万万不可错过机会！"

重庆近代教育事业历经了艰难而曲折的发展过程。民国初期，社会经济凋敝，

水銀二百四十兩
以上蕪湖關署章程

1933年迁入沙坪坝重庆大学理学院

重庆女二师校址

重庆通俗图书馆

商埠督辦公署月刊

黃漢洲鄭桂林陳炳生
鄧桂林廖洪發等十九人，尚未呈驗管業證據，倘任長此稽延，則貽誤事機非淺。合亟令仰該隊長即便前往按名飭繳，毋任玩延，去隊亦毋得藉事需索，致干究辦，切切此諭，

批示

批據程文淵等呈請創設通俗教育館並附賫簡章懇予核示文十六年四月 日

呈及簡章均悉，查社會教育。誠爲當務之急，而通俗教育館，又爲實現社會教育之良好組織，亟應創設，俾資啟迪文化，順應潮流，來呈擬由發起人擔任基金六千元，設處籌備，足見情殷桑梓，嘉佩良深，惟查通俗教育館，屬於市教育範圍，本署負有辦理之責，第以事體重大，需欵至鉅，不能不審愼完密，計畫周詳，刻正督飭教育科長員等，詳加籌劃，業經擬有具體辦法，容俟提交商埠參事會討論後，卽將着手籌備，早觀厥成，以求教育之普及，而慰市民之期望，所請由私人發起，集資創辦之處，未便照准，仰卽知照，此批，簡章姑存，

公牘 五九

通俗教育馆

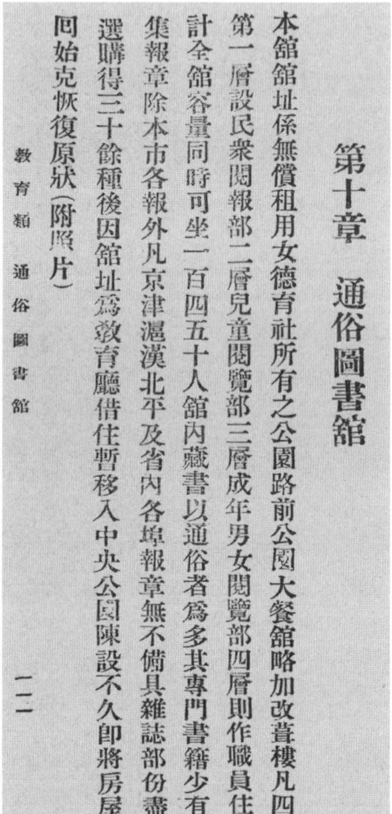
第十章　通俗圖書館

本館館址係無償租用女德育社所有之公園路前公園大餐館略加改葺樓凡四層第一層設民衆閱報部二層兒童閱覽部三層成年男女閱覽部四層則作職員住屋計全館容量同時可坐一百四五十人館內藏書以通俗者爲多其專門書籍少有採集報章除本市各報外凡京津滬漢北平及省內各埠報章無不備具雜誌部份盡量選購得三十餘種後因館址爲敎育廳借住暫移入中央公園陳設不久卽將房屋收囘始克恢復原狀(附照片)

教育類　通俗圖書館　一一

通俗图书馆

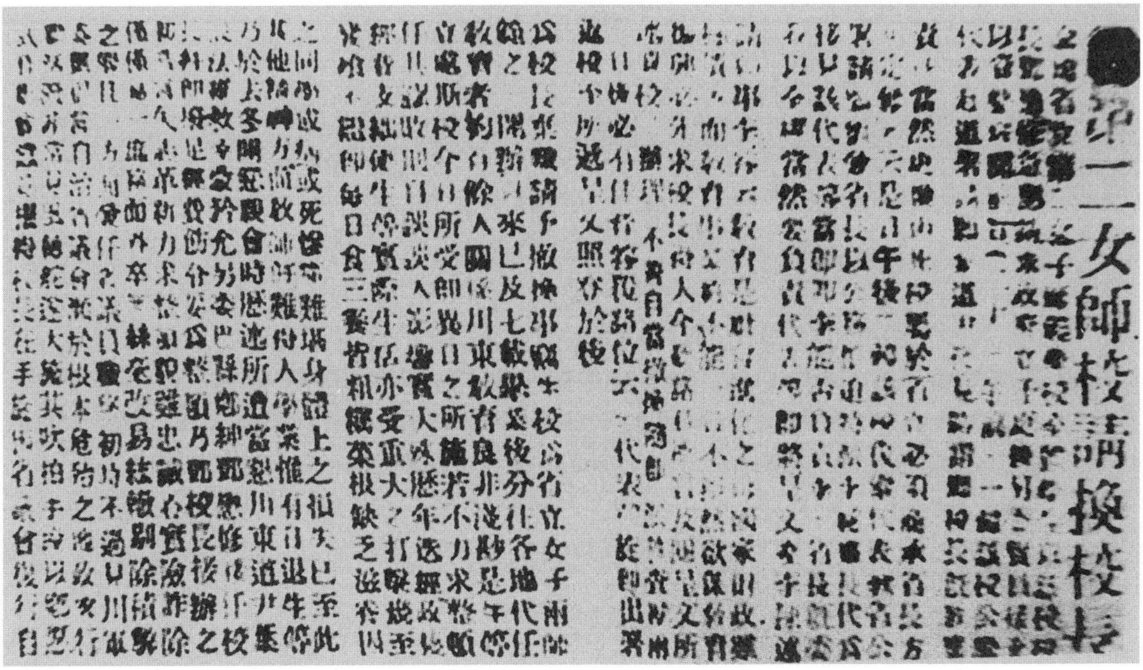

国民公报登载省立女二师学潮消息

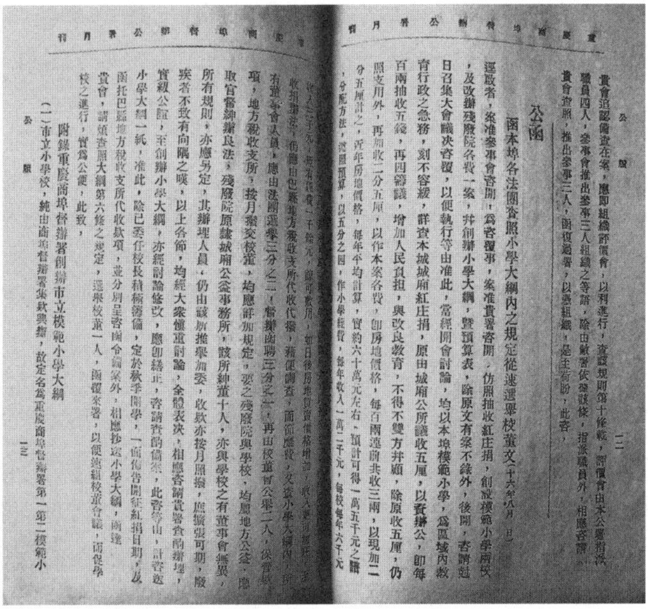
函本埠各法團查照小學大綱內之規定從速選舉校董文

附錄重慶商埠督辦署創辦市立模範小學大綱

商埠规定小学选举学校校董布告文

民众生活困苦，教育的生存状态十分艰难。建市后，教育事业开始了缓慢的复苏和发展，当局制定了较完备的教育计划，将社会建设的实际需求作为教育的改革方针，为城市建设培养了大批人才，推动了近代重庆城市化的进程。抗战期间，大量省外各类学校、文化机关等迁入，使重庆教育获得较大的发展，重庆逐渐成为抗战大后方的教育中心。

重庆建市简况

城市规划与建设取向

重庆城市真正意义的建制始于 20 世纪 20 年代末。这一时期，中国各大主要城市开始了地方自制式的管理体制，地方管理机关的成立拉开了变革的序幕。1909 年 1 月，全国性《城镇乡地方自治章程》正式颁布，上海、宁波、福州、厦门、广州都先后建立了自治公所或市政公所等自治机关。顺应时代潮流，重庆启动了建制历程。1926 年，四川军阀刘湘接受蒋介石的整编，改为国民革命军 21 军。刘湘以四川善后督办和川康边务督办身份进驻重庆，为了充分利用城市资源和加强对军队驻守各区县的管理和示范，重庆市的改建制提上了刘湘军事集团的议事日程。

1923 年，江北和巴县各法团呈请四川省政府转呈北京政府，请改市政公所为重庆商埠，1927 年 9 月，商埠督办公署又改组为市政厅。随后委任特派员，“驰赴长江一带大城市，详细调查市政建设及发展，随时汇报回署，籍资借镜，而凭改组”。1928 年 7 月国民政府颁布《特别组织法》，重庆认为符合其中有

重慶市市區經界草圖
江北城
重慶城
北
江
市
區
巴

1933 年《重庆市市区经界草图》

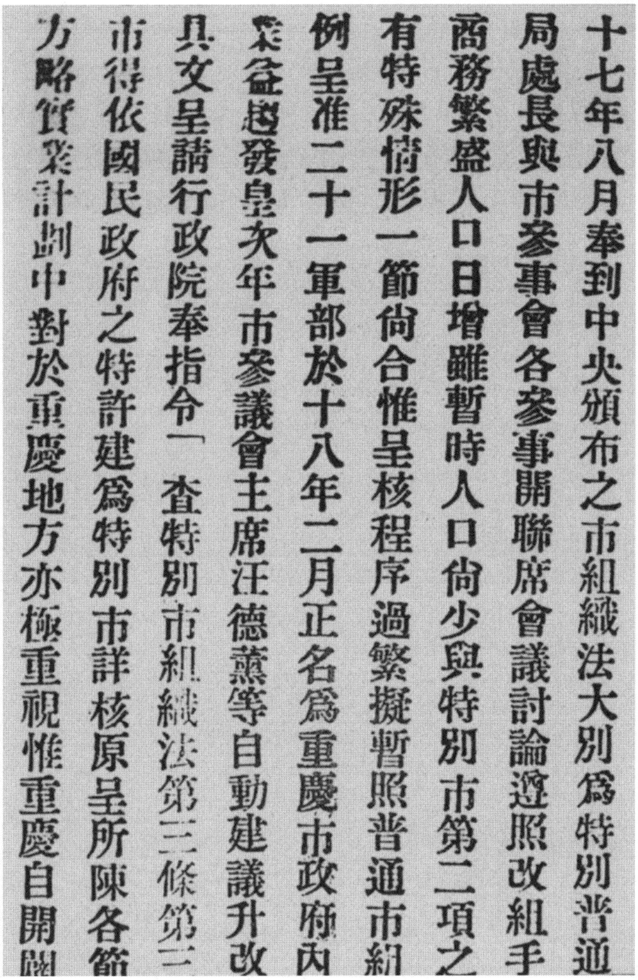

十七年八月奉到中央頒布之市組織法大別爲特別普通
局處長與市參事會各參事開聯席會議討論遵照改組手
商務繁盛人口日增雖暫時人口尚少與特別市第二項之
有特殊情形一節尚合惟呈核程序過繁擬暫照普通市組
例呈准二十一軍部於十八年二月正名爲重慶市政府內
業益趨發皇次年市參議會主席汪德薰等自動建議升改
具文呈請行政院奉指令「查特別市組織法第三條第二
市得依國民政府之特許建爲特別市詳核原呈所陳各節
方略實業計劃中對於重慶地方亦極重視惟重慶自開闢

1929年2月15日，重庆建市。图为重庆呈报的建市文件

关规定内容，派出代表到中央请愿，要求重庆设立特别市。然国府文官处公函回复："所请重庆市为特别市一案，已交内政部拟议，一俟四川省政府成立后，再行核办。"1929年2月15日，经21军部批准，重庆市政厅改为重庆市政府，重庆正式建市。

建市之前，重庆城基本上仍是"九开八闭"的古城模样，20来万居民蜷缩城墙内生养作息，市政设施呈极其简陋的自然状态；吃水河边挑，照明大部分用油灯，街道局促狭窄，卫生环境恶劣。出门交通工具是城内坐轿子，城外坐滑竿。出入重庆城虽有舟楫之便，但码头未设，陆路仍沿古老的驿路和官道通往省城。管辖范围以城区为中心，至长江南北两岸上下30华里的地方。

建市时期的重庆

建市后，确定在原基础上延伸至江北城区及南岸五渡，全市面积共有 187 平方公里，初步形成了重庆横跨两江，鼎足三分的格局，并开辟了自临江门沿嘉陵江经大溪沟到牛角沱，自南纪门沿长江经菜园坝抵兜子背，自通远门经观音岩至两路口的三大块新市区。而新辟的江北、南岸大部分城区则“冷落俨如乡镇”，重庆其他地区亦“全属郊野”。新划的市区被两江阻隔为三大片，又无渡口和桥梁相连，往来甚为不便。

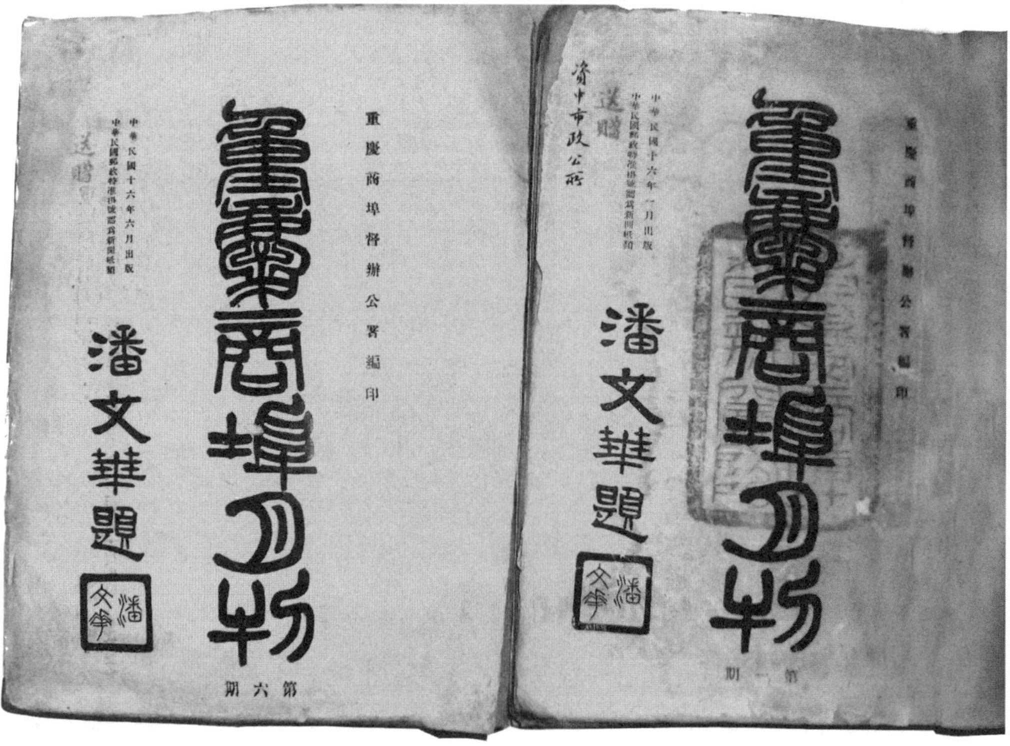
重慶商埠督辦公署編印
重慶商埠月刊
潘文華題
中華民國十六年六月出版
第六期
中華民國十六年一月出版
第一期

1927 年《重庆商埠月刊》（市政公报）

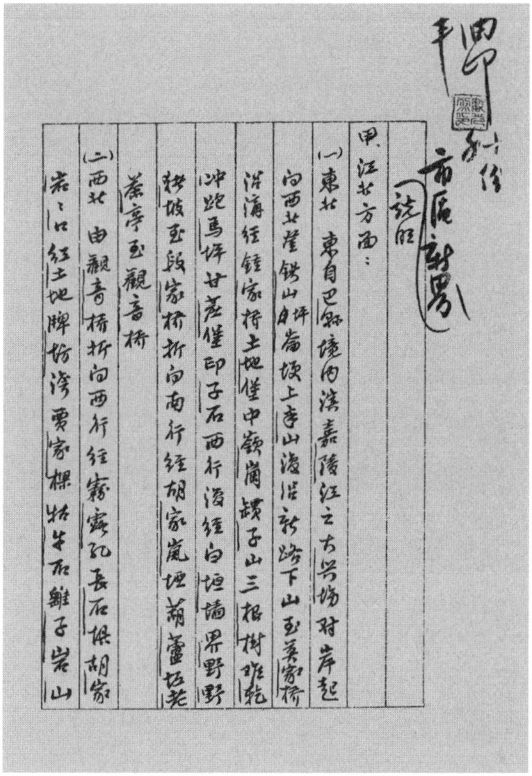

甲、江北方面：

(一)東北　東自巴縣境內濱嘉陵江之大興場對岸起
向西北經鐵山舟坪崙頂上李山後沿新路下山至吴家橋
沿溝經鍾家灣土地堡中觀嶺鐵子山三棵樹堆轮
沖跑馬坪甘蔗堡印子石西行沿經白垣墻界野
牧坡至段家橋折向南行經胡家嵐埂蕭董坡老
茶亭至觀音橋
(二)西北　由觀音橋折向西行經寨霧溝長石垛胡家
宕口紅土地牌坊灣賈家梁牯牛石鯉子岩山

1930 年重庆市政府关于新界勘划的说明书（三）

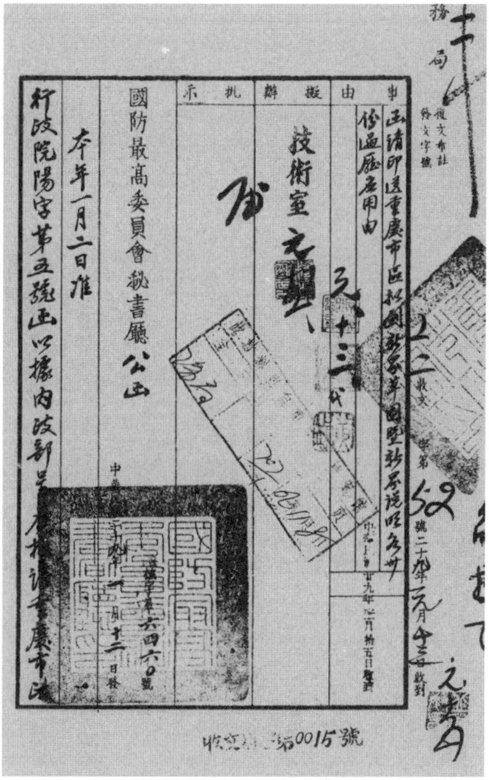

事由：函請印送重慶市區擬劃新界草圖暨新界說明各卅份遞屆應用由

擬辦：技術室

國防最高委員會秘書廳公函

本年一月二日准行政院陽字第五號函以據內政部呈……重慶市……

收文第0015號

1930 年重庆市政府关于新界勘划的说明书（一）

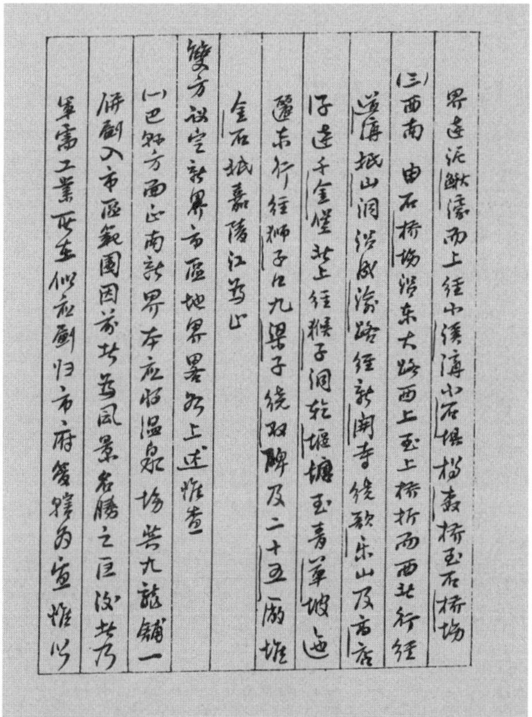

界迄沱歇漵而上經小溪溝小石垻楊家橋至石橋場
(三)西南　由石橋場沿東大路西上至上橋折而西北行經
巡府抵山洞沿成渝路經新開寺繞歌樂山及古存
仔達千金堡北上經猴子洞乾堰塘至青草坡迤
逕東行經獅子口九堡子繞雙牌及二十五廠堆
全石垻嘉陵江爲止
雙方劃定新界市區地界略如上述惟查
(一)巴縣方面正南新界本應將溫泉場暨九龍鋪一
併劃入市區範圍因前者爲風景名勝之區後者乃
軍需工業所在似應劃歸市府籌辦爲宜惟以

1930 年重庆市政府关于新界勘划的说明书（四）

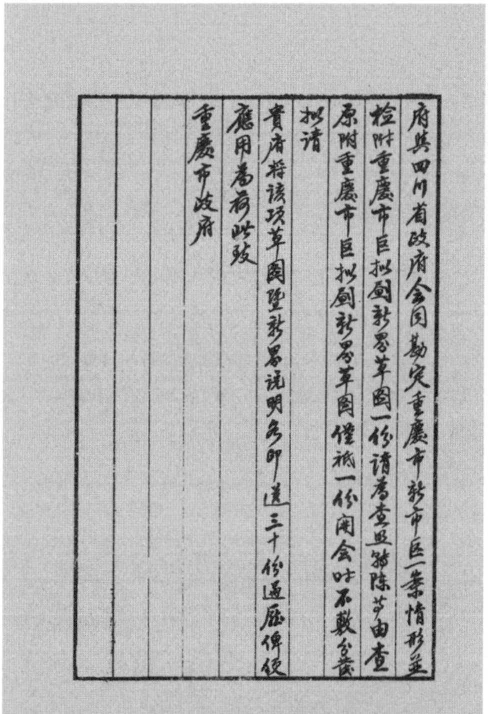

府與四川省政府會同勘定重慶市新市區一案情形並
檢附重慶市區擬劃新界草圖一份請查照辦理由查
原附重慶市區擬劃新界草圖僅祇一份閱會時不敷分發
擬請
貴府將該項草圖暨新界說明各印送三十份遞屆俾便
應用為荷此致
重慶市政府

1930 年重庆市政府关于新界勘划的说明书（二）

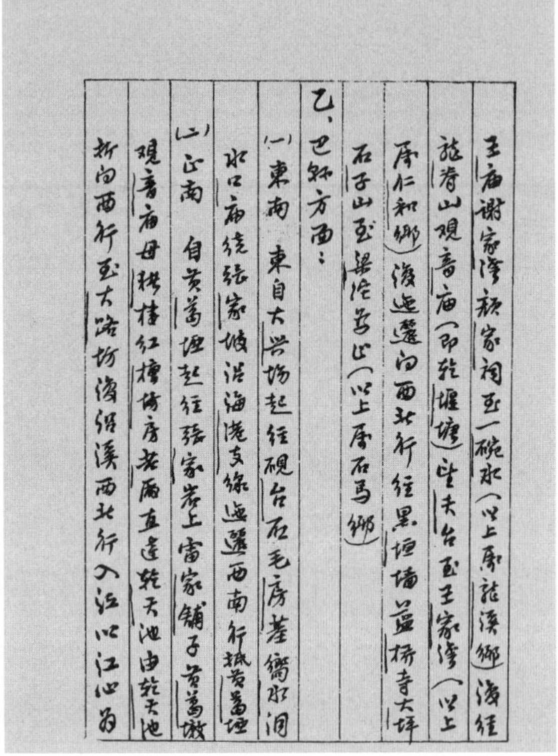

王廟謝家灣頼家祠至一碗水（以上屬龍溪鄉）後經
龍脊山觀音廟（即龍塘塘）至夫台至王家灣（以上
屬仁和鄉）後迤邐向西北行經黑垣墻蓋杨寺大坪
石子山至鵝嶺為止（以上屬石馬鄉）
乙、巴縣方面：
（一）東南　東自大興場起經硯台石毛房羞衛水洞
水口廟徒張家坡沿海漢支線迤邐西南行抵黃葛埡
（二）正南　自黃葛埡起經張家岩上雷家鋪子黃葛墩
觀音廟母猪樑紅櫃坊房老廟直達龍天池由龍天池
新向西行至大路坊後循溪西北行入江以江心為

1930年重庆市政府关于新界勘划的说明书（六）

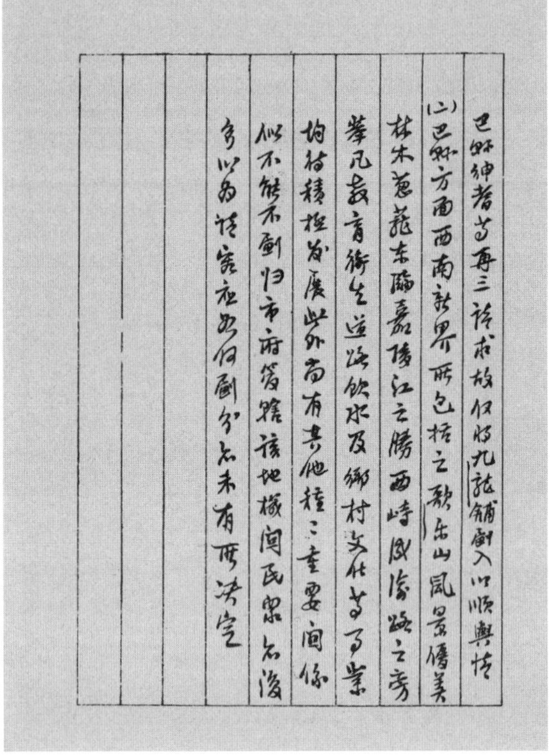

巴縣紳耆曾再三請求故仍將九龍鋪劃入以順輿情
（二）巴縣方面西南新界所包括之歌樂山風景優美
林木蔥蘢東臨嘉陵江之勝西峙風浴路之旁
峯巒長青衛生適於飲水及鄉村文化等事業
均特積極發展此外尚有其他種種重要関係
似不能不劃歸市府管轄該地域閭民衆亦後
多以為請定在必何劃分亦未有所決定

1930年重庆市政府关于新界勘划的说明书（五）

组织机构的创建与新市区的开发

重庆第一任市长潘文华

重庆建市组织机构大致经历了成立重庆商埠督办公署、改组市政厅到成立市政府。市政府的组织结构体现了逐步完善和沿海取向的原则。重庆首任市长潘文华(1886—1950.11.16)，四川仁寿县人，四川陆军速成堂毕业生。1926年起，先后任重庆商埠督办和市长之职九年。在潘文华主政期间，把治理城市的重点放在城市的建设上。“一方面谋经济之筹措，一方面为制度之草创”，努力把传统城区纳入具有现代意义的城市组织与管理的轨道。首先，参照长江中下游及沿海一带城市的组织机构改组市政府机构，设立了秘书处、财务处、公务处、公安局、社会局、教育局、土地局、团务局、市金库、南岸管理处、江北管理处，把其中市金库直隶

長江大橋

规划中的长江大桥图

于市政府领导，改组后市政府组织机构职能范围明确，脱离了传统城乡合一管理模式，具备了城市管理的组织架构，行政级别在商埠督办时期就脱离巴县政府。其次，引进参议制度，增设了与市长平行的市政联席会、参议会。为尊重民意，共建城市，市政府邀请专门学识人才和绅士名流组成两会，以集体讨论方式商议市政规划，对城市建设方针、政策有提议、考核、决议之权，目的是“督促政务之进行，谋商埠之发展”，参与城市管理与建设。再其次，有关机构部门制定了较为全面的城市基础规划。如卫生、教育、整顿警务、增加消防等，但规划的重点是市政设施和新兴的公用事业方案，如《重庆商埠新市场管理局暂行简章》、《嘉陵江建筑码头全部规划》、《朝天门城门交通工程办法大纲》、《重庆自来水计划》等法规文件。这些市政法规的颁行，被西方国家称为具有“现代化意义”的举措。

重庆地处四川之门户，属西南商埠重镇，随着社会经济的发展，人口数量急剧增加，旧城区面积狭窄、局促的弊端日渐显现，“市政窳败，街道之狭窄”、“其不堪居住”。鉴于此，市政府拟定在城外开辟新市场。于 1929 年发布了《开辟重庆新市场说明书》，即把城区面积向长江东南岸和嘉陵江北岸扩展，共分六区，具体为“南纪门至菜园坝一带为第一区，临江门至曾家岩一带为第二区，曾家岩经两路口至菜园坝一带为第三区，通远门至两路口为第四区，南岸玄坛庙、龙门浩一带为第五区，江北嘴至香国寺一带为第六区。次第开辟，分期进行”，整个新市区面积定为 46.8 平方公里。至此，拉开了大规模市政建设的序幕。

综观潘文华在任期间，城市管理与建设有三点突出的特征，一是参议制度的引进。在军人政权框架内，设立吸纳社会贤达的参议会，争取民间对军人政权合法性的认同，使政权的组织架构有了民主的要素。二是对专业人才重视。

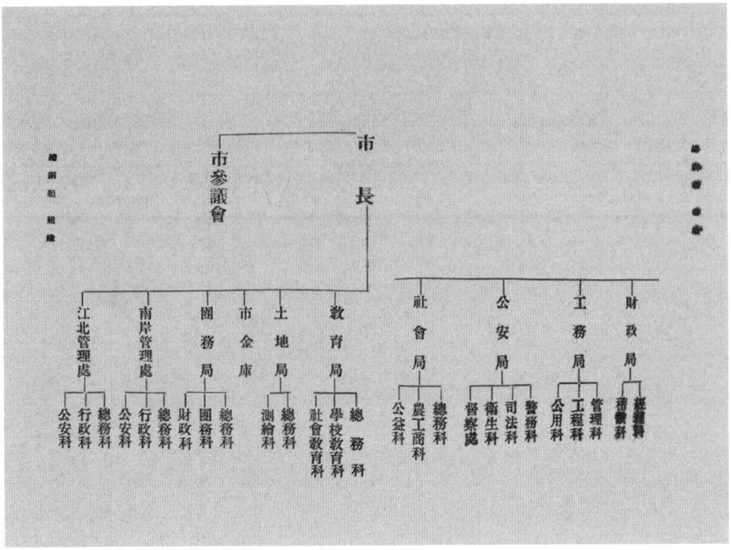
市長
市參議會
江北管理處
公安科
行政科
總務科
南岸管理處
公安科
行政科
總務科
園務局
財政科
園務科
總務科
市金庫
土地局
測繪科
總務科
教育局
社會教育科
學校教育科
總務科
社會局
公益科
農工商科
總務科
公安局
督察處
衛生科
司法科
警務科
工務局
公用科
工程科
管理科
財政局

市政机关之沿革

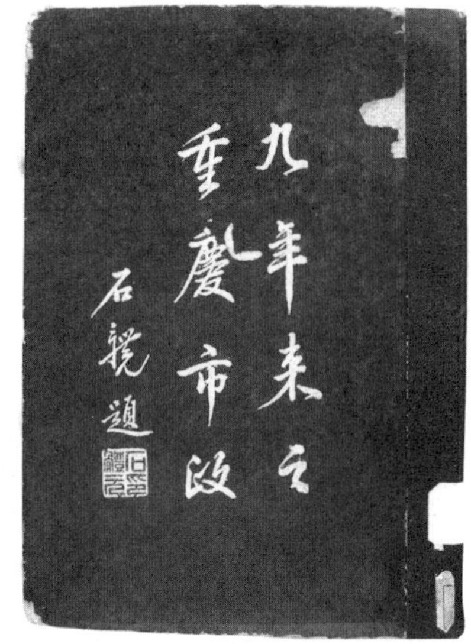
九年来之重慶市政
石鏡題

潘文华著《九年来之重庆市政》

在开发建设市政工程的建设中，注重启用有高学历的专业知识分子主持市政工程管理与建设。如，市工务处第一任处长是留美专家傅友周，市政府秘书石伟元毕业于成都高等巡警学堂、财政局长陈志学毕业于四川政法学校等。由这批具有现代专业背景的官员负责城市建设，保证了工程建设的顺利进行。三是在社会转型的过程中初步确立了现代城市建设的雏形。传统封建社会对城市管理通常采用单一的模式，主要对治安和社会秩序的统辖，城市的管理与组织在很大程度上属于民间行会、团体“自治性”管理。如会馆就承办了保甲组织、慈善事业和兴办学校等大量社会职能。而现代意义的城市管理是以城市整体为对象，进行系统地综合性管理，有专门的职能机构，设计并规

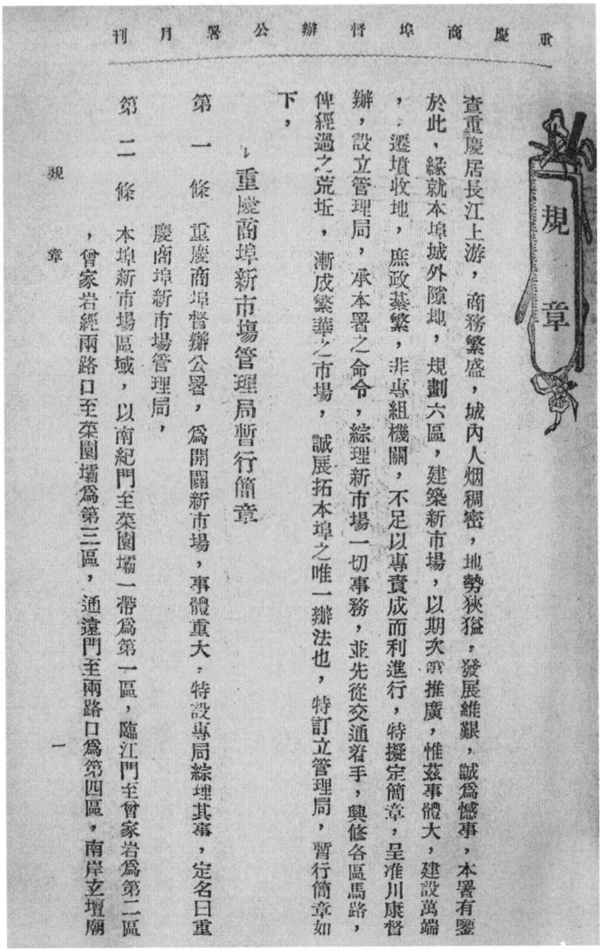
重慶商埠督辦公署月刊

規章

查重慶居長江上游，商務繁盛，城內人烟稠密，地勢狹隘，發展維艱，誠爲憾事，本署有鑒於此，緣就本埠城外隙地，規劃六區，建築新市場，以期次第推廣，惟茲事體大，建設萬端，遷墳收地，庶政蕃繁，非專組機關，不足以專責成而利進行，特擬定簡章，呈准川康督辦，設立管理局，承本署之命令，綜理新市場一切事務，並先從交通着手，興修各區馬路，俾經過之荒坵，漸成繁華之市場，誠展拓本埠之唯一辦法也，特訂立管理局，暫行簡章如下，

重慶商埠新市場管理局暫行簡章

第一條 重慶商埠督辦公署，爲開闢新市場，事體重大，特設專局綜理其事，定名曰重慶商埠新市場管理局，

第二條 本埠新市場區域，以南紀門至菜園壩一帶爲第一區，臨江門至曾家岩爲第二區，曾家岩經兩路口至菜園壩爲第三區，通遠門至兩路口爲第四區，南岸玄壇廟

規章 一

重庆商埠新市场管理局暂行简章

划了市政建设目标和方向，这是城市近代化的重要标志之一。潘文华阐述的施政方针《九年之市政建设方案》，全面涵盖了城市生活与建设的各个方面，如新市区的建设、公路系统的扩展、公用设施的设立、社会福利事业和文化教育事业的举办，诸如此类的规划，使城市管理具备了“现代意义”，是重庆城市管理的一个划时代的突破。

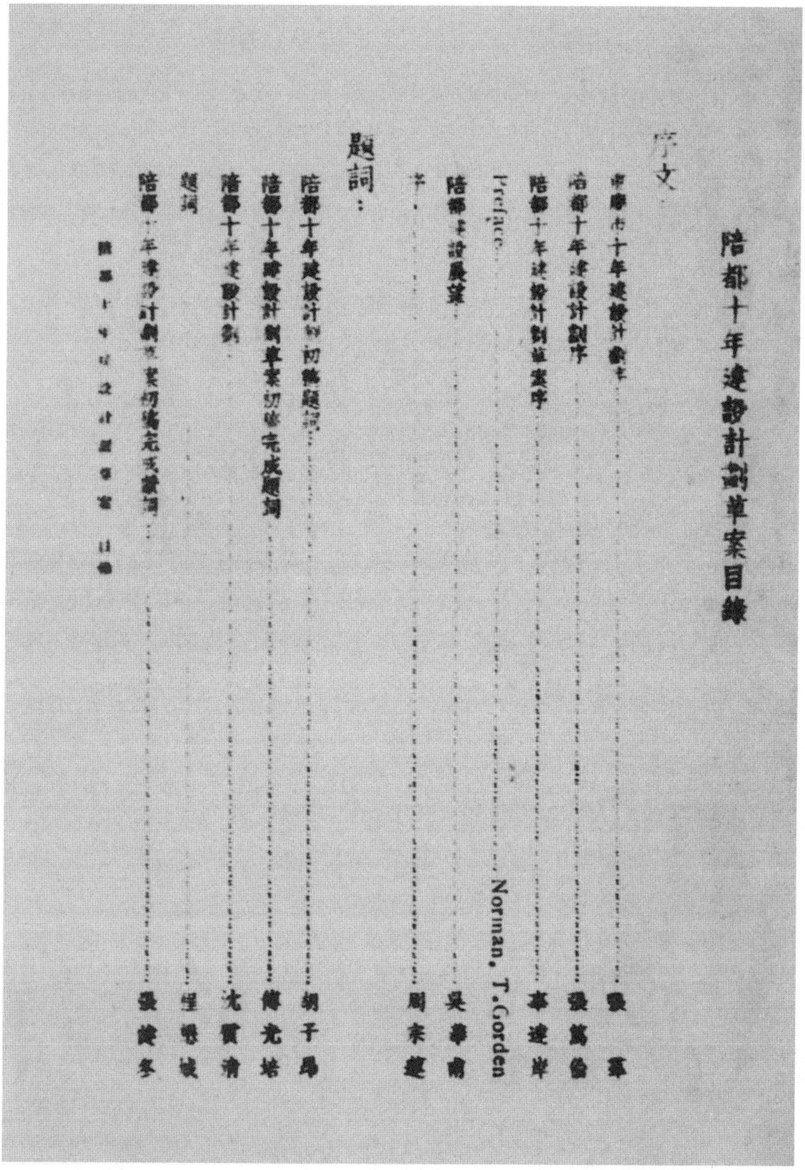

陪都十年建設計劃草案目錄

序文

題詞：

《陪都十年建设计划（草案）》目录

民国时期的重庆市政建设

1921年，杨森任商埠督办时期，就非常热心于市政事宜，招募了一批有见识的留学生为智囊团，对落后的市政设施进行改造，如筹划江北为新商埠，修建了沿江堤坝和码头，计划在嘉陵江架设桥梁，把重庆旧城与江北联接为一体。当时重庆旧城无马路，积极规划了城廓外的北区和中城干线早期路线图。对城区街道市容进行了大刀阔斧地整顿，强化了城市卫生管理，在市政建设上颇有建树，后因战事兴起，建设计划被搁置。1926年起，潘文华先后任督办和市长，启动了自开埠以来最大的市政建设。其他几位继任市长，如吴国桢、张笃伦、贺耀祖等在主政期间，都对市政建设倾注了极大的关注和热情，不遗余力地推动市政建设的发展，如贺耀祖市长在接见外国使团时热烈讨论重庆的市政规划与建设，英国的一位市长被他的热忱所感染，回国后仍来信提出对重庆市政建设的具体看法与建议。蒋介石驻渝期间，也对重庆市政建设非常关心，曾通过各种途径，直接或间接地发布了106道手令改善市政设施和状况。这些命令大到轰炸之防范，市民之疏散，小到墙壁的粉刷，厕所的位置，事无轻重巨细，包揽无遗。

抗战期间，为支持重庆升为行政院直辖市和定为“陪都”，四川省政府拨出专款150万支持重庆市扩建和市政建设，以适应战时发展需要。1940年，重庆市政府提出《重庆市实行地方自治三年计划纲要》，国民政府还成立了“重庆陪都建设计划委员会”，为“陪都”建设筹谋规划。只是因战时经费的困窘延碍了计划的实施。战后，市长张笃伦组织专家又提出《陪都十年建设规划草案》。这是中国第一个城市建设十年规划。草案丰富而平实，按照“首重交通，

十七日。

：冰糖：（市擔）：一二八・〇〇〇，上白糖（市擔）八八・〇〇〇，大河嵐炭：（挑）：四・六〇〇，無烟煤（挑）：三・八〇〇，美亭陰丹（疋）：大：一二四・〇〇〇，：小：一一六・〇〇〇，月美安安（疋）：淺：八四・〇〇〇。

……學校聯誼會主辦之籃球錦標賽，定今日午後三時在川師球場舉行，中華大學對立信決賽，歡迎參觀。

來函照登

准軍令部代電，以「本年二月二十五日貴報補登星期論文傅孟真（中國要和東北共存亡）一文有「唐努烏梁海不是中國」之句。查該區既不屬蒙古人民共和國範圍而我政府亦未承認其獨立，自不能認為非我領土」，請查照核辦等由；除由部分函各省市政府轉飭各報館通訊社注意外，相應函達，即希查照，迅予更正為荷。此致大公報社。內政部警政司啓（三月二十二日）

陪都十年建設

初步計畫草竣

計畫委會昨開會討論

將分別緩急逐步實施

【中央社訊】陪都建設計畫委員會經月餘之努力，已將陪都十年建設初步計畫設計完竣，內分重要項目十五章，對本市交通，衛生，碼頭，公私建築，公園，下水道等，均附有詳細施工計畫，預算及圖表，該會昨日下午二時在市政府大禮堂舉行全體委員大會，由張市長篤倫兼該會主任委員主席，計到市參議會胡議長子昂，市黨部方主任委員治，三民主義青年團重慶支團部陳書記長介生，及委員等七十餘人，決定首先興建下水道工程，培關朝天公園，建立勝利紀念碑，即將詳細施工計畫連同圖表提請市參議會核議，儘先實施。又兩江大橋應請中央撥款興建，碼頭設備計畫將提請下次參議會商討決定，其他各項計畫，分別交由小組會議詳盡研究，分別緩急，陸續舉辦。

渝市點滴

新都私立銘章中學女同學捐助張華夫先生等八烈士遺孤教養費國幣五萬元，已由本報於二十八日代送資源委員會財務處轉張氏等家屬。

×　×　×

重慶市市立中等學校市立男中，市立女中及市

《陪都十年建设》新闻报道

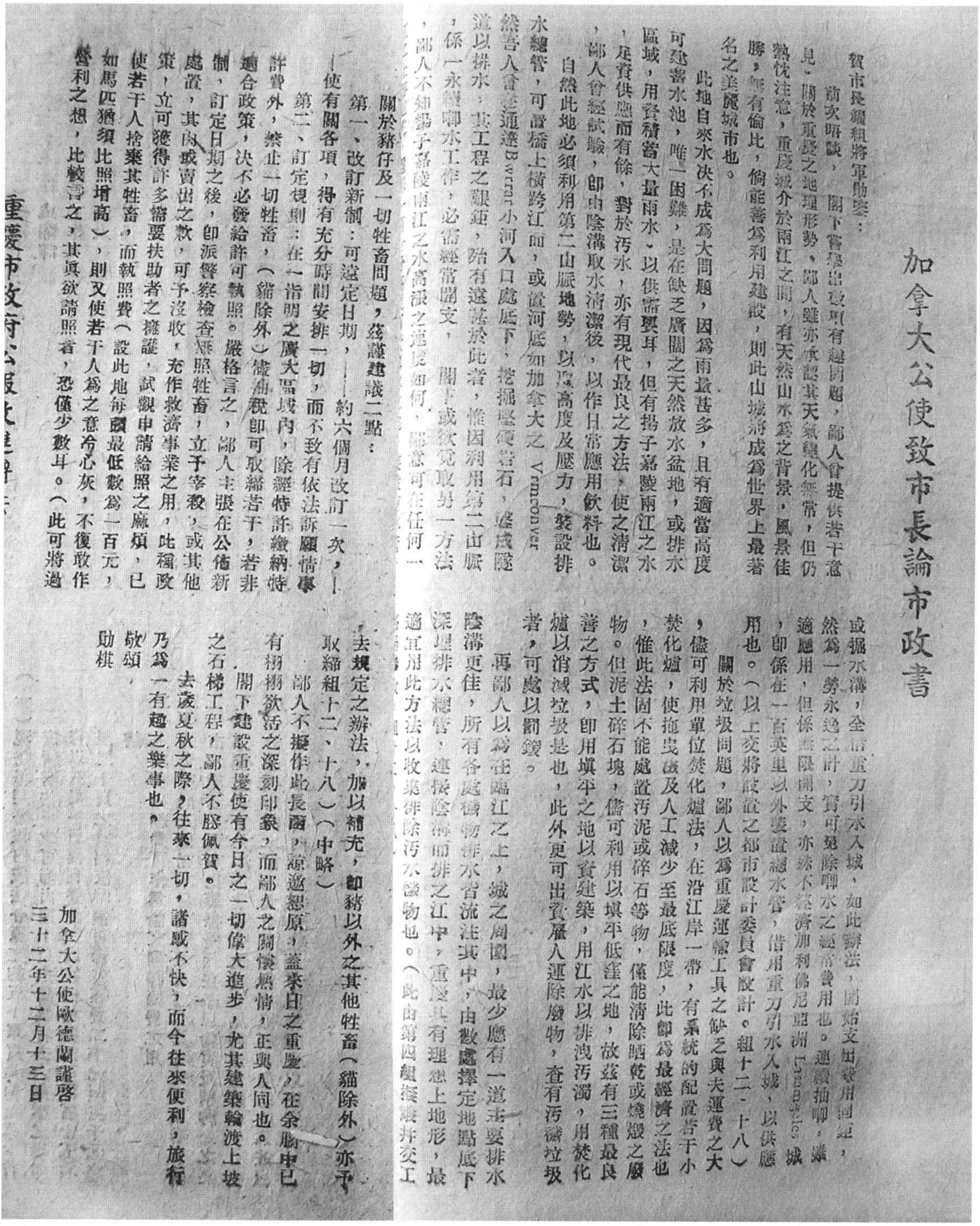

加拿大公使致市長論市政書

賀市長耀組將軍勛鑒：

前次晤談，閣下曾舉出數項有趣問題，鄙人曾提供若干意見。關於重慶之地理形勢，鄙人雖亦承認其天氣變化無常，但仍熱忱注意，重慶城介於兩江之間，有天然山水為之背景，風景佳勝，無有倫比，倘能善為利用建設，則此山城將成為世界上最著名之美麗城市也。

此地自來水決不成為大問題，因為雨量甚多，且有適當高度可建蓄水池，唯一困難，是在缺乏廣闊之天然放水盆地，或排水區域，用資積蓄大量雨水，以供需要耳，但有揚子嘉陵兩江之水，足資供應而有餘，對於污水，亦有現代最良之方法，使之清潔，鄙人曾經試驗，即由陰溝取水清潔後，以作日常應用飲料也。

自然此地必須利用第二山脈地勢，以改高度及壓力，裝設排水總管，可置橋上橫跨江面，或置河底如加拿大之 Vrmconver 然吾人曾建通達Bwrrar小河入口處底下，挖掘堅硬岩石，遂成隧道以排水，其工程之艱鉅，殆有遠甚於此者，惟因利用第二山脈，係一永久唧水工作，必需經常開支，閣下或欲覓取另一方法，鄙人不知揚子嘉陵兩江之水高漲之速度如何，鄙意可在任何一……或掘水溝，全靠重力引水入城，如此辦法，開始支出費用固鉅，然為一勞永逸之計，實可免除唧水之經常費用也。唧筒抽唧，雖適應用，但係無限開支，亦殊不經濟，加利佛尼亞洲 Los Angeles 城，即係在一百英里以外裝置總水管，借用重力引水入城，以供應用也。（以上交將設置之都市設計委員會設計。組十二、十八）

關於垃圾問題，鄙人以為重慶運輸工具之缺乏與夫運費之大，儘可利用單位焚化爐法，在沿江岸一帶，有系統的配置若干小焚化爐，使拖曳及人工減少至最低限度，此即為最經濟之法也，惟此法固不能處置污泥或碎石等物，僅能清除晒乾或燒燬之廢物。但泥土碎石塊，儘可利用以填平低窪之地，故茲有三種最良善之方式，即用填平之地以資建築，用江水以排洩污濁，用焚化爐以消滅垃圾是也，此外更可出資雇人運除廢物，查有污穢垃圾者，可處以罰鍰。

再鄙人以為在臨江之上，城之周圍，最少應有一道主要排水陰溝更佳，所有各處穢物排水皆流注其中，由數處擇定地點底下深埋排水總管，連接陰溝而排之江中，重慶具有理想上地形，最適宜用此方法以收集排除污水穢物也。（此由第四組擬辦并交工……

關於豬仔及一切牲畜問題，茲謹建議二點：

第一、改訂新制：可遠定日期，——約六個月改訂一次，——使有關各項，得有充分時間安排一切，而不致有依法訴願情事

第二、訂定規則：在一指明之廣大區域內，除經特許繳納特許費外，禁止一切牲畜，（貓除外）儘抽稅即可取締若干，若非適合政策，決不必發給許可執照。嚴格言之，鄙人主張在公佈新制，訂定日期之後，即派警察檢查無照牲畜，立予宰殺，或其他處置，其肉或賣出之款，可予沒收，充作救濟事業之用，此種政策，立可獲得許多需要扶助者之擁護，試觀申請給照之麻煩，已使若干人捨棄其牲畜，而執照費（設此地每頭最低數為一百元，如馬匹猶須比照增高），則又使若干人為之意冷心灰，不復敢作營利之想，比較言之，其真欲請照者，恐僅少數耳。（此可將過去規定之辦法，加以補充，即豬以外之其他牲畜（貓除外）亦予取締組十二、十八）（中略）

鄙人不擬作此長函，諒邀恕原，蓋李白之重慶，在余腦中已有栩栩欲活之深刻印象，而鄙人之關懷熱情，正與人同也。

閣下建設重慶使有今日之一切偉大進步，尤其建築輪渡上坡之石梯工程，鄙人不勝佩賀。

去歲夏秋之際，往來一切，諸感不快，而今往來便利，旅行乃為一有趣之樂事也。

敬頌

勛棋

加拿大公使歐德蘭謹啓

三十二年十二月十三日

重慶市政府公報

加拿大公使致信贺耀祖市长讨论市政建设

次为卫生及平民福利，使国计民生无偏废”的原则，欲把重庆建设成为西南地区政治、经济、商贸中心。只是在当时动荡艰危的时局下，该计划草案难以真正付诸实施。

重慶市十年建設計劃序

中國西南部，古爲神州奧區，四川在西南各省中，自然條件尤最爲雄厚，自二十年九一八事起，中國對日之戰事勢已無可迴。元首睿謨深算，預想最險惡之戰局，而先爲不可勝之戰略，早料到平漢粵漢綫以東之地區，可能皆爲日本軍力所控制。制勝之道，惟有把握西南以支柱中國。更把握四川以提挈西南，而重慶襟帶嘉陵揚子兩江，上溯川陝滇黔，下達武漢上海，由水陸交通綫之聯絡，所控之腹地達一百三十五萬方公里，人口達六千七百餘萬，依往昔形勢之說，四川爲首，荆襄爲胸，吳越爲尾，則重慶又適爲此整個地理系統中之神經中樞，七七戰發，國府西遷，重慶被擇定爲戰時中國政治軍事中心所在地，八年之中，戰局屢變而國步不傾。固由民族精神之堅強，亦足證中央國策之正確。茲者戰爭既了，政府東旋，重慶自戰時首都，轉爲大西南經濟建設之樞紐。三十四年十二月 主席蔣公特令市府研究重慶十年建設計劃，伯常市長承命延攬專家及社會賢達，窮三月之力擬定此本。其輪廓以半島爲中心，沿江兩岸六十方公里爲本體，傍及三百方公里之全市，其項目首爲交通，次爲衛生，而次以一般平民之福利爲依歸。至其主要目的，則在求平時工商業之健全發展，戰時國防之靈活調度。立意深長，亦不遠于今後十年國家地方可能支付之財力，實不失爲一博大平實之計劃。回想五十年來重慶人口自十萬遞增至一百二十萬，市區範圍自三四方公里擴展至三百方公里，八年戰爭時期

重慶市十年建設計劃序

陪都十年建設計劃草案序

然成長者，大異其趣。當時久受封鎖，物力維艱，中樞悉力應戰，建置未遑。兼以需求緊迫，時限倉卒，更不容有從容部署之餘裕。是以一切公用事業之設備，住行樂育之措施，多係臨時因應，從權急就，事前之準備，既未許充分；事後之改進，自難於周妥。其中竭蹶艱窘捉襟見肘之情，有非當代市政專家所能想像。

抗戰勝利，政府還都，重慶雖已不復爲國政中樞之所在，然衡以大西南地理，人文物資種種固有之憑藉，益以本市吞吐長江，營衛西南，種種優越之條件，就令不假外鑠之因素，亦可保證其遠大之發展。一旦建國計劃中之長江水閘及西南鐵路系統，一一宣告完成，則本市將由華西工商交通之重鎮

张笃伦市长撰《重庆市十年建设计划序》

据史料记载，自秦灭巴国设巴郡，郡治在江州县（今重庆市），

把重庆作为区域性军事城堡。漫长的封建时代，重庆工商

衛生及平民福利等目標。篤倫適於此時繼任重慶市長，奉命之餘，深懷於端緒之繁頤及使命之重大，因延集國內外專家及社會賢俊，組織陪都建設計劃委員會，會內討分城市計劃，交通，衛生，建築，公用，教育，社會，等組，由黃寶勳，張繼政，王正本，張人雋，陳伯齊，呂持平，張鑄，車寶民，段毓靈，羅竟忠，諸先生分任各組調查設計編纂之責，而以周宗蓮先生總其成，並承美顧問毛理爾先生 Arthur. B. Morrill 及都市計劃專家戈登先生 Normon J. Gorden，參加籌劃，多所貢獻，歷時八十餘日，成此草案。其中斟酌取捨之準則　在謀確樹宏遠之規模，以適應未來之需要，同時顧及所需之費用，為戰後十年內國家與地方財力之所能勝。經呈奉　行政院修正核定。並奉准先行興築兩江大橋，市區下水道及北區幹路三項工程，所有施工計劃均經擬定，重蒙重慶行轅張主任岳軍先生殷切督勵，提挈有加，感奮之餘，遂不計所需經費之支絀，挹注不足，繼之以舉債，北區幹路及下水道之工程，業於去冬開始，黽勉以赴，期於觀成，惟是本草案完成之期，未逾三月，凡所籌慮，自難週詳，而國家與西南之交通經濟以及國防建設諸端，所資以決定本計劃之內容者，亦容有因時之變，此決之印行，意在集更廣泛之心力，作更長時間之切磋，俾得肆應曲當，因時制宜，成為更完善之定本。此則所殷切企望於海內之賢達者也。

民國三十六年四月　重慶市市長張篤倫。

陪都十年建設計劃草案序

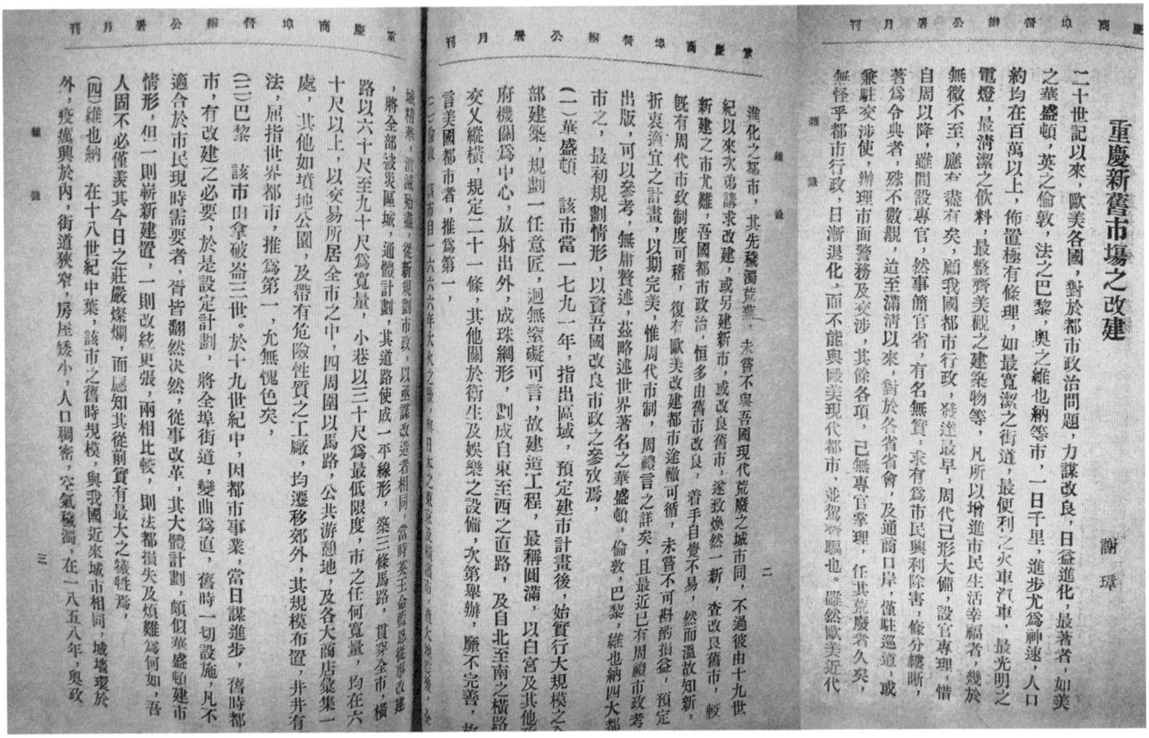
重慶商埠督辦公署月刊　雜錄

重慶新舊市場之改建　謝璋

二十世記以來，歐美各國，對於都市政治問題，力謀改良，日益進化，最著者，如美之華盛頓，英之倫敦，法之巴黎，奧之維也納等市，一日千里，進步尤爲神速，人口約均在百萬以上，佈置極有條理，如最寬潔之街道，最便利之火車汽車，最光明之電燈，最清潔之飲料，最整齊美觀之建築物等，凡所以增進市民生活幸福者，幾於無微不至，應有盡有矣，顧我國都市行政，發達最早，周代已形大備，設官專理，惜自周以降，雖間設專官，然事簡官省，有名無實，求有爲市民興利除害，條分縷晰，著爲令典者，殊不數覯，迨至滿清以來，對於各省省會，及通商口岸，僅駐巡道，或兼駐交涉使，辦理市面警務及交涉，其餘各項，已無專官掌理，任其荒廢者久矣，無怪乎都市行政，日漸退化，而不能與歐美現代都市，並駕齊驅也。雖然歐美近代進化之都市，其先穢濁荒蕪，未嘗不與吾國現代荒廢之城市同，不過彼由十九世紀以來次弟講求改建，或另建新市，或改良舊市，遂致煥然一新，查改良舊市，較新建之市尤難，吾國都市政治，恒多由舊市改良，着手自覺不易，然而溫故知新，既有周代市政制度可稽，復有歐美改建都市途轍可循，未嘗不可斟酌損益，預定折衷適宜之計畫，以期完美，惟周代市制，周禮言之詳矣，且最近已有周禮市政考出版，可以參考，無庸贅述，茲略述世界著名之華盛頓，倫敦，巴黎，維也納四大都市之，最初規劃情形，以資吾國改良市政之參攷焉，

(一)華盛頓　該市當一七九一年，指出區域，預定建市計畫後，始實行大規模之……部建築，規劃一任意匠，迴無窒礙可言，故建造工程，最稱圓滿，以白宮及其他……府機關爲中心，放射出外，成珠網形，劃成自東至西之直路，及自北至南之横路……交叉縱横，規定二十一條，其他關於衛生及娛樂之設備，次第舉辦，靡不完善，故……言美國都市者，推爲第一，

(二)倫敦　該市自一六六六年大火之後，與日本之東京及横濱市，遭大地震後，全……城精華，消滅殆盡，從新規劃市政，以亟謀改造者相同，當時英王命藍恩從事改建，將全部被災區域，通體計劃，其道路使成一平線形，築三條馬路，貫穿全市，横路以六十尺至九十尺爲寬量，小巷以三十尺爲最低限度，市之任何寬量，均在六十尺以上，以交易所居全市之中，四周圍以馬路，公共游憩地，及各大商店彙集一處，其他如墳地公園，及帶有危險性質之工廠，均遷移郊外，其規模布置，井井有法，屈指世界都市，推爲第一，允無愧色矣，

(三)巴黎　該市由拿破崙三世。於十九世紀中，因都市事業，當日謀進步，舊時都市，有改建之必要，於是設定計劃，將全埠街道，變曲爲直，舊時一切設施，凡不適合於市民現時需要者，胥皆翻然決然，從事改革，其大體計劃，頗似華盛頓建市情形，但一則嶄新建置，一則改絃更張，兩相比較，則法都損失及煩難爲何如，吾人固不必僅羡其今日之莊嚴燦爛，而應知其從前實有最大之犧牲焉，

(四)維也納　在十八世紀中葉，該市之舊時規模，與我國近來城市相同，城墻環於外，疫癘興於內，街道狹窄，房屋矮小，人口稠密，空氣穢濁，在一八五八年，奧政

關于《重庆新旧市场之改建》之文章

发展交通、开拓城市空间

在潘文华主政重庆市政建设期间，首先确立城市发展空间。根据当时城区条件，空间位置指向主城区外长江、嘉陵江一带空旷的区域。这一带濒临江面利于交通，面积是旧城区一倍多，是开辟新市区的理想场地。接着，刚成立的新市场管理局开始动员民众拆毁城墙，平整通远门外一带“荒丘墓地”的棺山坡，然后出售地皮，以募集建设经费。因为，建市前的通远门外和南纪门外至菜园坝、兜子背一带，累计了明清以来43万多座荒坟丛冢，包围着半岛形的古城。潘文华提出市政建设的口号是：“城墙再厚也要拆，坟墓再多也要迁，马路在难也要修。”从1927年8月开始迁移坟墓，修筑马路。1934年3月，坟墓全部肃清，用

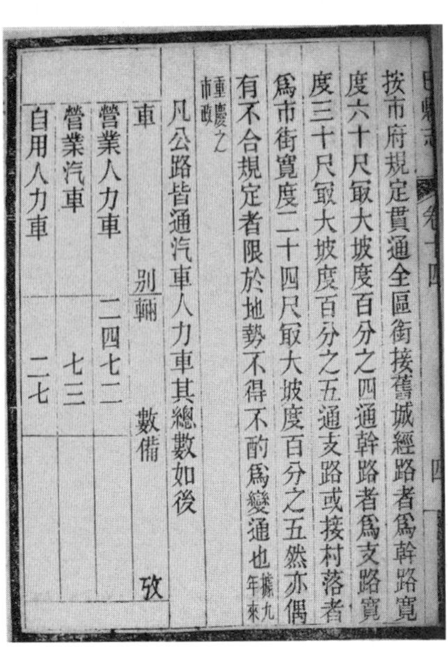
按市府規定貫通全區衔接舊城經路者爲幹路寬度六十尺最大坡度百分之四通幹路者爲支路寬度三十尺最大坡度百分之五通支路或接村落者爲市街寬度二十四尺最大坡度百分之五然亦偶有不合規定者限於地勢不得不酌爲變通也（據九年來重慶之市政）

凡公路皆通汽車人力車其總數如後

車別	輛數	備攷
營業人力車	二四七二	
營業汽車	七三	
自用人力車	二七	

市区已成公路各类交通工具、数量统计表

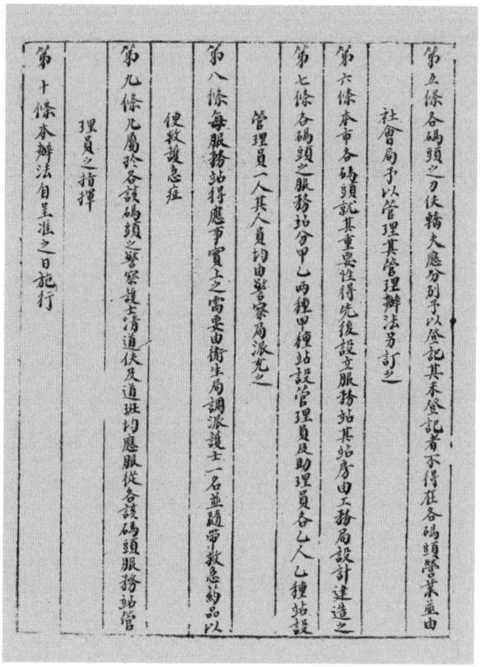

第五條 各碼頭之力伕轎夫應分別予以登記其未登記者不得在各碼頭營業並由社會局予以管理其管理辦法另訂之

第六條 本市各碼頭就其重要性得先後設立服務站其站房由工務局設計建造之

第七條 各碼頭之服務站分甲乙兩種甲種站設管理員及助理員各乙人乙種站設管理員一人其人員均由警察局派充之

第八條 每服務站得應事實上之需要由衛生局調派護士一名並隨帶救急藥品以便救護急症

第九條 凡屬於各該碼頭之警察護士清道伕及道班均應服從各該碼頭服務站管理員之指揮

第十條 本辦法自呈准之日施行

重庆建市时期的建筑——金刚塔

银2万余两。众多坟墓迁移，“民怨忿郁，人鬼恫伤”。在康定安却寺多杰喇嘛的建议下，1930年，潘文华决定在新市区中央最高的枇杷山上建成藏式佛塔——金刚塔，并请来安却寺喇嘛祈祷诵经，超度亡灵。这也是藏传佛教抵达重庆的最早标志。

同时，根据发展交通的规划和新市区的地形特点，开辟了南、北、中三条主干道与旧城区原有道路相连。中干道是由通远门外的七星岗——观音岩——两路口——上清寺——曾家岩一线全长3.5公里；南区干道为南纪门——菜园坝一线；北区干道为临江门——黄花园——大溪沟——上清寺一线。路面宽度按当时公路标准设计施工，由于资金困难，这几条干道都是分段施工，陆续建成。新市区辅以各支道连接居民点和市街，不能通车的市街则以石梯修建相连接。

新市区开辟后，昔日荒山坟地逐渐被星罗棋布的居民区和繁华街市替代，也吸引了旧城区的商家迁至新城区，原来通远门以外的枇杷山、曾家岩一带新建的各式住宅，栉比连云，新辟的马路上汽车呼啸往来。“谁复念数年以前，此处犹为荒冢累累哉”。如通远门外金山饭店、嘉尔登茶园，黄家垭口的西笑豆浆店、麦庐蛋糕店食客盈门，观音岩的三飞、鸿通、加尔登出租车行也开业迎客，城墙内的居民邀约出城逛马路，很快带动了沿线的人气。而原属郊野的

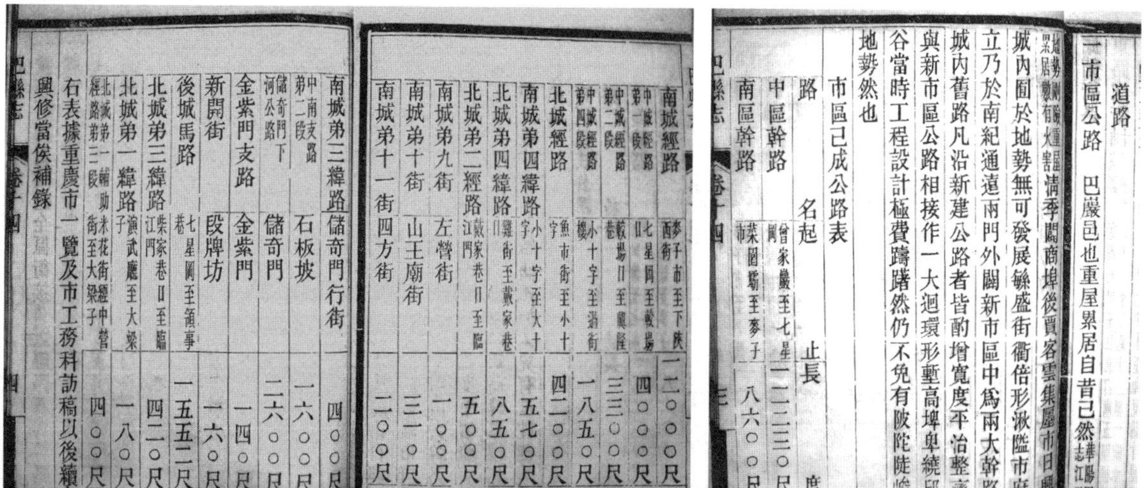

道路

一市區公路　巴巖邑也重屋累居自昔已然（華陽國志江州）地勢剛險重屋累居數有火害清季闤闠商埠後賈客雲集廛市日興而城內圄於地勢無可發展緐盛街衢倍形湫隘市府成立乃於南紀通遠兩門外闢新市區中爲兩大幹路而城內舊路凡沿新建公路者皆酌增寬度平治整齊俾與新市區公路相接作一大迴環形塹高埤卑繞邱跨谷當時工程設計極費躊躇然仍不免有陂陀陡峻處地勢然也

市區已成公路表

路名	起止	長度
中區幹路	曾家巖至七星岡	一二一三〇尺
南區幹路	菜園壩至麥子市	八六〇〇尺
南城經路	麥子市至下陝西街	一二〇〇尺
中城經路第一段	七星岡至較場口	四〇〇〇尺
中城經路第二段	較場口至興隆巷	三三〇〇尺
中城經路第四段	小十字至涓街樓	一八五〇尺
北城經路	魚市街至小十字	四二〇〇尺
南城第四緯路	小十字至大十字	五七〇〇尺
北城第四緯路	雞街至戴家巷口	八五〇尺
北城第二經路	戴家巷口至臨江門	五〇〇尺
南城第九街	左營街	一〇〇尺
南城第十街	山王廟街	三一〇尺
南城第十一街	四方街	二〇〇尺
南城第三緯路	儲奇門行街	四〇〇尺
中南支路第二段	石板坡	一六〇〇尺
儲奇門下河公路	儲奇門	二六〇〇尺
金紫門支路	金紫門	一四〇尺
新開街	段牌坊	一六〇尺
後城馬路	七星岡至領事巷	一五五二尺
北城第三緯路	柴家巷口至臨江門	四二〇尺
北城第一緯路	演武廳至大梁子	一八〇尺
北城第一輔助經路第三段	米花街經中營街至大梁子	四〇〇尺

右表據重慶市一覽及市工務科訪稿以後續有興修當俟補錄

重庆市区已建成的公路统计表

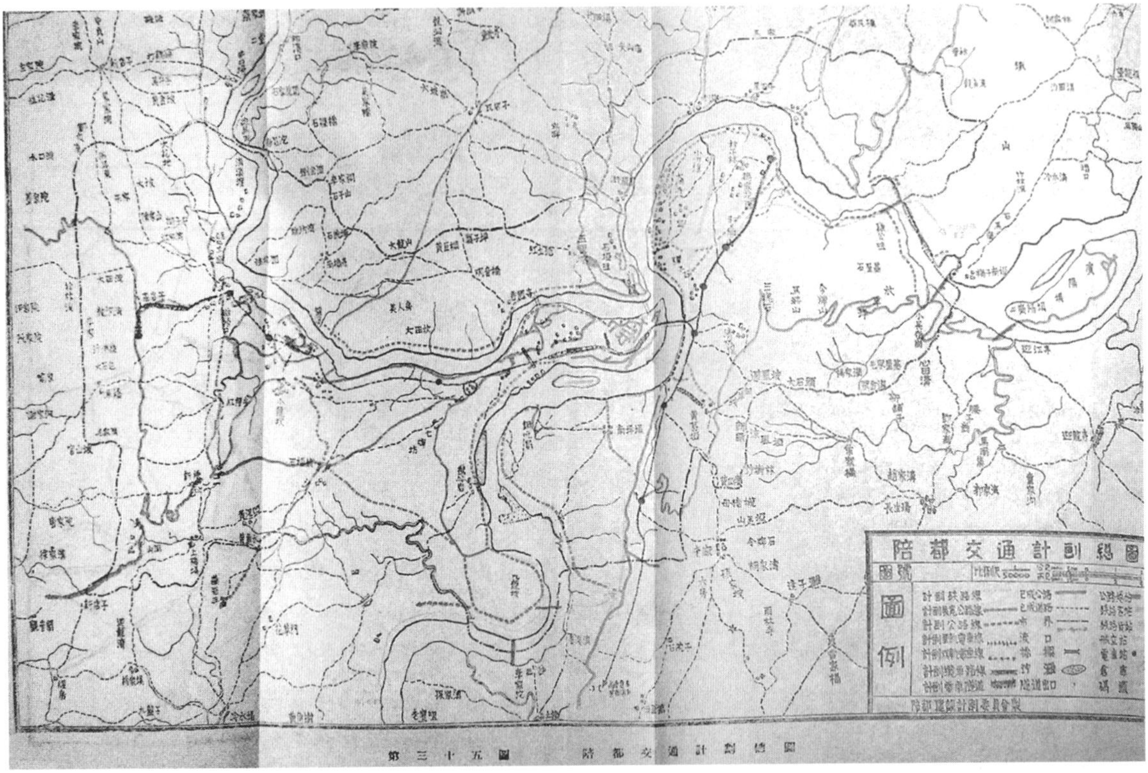
陪都交通計劃總圖
第三十五圖　陪都交通計劃總圖

陪都交通计划总图

江北、南岸、沙坪坝新的居民区陆续形成。到30年代中期，南岸地区的弹子石、龙门浩、南坪、苏家坝（铜元局）等已是工厂商铺林立。江北地区的相国寺、刘家台、廖家台一带及下游的青草坝形成的村落、街市已日渐繁盛。1934年，重庆大学由菜园坝迁入沙坪坝新校址。龙隐镇（磁器口）兴建了重庆炼钢厂、磁器口丝厂，创办了乡村建设学院，沙坪坝逐渐发展成为一个文化、工业小区。

兴修马路，改造旧城。重庆是有名的山城，地形特点是依山傍水，高峻而陡峭，城区开凿修建马路代价高昂。

重庆新市区南区干道施工现场（一）

重庆新市区南区干道施工现场（二）

按最初计划，新市区开辟和旧城改造同时进行，但城区居民反对强烈，主要是沿街店铺业主们认为，整修和扩建街道会影响他们的生意。为此，潘文华督办发布文告，重申整治街道的必要性和改建市政的决心，告诫百姓因市政建设带来的震痛难以避免，同时允诺待新市区竣工后，才开始旧城区改造，如此这般才安抚了居民的疑惑和骚动。

旧城改造首先开辟了南城经路、中城经路与新市区相连。如中城经路是自七星岗、民生路（劝工局街）、关庙街、都邮街、会仙桥、小梁子、小什字沿线和新市区的中区干道相连接。南城经路是自下半城南纪门经镇守街、段牌坊、新丰街、道门口、陕西街到过街楼与新市区的南区干道相通。在中、南两干线之间，筑有燕喜洞至两路口的南区支路。特别是修建过街楼、打铜街及凯旋路、中心路等纬路，沟通上、下半城之间的连接，形成了经纬相通的交通网络，为重庆商业中心由下半城转移到上半城创造了条件。在城区的干道工程中，1940年竣工的凯旋路工程最为艰巨，该路由储奇门、玉带街盘山而上，到达山顶大梁子，建有石砌拱桥9孔，高矗山际，蔚为大观，因地势特殊，施工困难，历时两年方告落成。之所以取名为凯旋路，乃是川军子弟兵奔赴前线的必经之路，然后至储奇门过河，由此踏上出川抗日的征程，寓意期望抗日部队凯旋而归。

抗战胜利后，依照《陪都十年建设规划》，市工务局组织力量开凿和平隧道（通远门），连接了和平路与北区干道之间的通道，同时竣工的还有因缺乏资金，中断了多年的四维桥、岳军路道路工程（岳军路是由张岳军先生捐款修建，

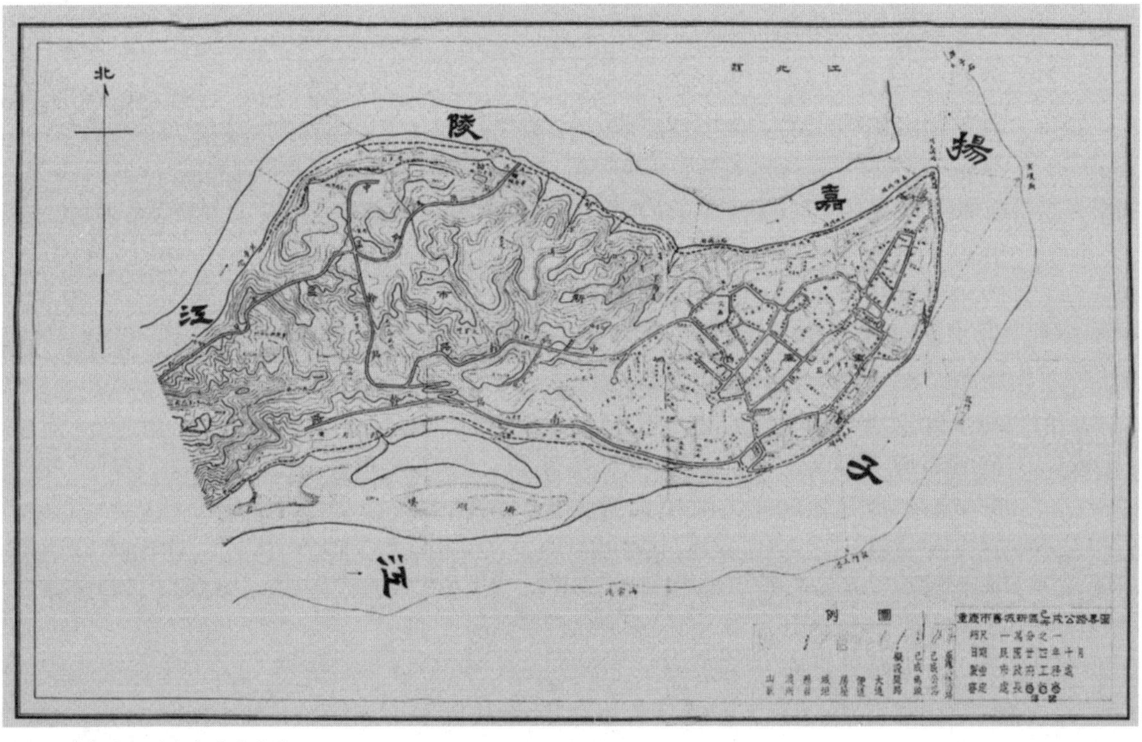
北
陵
嘉
江
揚
子
江

重庆旧城新区已／未成马路略图

故以个人名字冠路名）。1947年7月，张笃伦市长、胡子昂议长主持了三项工程的竣工剪彩仪式。

30年代的较场口

新市区的开辟和马路的连通，新式交通工具出现在城区马路上。1933年，第一辆公共汽车开始在市区马路行驶。1934年，重庆兴办民办股份制公共汽车，资本5万元，初期有汽车5辆。1936年8月由市政府加入股份改为官商合办。1938年底，已有汽车153辆，行驶路线分为三路，第一路由过街楼经都邮街、七星岗、两路口至曾家岩。第二路经商业场、南纪门、慈善洞至菜园坝。第三路系市郊路线，由七星岗经两路口、牛角沱、化龙桥、小龙坎、新桥、山洞至歌乐山。当时，对人力车仍实行开放登记措施，以弥补汽车供不应求的局面，况且，人力车大都分布在僻街冷巷，汽车不能到达。人力车有400部，一般由车行出租给车夫。至抗战后期，市内交通有所改善，故而开始禁止使用非机动车辆载客，为此，拟定了三年分区分期的取缔规定。1939年12月，重庆市成立了轿行商业同业公会，有行号201家，小轿及滑竿1325乘，轿夫3731人，办事处设在白巷子25号。乘轿为重庆之特有风景，乃山城特殊地形所致，因道路错杂，街道起伏，老弱妇幼及携带行李者尤爱轿子、滑竿之类。轿夫为谋生度日，不管严寒酷暑，春去冬来，终日奔波在山城大街小巷。1940年，重庆轮渡股份有限公司成立，有轮渡船12艘，开辟储奇门至海棠溪、朝天门至弹子石、望龙门至龙门浩等7条航线，至1945年，市区各主要码头都有了过江客运码头和趸船。

1932年重庆第一座马路大桥——化龙桥

30年代的七星岗车站

虽然各类交通工具有了长足的发展，但重庆交通还是难以达到方便通畅之根本目的，原因在于重庆市区系半岛形地势，半岛的中端和后端又为崎岖地势

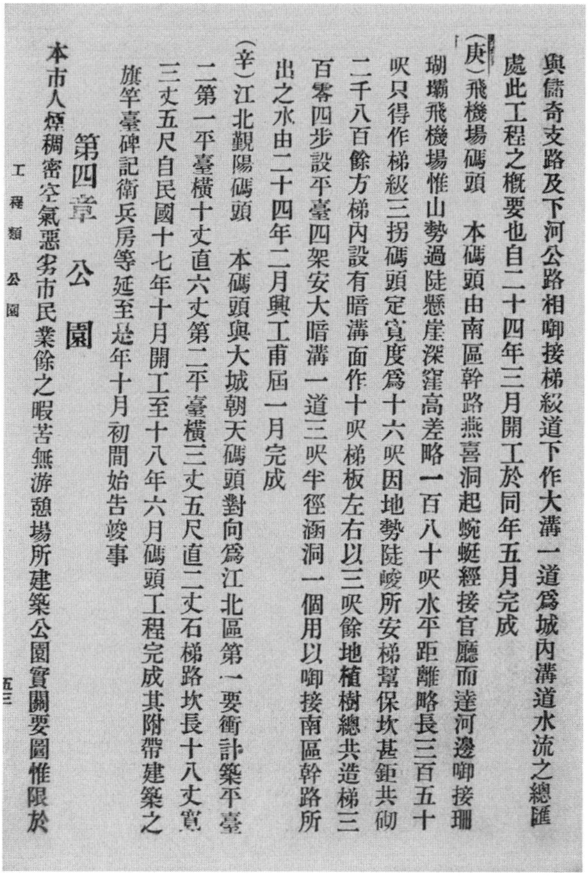

與儲奇支路及下河公路相啣接梯級道下作大溝一道爲城內溝道水流之總匯處此工程之概要也自二十四年三月開工於同年五月完成

（庚）飛機場碼頭　本碼頭由南區幹路燕喜洞起蜿蜒經接官廳而達河邊啣接珊瑚壩飛機場惟山勢過陡懸崖深窪高差略一百八十呎水平距離路長三百五十呎只得作梯級三拐碼頭定寬度爲十六呎因地勢陡峻所安梯幫保坎甚鉅共砌二千八百餘方梯內設有暗溝面作十呎梯板左右以三呎餘地植樹總共造梯三百零四步設平臺四架安大暗溝一道三呎半徑涵洞一個用以啣接南區幹路所出之水由二十四年二月興工甫屆一月完成

（辛）江北觀陽碼頭　本碼頭與大城朝天碼頭對向爲江北區第一要衝計築平臺二第一平臺橫十丈直六丈第二平臺橫三丈五尺直二丈石梯路坎長十八丈寬三丈五尺自民國十七年十月開工至十八年六月碼頭工程完成其附帶建築之旗竿臺碑記衛兵房等延至是年十月初間始告竣事

第四章　公　園

本市人煙稠密空氣惡劣市民業餘之暇苦無游憩場所建築公園實關要圖惟限於

工程類　公園　五三

修筑南区干路档案材料

重慶商埠督辦公署月刊

，與本署規定之整理馬路經過街道規則，尙屬相符，仰該廳卽便遵照，轉飭該管署長徐昌黎傳諭該商剋期改建可也，此令，

令據警察廳長李宇杭呈報江香浦杭不折卸請核辦文（十六年一月　日）

呈悉江香浦折卸房屋，屢次杭延，殊屬可恨，仰候令飭督工大隊立卽派隊照前定辦法，强制執行，以維要政可也，此令，

令據警察廳長李宇杭呈報擬辦公園竊賊劉玉廷請核示文（十六年一月　日）

據呈擬辦竊賊劉玉廷各節，尙無不合，准予備查，並候令行重慶中央公園事務所知照，此令

公牘　二七

佈告

佈告市民爲准緩修城內馬路及整理馬路經過街道文（十六年一月　日）

爲佈告事，照得城內馬路，曾經本署派員測定路綫，繪圖佈告，並擬訂期舉行在案，嗣因各街市民，及各法團等，紛紛呈請緩修前來，經本署詳加考慮，城內馬路，目前似非急需，決定俯從民意，暫行緩修，一面先行建築新市場，俟新市場規模具備，交通便利，城內有急需馬路之必要時，再爲酌量辦理，惟查城內馬路

缓修城内马路及整理马路经过街道文

和佛图关山岭阻隔，从长江一端到嘉陵江一端要绕过大半个弧形半岛，甚为不便。1940 年，重庆市建设方案提出在半岛狭隘之处佛图关山麓开凿隧道，再在左右两江架设桥梁，使南岸、江北、市区连接为一体。

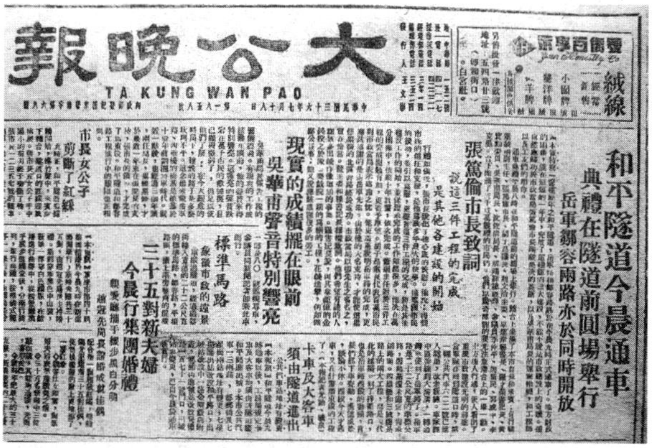

大公晚報
TA KUNG WAN PAO

和平隧道今晨通車
典禮在隧道前圓場舉行
岳軍鄒容兩路亦於同時開放

張篤倫市長致詞

現實的成績擺在眼前
吳華甫晉特別響亮

標準馬路

三十五對新夫婦
今晨行集團婚禮

市長女公子
剪斷了紅綫

《和平隧道工程竣工》新闻报道

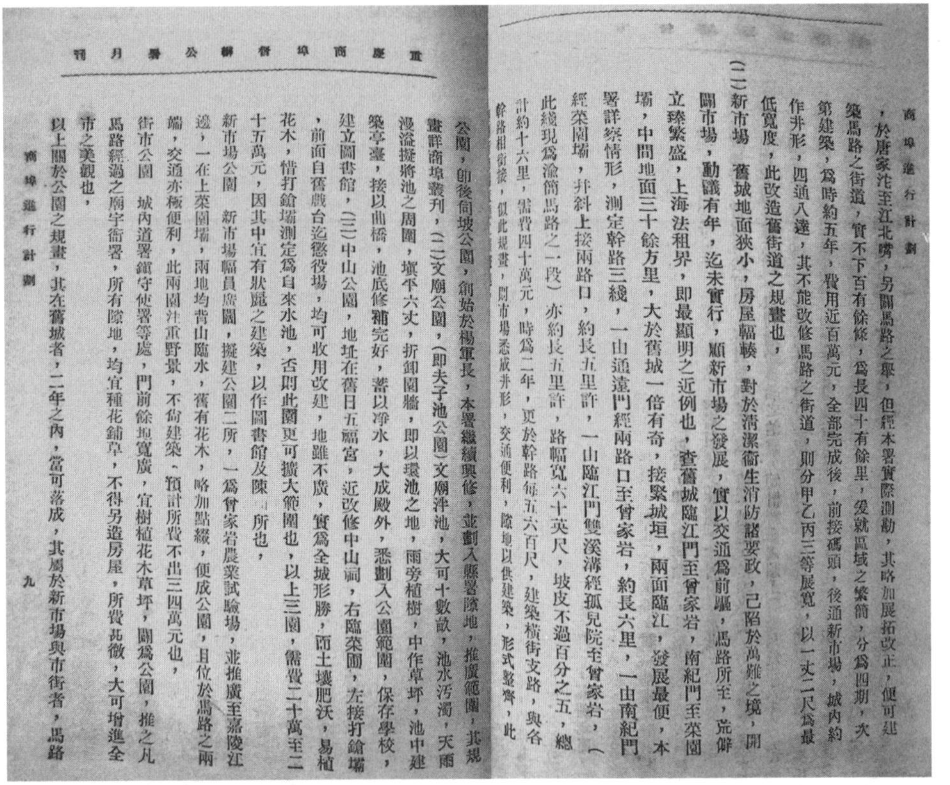

重慶商埠督辦公署月刊

商埠進行計劃

，於唐家沱至江北嘴，另闢馬路之舉，但經本署實際測勘，其略加展拓改正，便可建築馬路之街道，實不下百有餘條，爲長四十有餘里，爰就區域之繁簡，分爲四期，次第建築，爲時約五年，費用近百萬元，全部完成後，前接碼頭，後通新市場，城內約作井形，四通八達，其不能改修馬路之街道，則分甲乙丙三等展寬，以一丈二尺爲最低寬度，此改造舊街道之規畫也，

(二)新市場　舊城地面狹小，房屋輻輳，對於清潔衛生消防諸要政，已陷於萬難之境，開闢市場，動議有年，迄未實行，顧新市場之發展，實以交通爲前驅，馬路所至，荒僻立臻繁盛，上海法租界，即最顯明之近例也，查舊城臨江門至曾家岩，南紀門至菜園壩，中間地面三十餘方里，大於舊城一倍有奇，接緊城垣，兩面臨江，發展最便，本署詳察情形，測定幹路三綫，一由通遠門經兩路口至曾家岩，約長六里，一由南紀門經菜園壩，并斜上接兩路口，約長五里許，一由臨江門雙溪溝經孤兒院至曾家岩，（此綫現爲渝簡馬路之一段）亦約長五里許，路幅寬六十英尺，坡皮不過百分之五，總計約十六里，需費四十萬元，時爲二年，更於幹路每五六百尺，建築橫街支路，與各幹路相銜接，似此規畫，則市場悉成井形，交通便利，隙地以供建築，形式整齊，此

公園，即後伺坡公園，創始於楊軍長，本署繼續興修，並劃入縣署隙地，推廣範圍，其規畫詳商埠叢刊，(二)文廟公園，(即夫子池公園)文廟泮池，大可十數畝，池水污濁，天雨漫溢擬將池之周圍，壙平六丈，折卸圍牆，即以環池之地，兩旁植樹，中作草坪，池中建築亭臺，接以曲橋，池底修補完好，蓄以淨水，大成殿外，悉劃入公園範圍，保存學校，建立圖書館，(三)中山公園，地址在舊日五福宮，近改修中山祠，右臨菜圃，左接打鎗壩，前面自舊戲台迄懲役場，均可收用改建，地雖不廣，實爲全城形勝，而土壤肥沃，易植花木，惜打鎗壩測定爲自來水池，否則此園更可擴大範圍也，以上三園，需費二十萬至二十五萬元，因其中宜有壯麗之建築，以作圖書館及陳[illegible]所也，

新市場公園　新市場幅員廣闊，擬建公園二所，一爲曾家岩農業試驗場，並推廣至嘉陵江邊，一在上菜園壩，兩地均背山臨水，舊有花木，略加點綴，便成公園，且位於馬路之兩端，交通亦極便利，此兩園注重野景，不尚建築，預計所費不出三四萬元也，

街市公園　城內道署鎮守使署等處，門前餘垻寬廣，宜樹植花木草坪，闢爲公園，推之凡馬路經過之廟宇衙署，所有隙地，均宜種花鋪草，不得另造房屋，所費甚微，大可增進全市之美觀也，

以上關於公園之規畫，其在舊城者，二年之內，當可落成，其屬於新市場與市街者，馬路

商埠進行計劃　九

新市区道路、市政设施修建计划

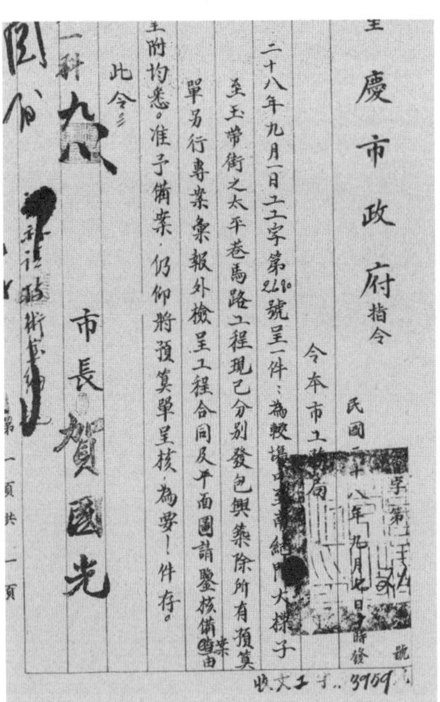

重慶市政府指令　字第　號

令本市工務局

民國二十八年九月　日

二十八年九月一日工工字第2610號呈一件：為較場口[illegible]大樑子至玉帶街之太平巷馬路工程現已分别發包興築除所有預算單另行專案彙報外檢呈工程合同及平面圖請鑒核備案由

呈附均悉。准予備案，仍仰將預算單呈核，為要！件存。

此令。

市長　賀國光

一科　九八

第一頁　共一頁

收文工字3959

贺国光市长批示城区道路工程预算公函

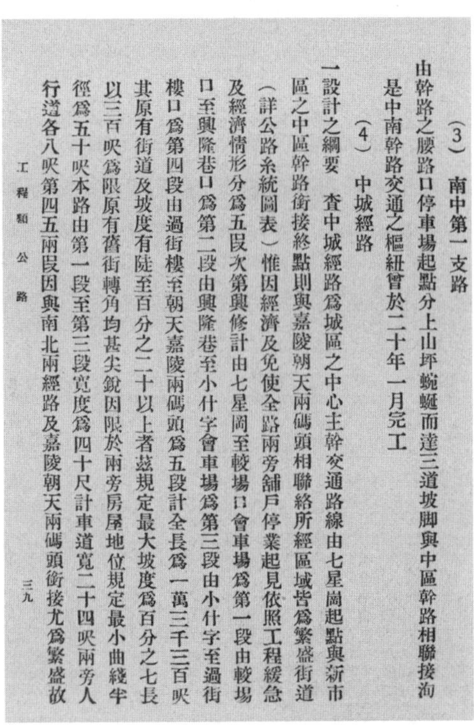

（3）南中第一支路

由幹路之腰路口停車場起點分上山坪蜿蜒而達三道坡脚與中區幹路相聯接洵是中南幹路交通之樞紐曾於二十年一月完工

（4）中城經路

一設計之綱要　查中城經路爲城區之中心主幹交通路線由七星崗起點與新市區之中區幹路銜接終點則與嘉陵朝天兩碼頭相聯絡所經區域皆爲繁盛街道（詳公路系統圖表）惟因經濟及免使全路兩旁舖戶停業起見依照工程緩急及經濟情形分爲五段次第興修計由七星岡至較場口會車場爲第一段由較場口至興隆巷口爲第二段由興隆巷至小什字會車場爲第三段由小什字至過街樓口爲第四段由過街樓至朝天嘉陵兩碼頭爲五段計全長爲一萬三千三百呎其原有街道及坡度有陡至百分之二十以上者茲規定最大坡度爲百分之七長以三百呎爲限原有舊街轉角均甚尖銳因限於兩旁房屋地位規定最小曲綫半徑爲五十呎本路由第一段至第三段寬度爲四十尺計車道寬二十四呎兩旁人行道各八呎第四五兩段因與南北兩經路及嘉陵朝天兩碼頭銜接尤爲繁盛故

工程稿　公路　三九

修筑中城经路的计划及标准档案

市区卫生与市容整顿

开埠前后，外国教会在重庆创办了多家教会医院，由于费用较高，无法解决大多数居民的疾苦，特别是随着人口增长，夏季流行病的威胁，给城市管理埋下了隐患。早在 1921 年杨森任商埠督办时把全城分成 10 个警察署，招募了 50 名清道夫，另有捡鼠夫 10 人，兴建了 7 座新式模范厕所和 24 座老式旱厕，但没有垃圾站，垃圾全凭人力挑运。随着城区人口的增加，卫生事业对城市建设重要性日益突出。1932 年，市政府组织力量创办了市民医院，“就医者络绎不绝”。其次，组织和敦促市内各慈善团体设立了 27 家施医所和 8 处熬药所，每天为 500 人以上“赤贫”市民免费打预防针和治病。同时，加强卫生管理，禁止“喂放敞猪”， 街头路边饮食游摊予以取缔，保障市民健康，培养和提高大众卫生意识。

重庆城区主要街道排水沟渠施工现场组图

拓宽街道是旧城区改造和整顿的主要任务。当时重庆旧街道约有 300 条，均狭窄拥挤，交通梗阻，房屋建筑破败，“种种污浊、湫陋，笔不胜书”。当时城区的大多数街道窄到街中心仅有尺把宽的一线天隙，作为两旁屋檐水的雨溜，街沿边有条石砌的明沟，供居民倾倒污水。全城的污水粪秽，裸然当着全城士庶的面，竟流淌了 400 多年。鉴于此，市政当局规划了各市街的宽度，对临街搭设的附加建筑规定“一律拆退与门柱平齐”，“街面所设的柜台与货退至铺面以内”。经清理整顿，全城除僻委小巷外“均焕然一新，夷然坦途”。

在城区卫生整顿中，难度最大的莫过于对下水

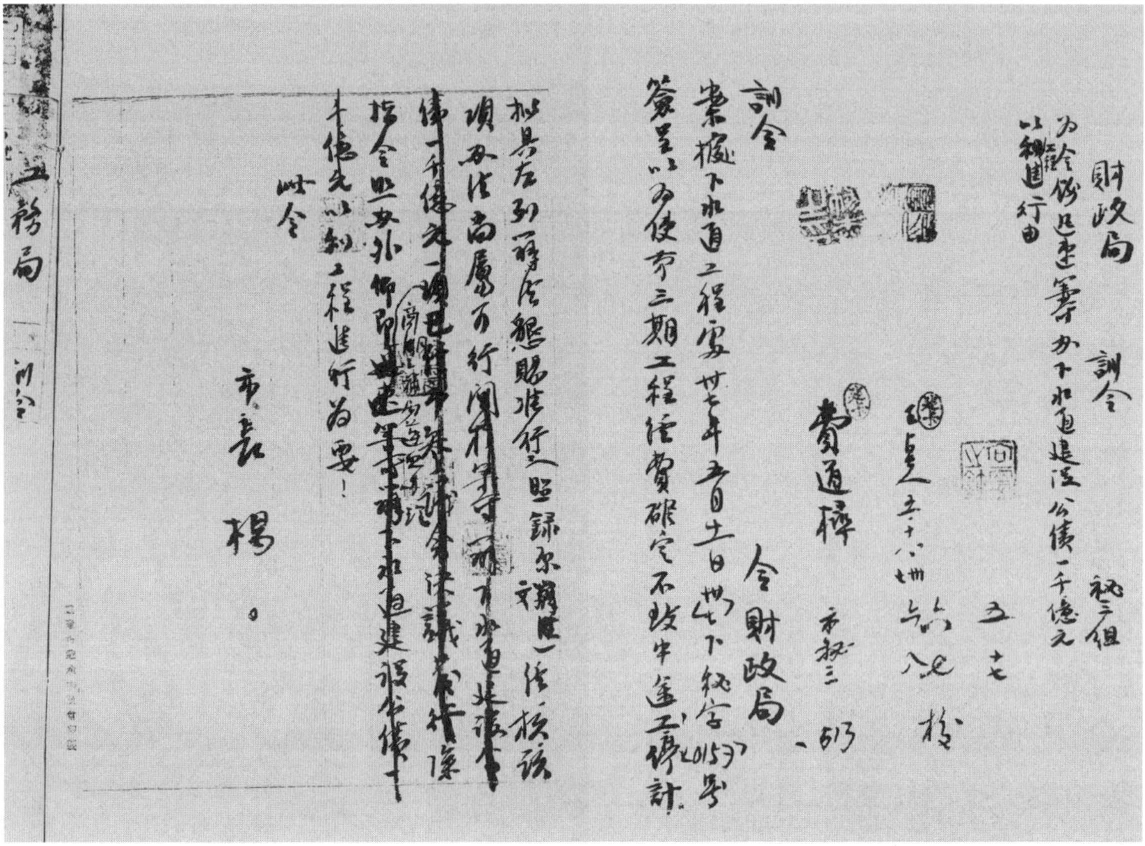

重庆市长批示发行公债修建下水道工程的函文

道的改造。远在数百年前的清乾隆年间，城区就筑有 16 条用石材砌成的大沟，但年久失修，抗战期间，又遭日机的轰炸，部分排水沟已毁，裸露地面，排污不畅，每逢雨天，污物横溢，难以行路，影响市容和卫生。民国时期，市工务局采纳罗竟忠先生设计的混合制沟管下水道系统，对城区下水道进行分期分批重新修筑。该系统充分考虑到山城的地貌特征，利用地势的自然落差、坡度大小和物体重力自流方式以形成了通畅的排水系统。特别是对学田湾、国府路、林森路等行政、商业集中的主要街道排水沟渠进行彻底疏浚，以消减沟渠的阻塞之患，在市区街面低洼处增设进水口，对曲折隐蔽之处加设检查井，在有水无沟之地增修多处排水沟渠，在市区 5 平方公里面积内设有阴沟线路 104 条，沟道

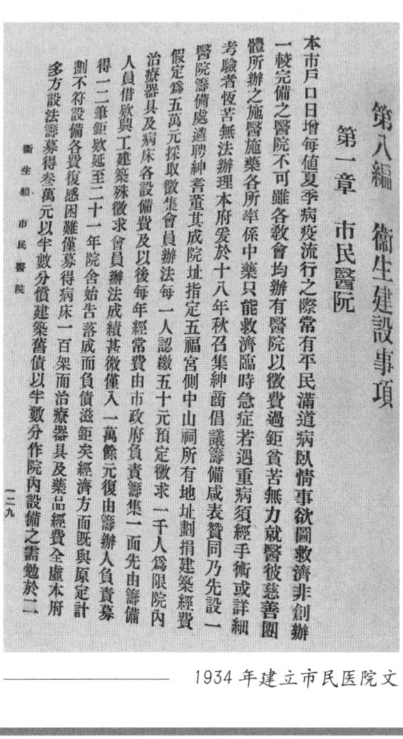

第八編　衛生建設事項

第一章　市民醫院

本市戶口日增每值夏季病疫流行之際常有平民滿道病臥情事欲圖救濟非創辦一較完備之醫院不可雖各教會均辦有醫院以徵費過鉅貧苦無力就醫彼慈善團體所辦之施醫施藥各所率係中藥只能救濟臨時急症若遇重病須經手術或詳細考驗者恆苦無法辦理本府爰於十八年秋召集紳商倡議籌備咸表贊同乃先設一醫院籌備處遴聘紳耆董其成院址指定五福宮側中山祠所有地址劃捐建築經費假定爲五萬元採取徵集會員辦法每一人認繳五十元預定徵求一千人爲限院內治療器具及病床各設備費及以後每年經常費由市政府負責籌集一面先由籌備人員借款興工建築殊徵求會員辦法成績甚微僅入一萬餘元復由籌辦人負責募得一二筆鉅款延至二十一年院舍始告落成而負債滋鉅矣經濟方面既與原定計劃不符設備各費復感困難僅募得病床一百架而治療器具及藥品經費全無本府多方設法籌募得叁萬元以半數分償建築舊債以半數分作院內設備之需勉於二

衛生編　市民醫院　一二九

1934 年建立市民医院文

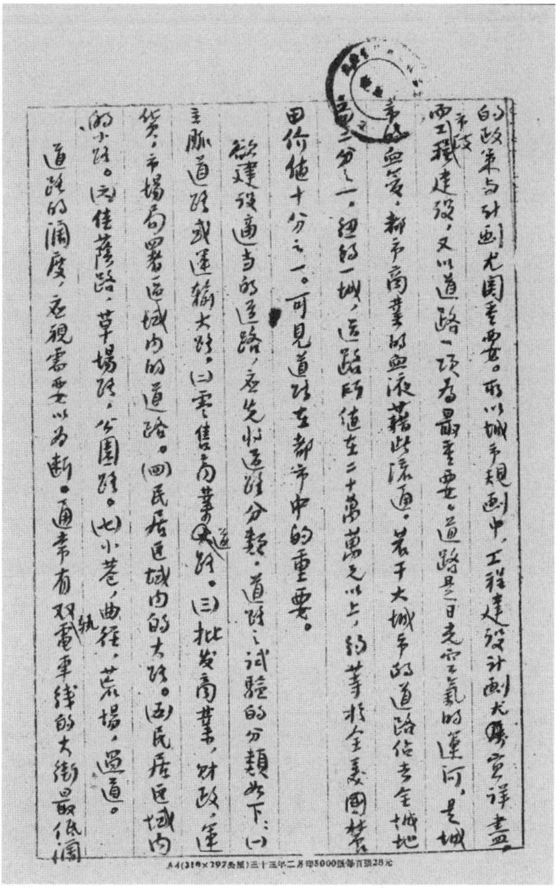
的政策与计画尤关重要。所以城市规划中，工程建设计划尤须审详尽
市政之工程建设，又以道路一项为最重要。道路是之日光空气的运河，是城
市的血管，都市商业的血液藉此流通。若干大城市的道路估去全城地
面积二分之一。纽约一城，道路所值在二十万万元以上，约等於全美国农
田价值十分之一。可见道路在都市中的重要。
欲建设适当的道路，应先以道路分类。道路之试验的分类如下：(一)
主脉道路或运输大路。(二)零售商业道路。(三)批发商业，财政，运
货，市场商业区域内的道路。(四)民居区域内的大路。(五)民居区域内
的小路。(六)住宅路，草场路，公园路。(七)小巷，曲径，荒场，过道。
道路的阔度，应视需要以为断。通常有双轨电车线的大街最低阔
A4(210×297公厘)三十三年二月印5000張每百張28元

市区规划的道路标准档案

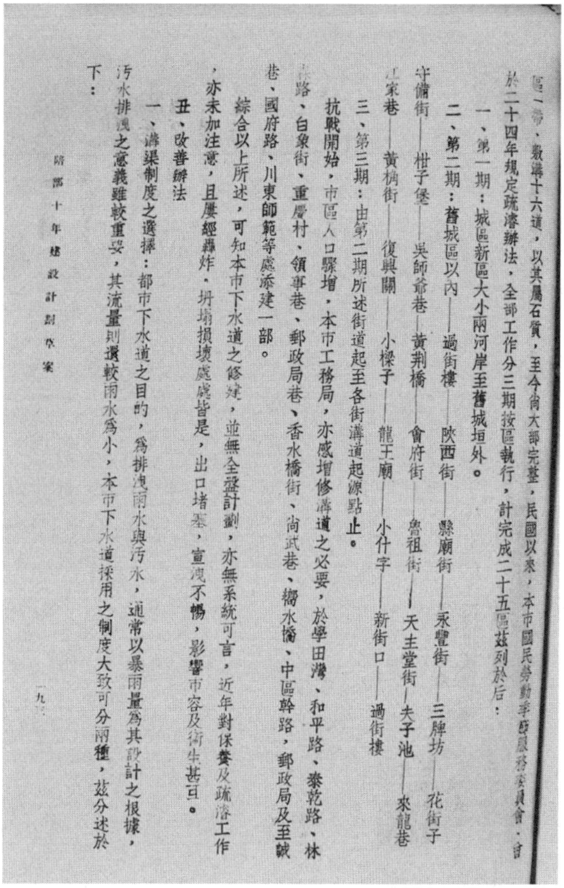
區一帶，數達十六道，以其屬石質，至今尚大部完整，民國以來，本市國民勞動爭服務委員會，曾於二十四年規定疏濬辦法，全部工作分三期按區執行，計完成二十五區茲列於后：

一、第一期：城區新區大小兩河岸至舊城垣外。

二、第二期：舊城區以內——過街樓——陝西街——縣廟街——永豐街——三牌坊——花街子
守備街——柑子堡——吳師爺巷——黃荆橋——會府街——魯祖街——天主堂街——夫子池——來龍巷
江家巷——黃桷街——復興關——小樑子——龍王廟——小什字——新街口——過街樓

三、第三期：由第二期所述街道起至各街溝道起源點止。

抗戰開始，市區人口驟增，本市工務局，亦感增修溝道之必要，於學田灣、和平路、黍乾路、林森路、白象街、重慶村、領事巷、郵政局巷、香水橋街、尚武巷、糍水橋、中區幹路，郵政局及至誠巷、國府路、川東師範等處添建一部。

綜合以上所述，可知本市下水道之修建，並無全盤計劃，亦無系統可言，近年對保養及疏濬工作，亦未加注意，且屢經轟炸，坍塌損壞處處皆是，出口堵塞，宣洩不暢，影響市容及衛生甚巨。

丑、改善辦法

一、溝渠制度之選擇：都市下水道之目的，為排洩雨水與污水，通常以暴雨量為其設計之根據，污水排洩之意義雖較重要，其流量則還較雨水為小，本市下水道採用之制度大致可分兩種，茲分述於下：

陪都十年建設計劃草案

一九

下水道分期施工计划

元太帽庄

整修后的陕西街

总长40公里，进水口350个，排水口16个，将污水分别排入大小河流。下水道工程建设非常成功，是重庆值得骄傲的一项工程，代表了近代城市新型和先进的下水道系统。罗竟忠先生著有《重庆市下水道工程》一书，1948年，该书作为重庆市国际文化交流的礼物赠送来访的政要和国际友人。

装设路灯

在未有路灯之前，重庆的夜间照明、商铺营业、街市行路多用的是灯笼、竹丝藤火把或松明等物质。官商富豪门前点着官灯，把重庆城区照得幽明幽暗。电灯用于城区街道始于1921年，重庆商埠办委托烛川电灯公司在都邮街、陕西街、朝天门、小什字等城区主要街道安装路灯100余盏。1927年，中区干道修筑时，工务处又请烛川电灯公司在干道两旁竖立90根杉木电杆，间隔80米，每杆电灯为300瓦。这也是新建公路上首次安装公共照明路灯。1934年7月，重庆电力厂建成并开始供电，市区电力供应大为改善，路灯的敷设安装从曾家岩、大溪沟、两路口至通远门一带。紧接旧城区各主要街道都安装路灯，至1940年，全市共有路灯1900余盏。

档案记载，根据道路的不同档次和规格，分别使用不同用途的路灯。繁华的商业街道安装“大型挂灯”或“花式灯”，新市区公路和城区公路设置“大号白灯”，背街僻巷和江北、南岸一带均用“伞罩杆灯”。到1936年，全市新旧城区街道路灯覆盖面积约80%。

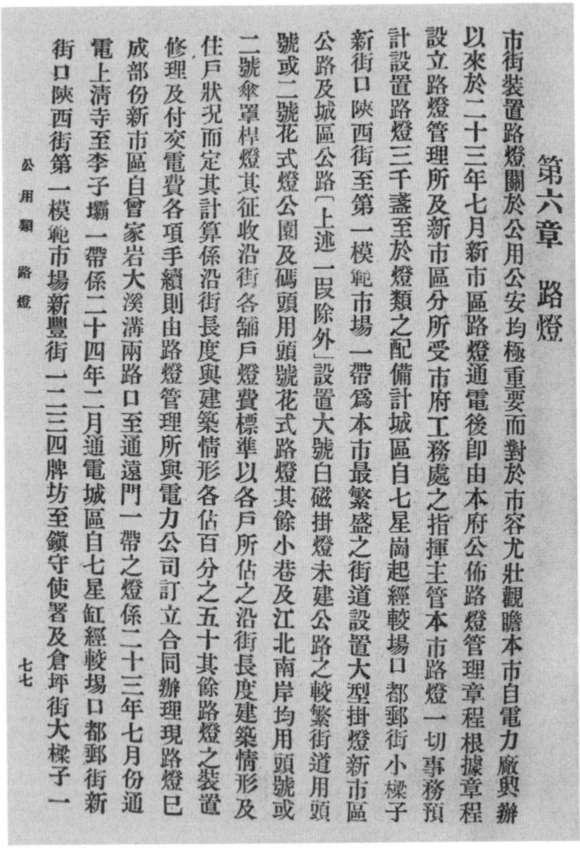

第六章　路燈

市街裝置路燈關於公用公安均極重要而對於市容尤壯觀瞻本市自電力廠興辦以來於二十三年七月新市區路燈通電後即由本府公佈路燈管理章程根據章程設立路燈管理所及新市區分所受市府工務處之指揮主管本市路燈一切事務預計設置路燈三千盞至於燈類之配備計城區自七星崗起經較場口都郵街小樑子新街口陝西街至第一模範市場一帶爲本市最繁盛之街道設置大型掛燈新市區公路及城區公路〔上述一段除外〕設置大號白磁掛燈未建公路之較繁街道用頭號或二號花式燈公園及碼頭用頭號花式路燈其餘小巷及江北南岸均用頭號或二號傘罩桿燈其征收沿街各舖戶燈費標準以各戶所佔之沿街長度建築情形及住戶狀況而定其計算係沿街長度與建築情形各佔百分之五十其餘路燈之裝置修理及付交電費各項手續則由路燈管理所與電力公司訂立合同辦理現路燈已成部份新市區自曾家岩大溪溝兩路口至通遠門一帶之燈係二十三年七月份通電上清寺至李子壩一帶係二十四年二月通電城區自七星缸經較場口都郵街新街口陝西街第一模範市場新豐街一二三四牌坊至鎮守使署及倉坪街大樑子一

公用類　路燈　　七七

《九年来之重庆市政》有关路灯记载

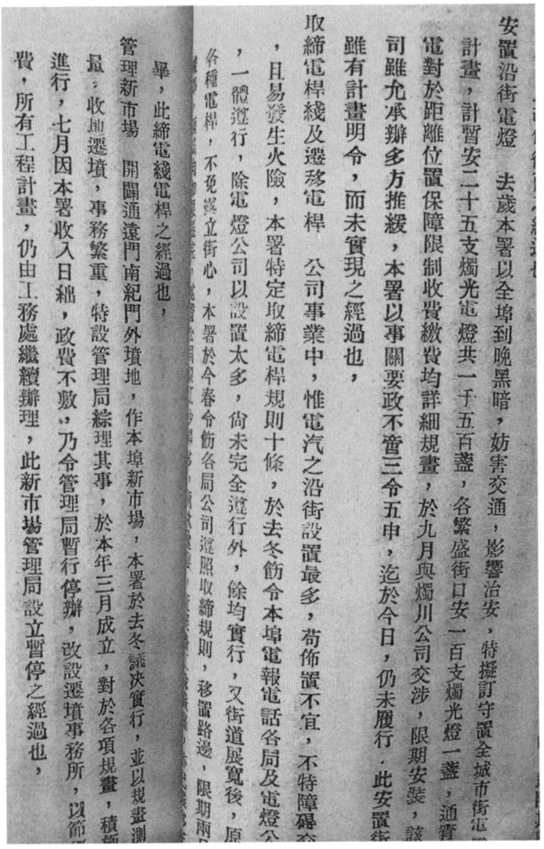

安置沿街電燈　去歲本署以全埠到晚黑暗，妨害交通，影響治安，特擬訂守置全城市街電

計畫，計暫安二十五支燭光電燈共一千五百盞，各繁盛街口安一百支燭光燈一盞，通衢

電對於距離位置保障限制收費繳費均詳細規畫，於九月與燭川公司交涉，限期安裝，該

司雖允承辦多方推緩，本署以事關要政不啻三令五申，迄於今日，仍未履行，此安置街

雖有計畫明令，而未實現之經過也，

取締電桿綫及遷移電桿　公司事業中，惟電汽之沿街設置最多，苟佈置不宜，不特障礙

，且易發生火險，本署特定取締電桿規則十條，於去冬飭令本埠電報電話各局及電燈公

，一體遵行，除電燈公司以設置太多，尚未完全遵行外，餘均實行，又街道展寬後，原

各種電桿，不免豎立街心，本署於今春令飭各局公司遵照取締規則，移置路邊，限期兩

畢，此締電綫電桿之經過也，

管理新市場　開闢通遠門南紀門外墳地，作本埠新市場，本署於去冬議決實行，並以規畫測

量，收地遷墳，事務繁重，特設管理局綜理其事，於本年三月成立，對於各項規畫，積極

進行，七月因本署收入日絀，政費不敷，乃令管理局暫行停辦，改設遷墳事務所，以節

費，所有工程計畫，仍由工務處繼續辦理，此新市場管理局設立暫停之經過也，

《重庆商埠督办公署月刊》安置沿街路灯一文

修筑码头

重庆是两江水路之总枢纽，商品物质集散转运之地，码头修建的重要性不言而喻。在建市之前，很多码头长期失修，处于荒废闲置状态。而且，客货船只的停泊秩序混乱，争客揽货的纠纷时常发生，加之码头地痞、流民滋事闹事，治安难靖。1926 年，潘文华任商埠督办，决心整顿码头秩序。在市政建设的规划里，率先修建的是沿江码头。1927 年，嘉陵江码头和朝天门码头作为门户码头先行修建。嘉陵江码头全长 45 余尺，梯坎 322 级，筑 3 平台和 3 拱洞，落差为 105 尺。朝天门码头筑平台 4 层，与嘉陵江码头同期完成。同年 9 月 24 日举行落成典礼。随后几年里，千厮门、太平门、储奇门、金紫门码头先后落成。码头修建竣工后，设立了码头服务站，制作中英文路标指示牌、垃圾箱等设施，维持码头港务管理与治安秩序。按照当时规定，中外轮船各有指定码头停靠，外国船只基本都在南岸王家沱——弹子石——玄坛庙一带。当时，长江、嘉陵江未架设桥梁，市府成立之初，在市民往来的南北两岸设有两处渡口，一处是储奇门到海棠溪；一处是朝天门到弹子石，均由木船摆渡过河。船管处对摆渡

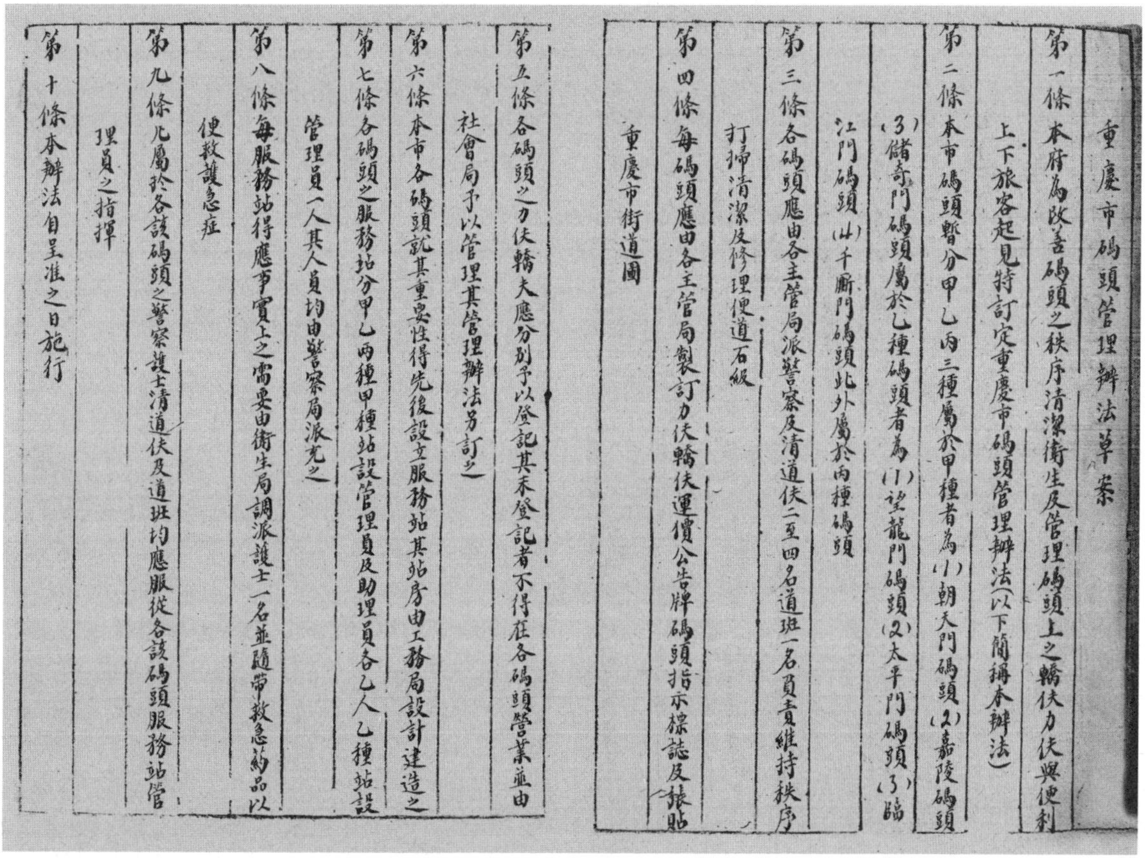

重慶市碼頭管理辦法草案

第一條 本府為改善碼頭之秩序清潔衛生及管理碼頭上之轎伕力伕與便利上下旅客起見特訂定重慶市碼頭管理辦法（以下簡稱本辦法）

第二條 本市碼頭暫分甲乙丙三種屬於甲種者為（1）朝天門碼頭（2）嘉陵碼頭（3）儲奇門碼頭屬於乙種碼頭者為（1）望龍門碼頭（2）太平門碼頭（3）臨江門碼頭（4）千廝門碼頭此外屬於丙種碼頭

第三條 各碼頭應由各主管局派警察及清道伕二至四名道班一名負責維持秩序打掃清潔及修理便道石級

第四條 每碼頭應由各主管局製訂力伕轎伕運價公告牌碼頭指示標誌及張貼重慶市街道圖

第五條 各碼頭之力伕轎夫應分別予以登記其未登記者不得在各碼頭營業並由社會局予以管理其管理辦法另訂之

第六條 本市各碼頭就其重要性得先後設立服務站其站房由工務局設計建造之

第七條 各碼頭之服務站分甲乙兩種甲種站設管理員及助理員各乙人乙種站設管理員一人其人員均由警察局派充之

第八條 每服務站得應事實上之需要由衛生局調派護士一名並隨帶救急葯品以便救護急症

第九條 凡屬於各該碼頭之警察護士清道伕及道班均應服從各該碼頭服務站管理員之指揮

第十條 本辦法自呈准之日施行

重庆市码头管理办法草案

重慶商埠江北辦事處

凡已滿六十歲之老弱及未滿十六歲之童年不許充當水手違即重罰

中華民國十　年　月　日給

渡船牌照

碼頭

洪水

單送取錢　文
每人取錢　文
限載　人

枯水

限載　人
每人取錢　文
單送取錢　文

船户

第　等渡船　號

重庆商埠颁发的渡船牌照

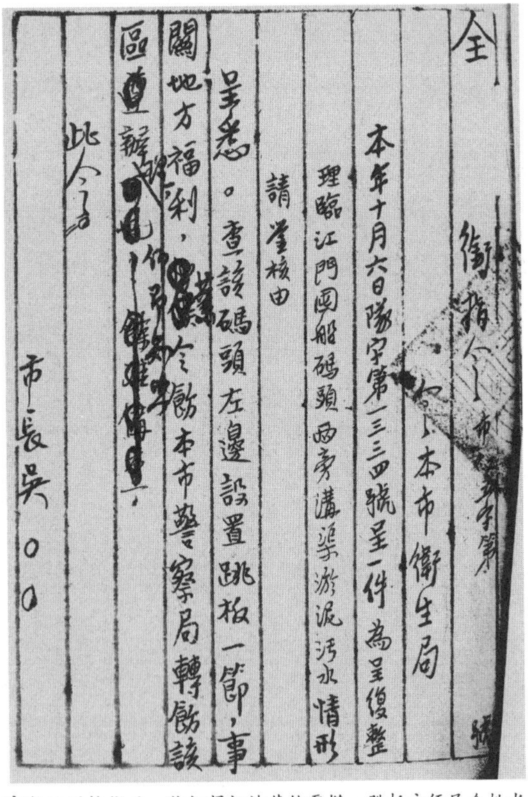
全

衛　指令　市字第　號

本市衛生局

本年十月六日隊字第一三三四號呈一件為呈復整理臨江門囤船碼頭兩旁溝渠淤泥污水情形請鑒核由

呈悉。查該碼頭左邊設置跳板一節，事關地方福利，仰本市警察局轉飭該區查辦

此令

市長吴〇〇

市长吴国桢指示：临江门江边某处需搭一跳板方便民众挑水

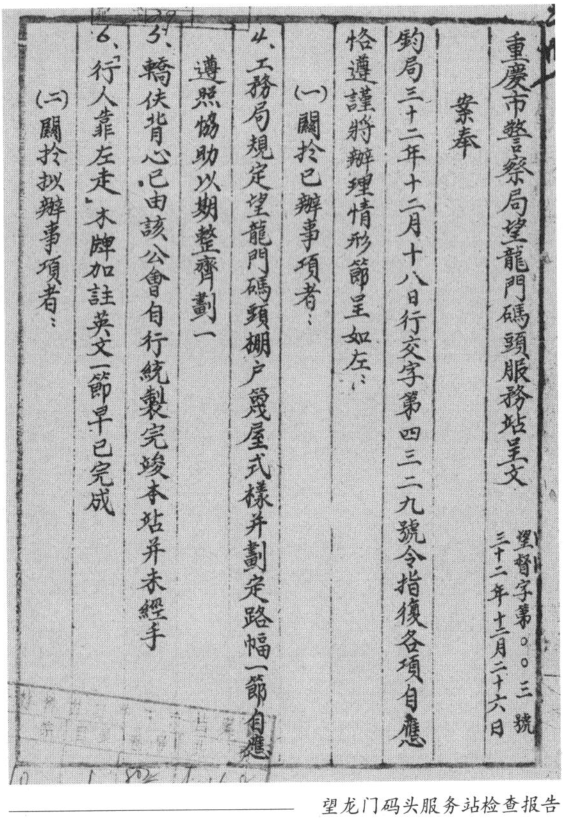
重慶市警察局望龍門碼頭服務站呈文

望督字第〇〇三號

三十二年十二月二十六日

案奉

鈞局三十二年十二月十八日行交字第四三二九號令指飭各項自應恪遵謹將辦理情形節呈如左：

(一)關於已辦事項者：

4、工務局規定望龍門碼頭棚户竟屋式樣并劃定路幅一節自應遵照協助以期整齊劃一

5、轎伕背心已由該公會自行統製完竣本站并未經手

6、「行人靠左走」木牌加註英文一節早已完成

(二)關於擬辦事項者：

望龙门码头服务站检查报告

海棠渡口，烟雨朦胧

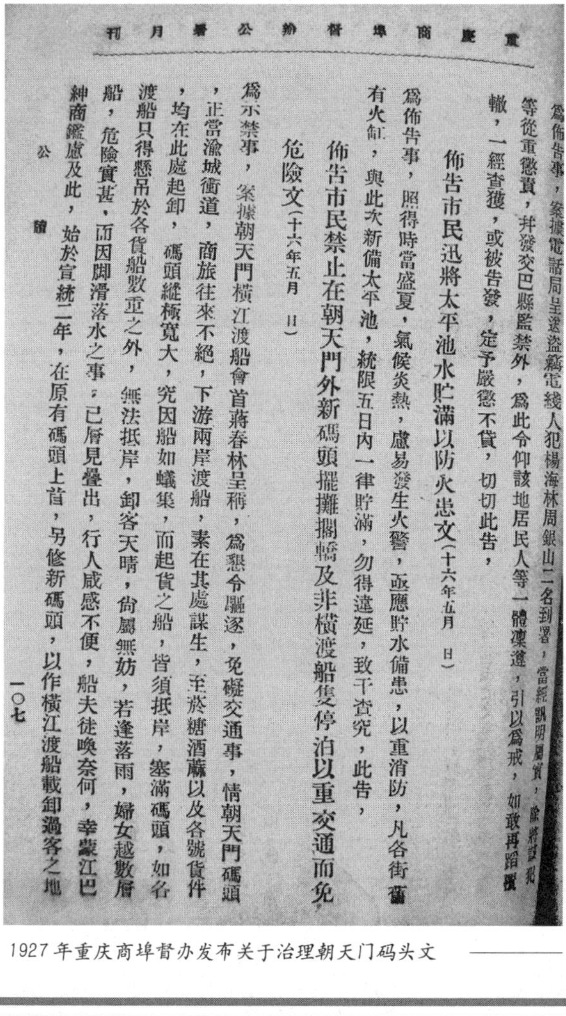

重慶商埠督辦公署月刊

爲佈告事，案據電話局呈送盜竊電綫人犯楊海林周銀山二名到署，當經訊明屬實，除將該犯等從重懲責，并發交巴縣監禁外，爲此令仰該地居民人等一體凜遵，引以爲戒，如敢再蹈覆轍，一經查獲，或被告發，定予嚴懲不貸，切切此告，

佈告市民迅將太平池水貯滿以防火患文（十六年五月　日）

爲佈告事，照得時當盛夏，氣候炎熱，慮易發生火警，亟應貯水備患，以重消防，凡各街舊有火缸，與此次新備太平池，統限五日內一律貯滿，勿得違延，致干查究，此告，

佈告市民禁止在朝天門外新碼頭擺攤擱轎及非橫渡船隻停泊以重交通而免危險文（十六年五月　日）

爲示禁事，案據朝天門橫江渡船會首蔣春林呈稱，爲懇令驅逐，免礙交通事，情朝天門碼頭，正當渝城衝道，商旅往來不絕，下游兩岸渡船，素在其處謀生，至於糖酒藨以及各號貨件，均在此處起卸，碼頭縱極寬大，究因船如蟻集，而起貨之船，皆須抵岸，塞滿碼頭，如名渡船只得懸吊於各貨船數重之外，無法抵岸，卸客天晴，尚屬無妨，若逢落雨，婦女越數層船，危險實甚，而因脚滑落水之事，已屢見疊出，行人咸感不便，船夫徒喚奈何，幸蒙江巴紳商鑒慮及此，始於宣統二年，在原有碼頭上首，另修新碼頭，以作橫江渡船載卸過客之地

公牘　一〇七

1927年重庆商埠督办发布关于治理朝天门码头文

20年代的朝天门码头

的船只编有号码，依次摆渡，载客量按水讯季节有上下浮动的明确规定。如载客量，船只分为三等，一等船只载客量为16人，每降一等，载客递减四人。

兴建城市公园

城市公园是市政公共设施的重要组成部分，也是城市现代意义的重要标志之一。早在 1921 年，杨森任重庆督办时，拟在上下城之间的后伺坡荒地上修建一公园，后因川军内战又起作罢。后来还曾以修建公园的名义发行过市政建设债券，但建园仍未实施。直到新市区修建马路干道时，潘文华决定用市政经费同时修建公园，仍以后伺坡为园址，命名为“中央公园”。1926 年 10 月，中央公园动工兴建，历时两年多时间竣工。全园 1 万多平方米，集游乐与园林于一处的，园内设有孙中山塑像、阅报室、网球场、高尔夫球场，建有亭、堂、假山、茶馆等休闲娱乐场所，是重庆地区的第一座公共园林。该园林仿照苏州

中央公园涨秋山馆

中央公园金碧山堂正面景

中央公园东望江天烟雨阁

中央公园公园小径

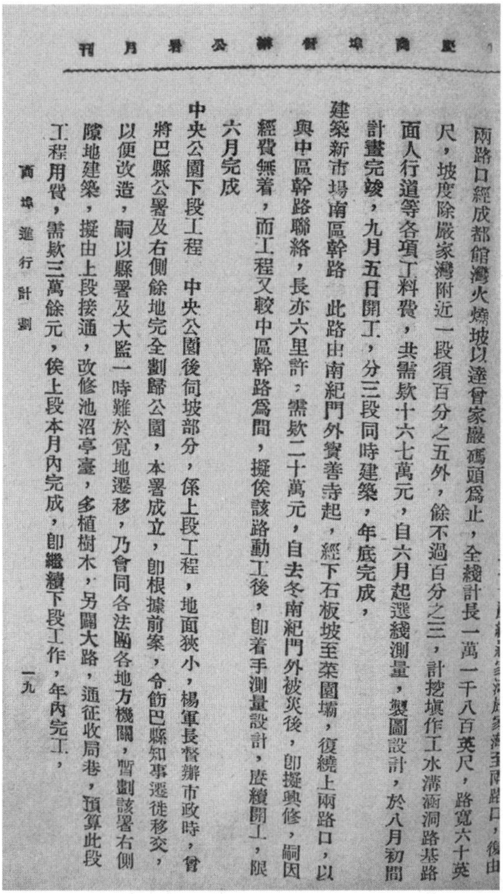
重慶商埠督辦公署月刊

……家灣至兩路口，復由
兩路口經成都館灣火燒坡以達曾家巖碼頭爲止，全綫計長一萬一千八百英尺，路寬六十英
尺，坡度除巖家灣附近一段須百分之五外，餘不過百分之三，計挖填作工水溝涵洞路基路
面人行道等各項工料費，共需款十六七萬元，自六月起選綫測量，製圖設計，於八月初間
計畫完竣，九月五日開工，分三段同時建築，年底完成，
建築新市場南區幹路　此路由南紀門外賓善寺起，經下石板坡至菜園壩，復繞上兩路口，以
與中區幹路聯絡，長亦六里許；需款二十萬元，自去冬南紀門外被災後，即擬興修，嗣因
經費無着，而工程又較中區幹路爲間，擬俟該路動工後，即着手測量設計，歷續開工，限
六月完成
中央公園下段工程　中央公園後伺坡部分，係上段工程，地面狹小，楊軍長督辦市政時，曾
將巴縣公署及右側餘地完全劃歸公園，本署成立，即根據前案，令飭巴縣知事遷徙移交，
以便改造，嗣以縣署及大監一時難於覓地遷移，乃會同各法團各地方機關，暫劃該署右側
隙地建築，擬由上段接通，改修池沼亭臺，多植樹木，另闢大路，通征收局巷，預算此段
工程用費，需款三萬餘元，俟上段本月內完成，即繼續下段工作，年內完工，

商埠進行計劃　一九

1927年《重庆商埠月刊》关于修建中央公园过程一文

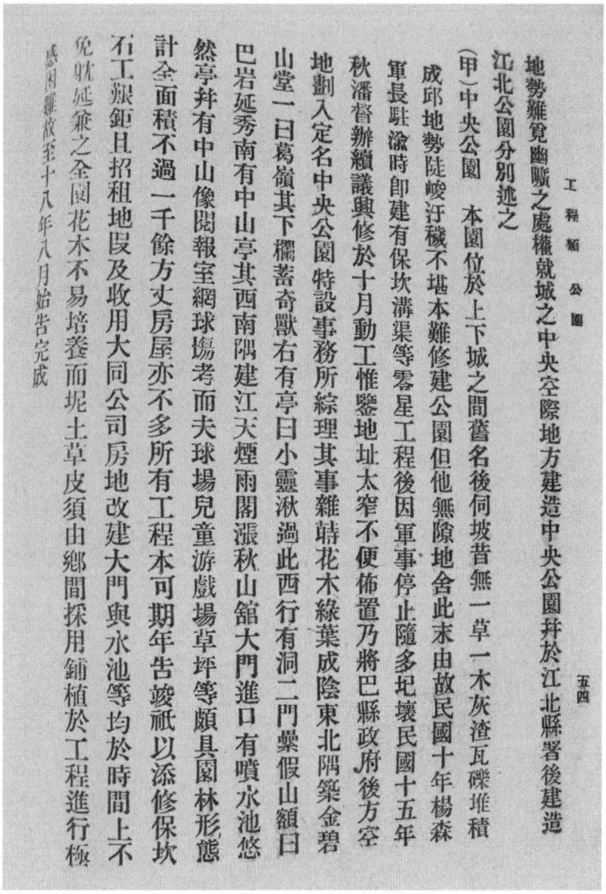
工程類　公園　五四

地勢雜覓幽曠之處權就城之中央空際地方建造中央公園并於江北縣署後建造
江北公園分別述之
(甲)中央公園　本園位於上下城之間舊名後伺坡昔無一草一木灰渣瓦礫堆積
成邱地勢陡峻汙穢不堪本難修建公園但他無隙地舍此末由故民國十年楊森
軍長駐渝時即建有保坎溝渠等零星工程後因軍事停止隨多圮壞民國十五年
秋潘督辦續議興修於十月動工惟鑒地址太窄不便佈置乃將巴縣政府後方空
地劃入定名中央公園特設事務所綜理其事雜蒔花木綠葉成陰東北隅築金碧
山堂一曰葛嶺其下欄蓄奇獸右有亭曰小靈湫過此西行有洞二門纍假山額曰
巴岩延秀南有中山亭其西南隅建江天煙雨閣漲秋山館大門進口有噴水池悠
然亭并有中山像閱報室網球場考而夫球場兒童游戲場草坪等頗具園林形態
計全面積不過一千餘方丈房屋亦不多所有工程本可期年告竣祗以添修保坎
石工艱鉅且招租地段及收用大同公司房地改建大門與水池等均於時間上不
免耽延兼之全園花木不易培養而坭土草皮須由鄉間採用鋪植於工程進行極
感困難故至十八年八月始告完成

《九年来之重庆市政》中关于修建中央公园、江北公园说明一文

风格和样式修建，花径草道，翠绿盎然，繁英似锦，幽雅别致。《巴县志》对公园景致的描述："东北隅筑'金碧山堂'；一曰'葛岭'，左有亭，曰'小灵湫'，过此西行，有洞二，门垒假山，颜曰'包岩延秀'。南有'中山亭'，其西南隅，建有'江天烟雨阁'、'涨秋山馆'；大门进口，有'喷水池'、'悠然亭'。"中央公园修建得玲珑精致，风姿绰约，充盈着花前月下的浪漫气息。中央公园在抗战期间曾遭受轰炸，部分景点被损毁。建国后，改名为人民公园，原羽毛球场在一山凹处，夏季为游泳池，其余时间则辟为溜冰场，一年两用。1932 年，市政当局又设计修建江北公园，"园内洋槐夹道，绿柳扶疏"，"颇具山林气象"，占地面积 3.16 公顷。抗战时期人口增加，逢春秋佳日，原有公园拥挤不堪，1941 年，工务局在南区马路山坡上、复兴关处新辟两公园，两园依山面水，景色宜人，建有亭台屋宇，供市民闲暇时游散憩息。

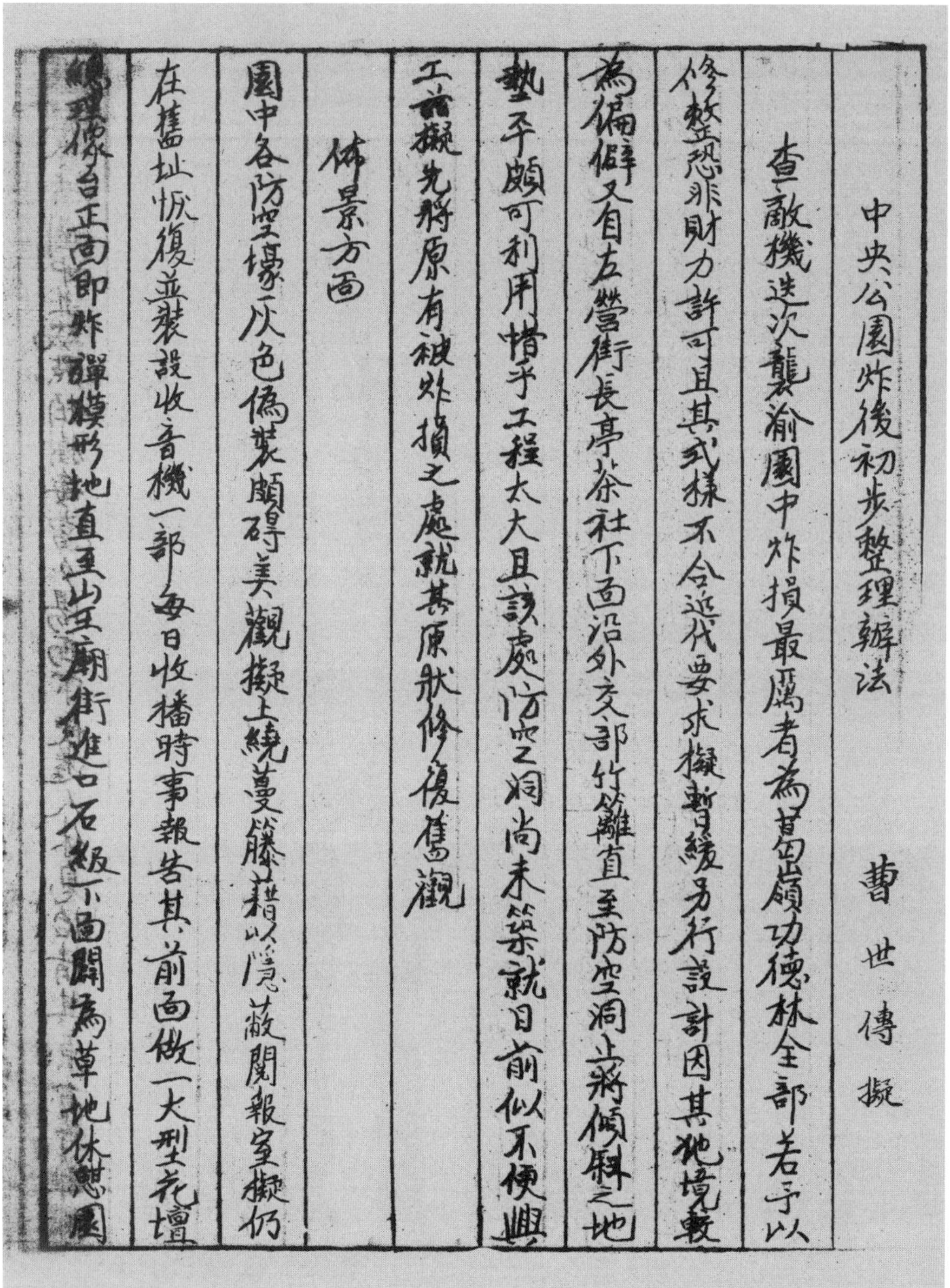

中央公園炸後初步整理辦法

曹世傳擬

查敵機迭次襲渝園中炸損最屬者為葛嶺功德林全部若予以修整恐非財力許可且其式樣不合近代要求擬暫緩另行設計因其地境較為偏僻又自左營街長亭茶社下面沿外交部竹籬直至防空洞上將傾斜之地勢平頗可利用惜乎工程太大且該處防空之洞尚未築就目前似不便興工謹擬先將原有被炸損之處就其原狀修復舊觀

佈景方面

園中各防空壕一灰色偽裝頗礙美觀擬上繞蔓籐藉以隱蔽閱報室擬仍在舊址恢復並裝設收音機一部每日收播時事報告其前面做一大型花壇總理像台正面即炸彈模形地直至山王廟街進口石級下面闢為草地休憩園

中央公园在大轰炸后整理恢复的档案

新兴的公共事业

民国时期重庆城市新兴公用事业以自来水、照明灯和邮政电信事业最为引人注目，城市公用设施的先进化程度体现着城市现代化水平。

大溪沟发电厂投产发电时1000千瓦汽轮发电机组

重慶市電力廠奠基

1933年，重庆电力厂修建时纪念碑基座

“陪都”时期的电力厂

自来水

重庆因有长江及其若干支流而兴盛繁华，依江而伴，水源充沛，用水本该不成问题。但因地势陡峭，取水不便，故饮用水困难。早期城区市民的用水是雇人或自己到江边挑。于是，重庆城出现了挑水工职业。这些挑水工来自于邻近农村，赁居在城墙边一带的捆绑房里，向经营水桶栈房的老板租借或自备水桶，挑着水大街小巷吆喝叫卖，借此养家糊口。据估计，当时大小两河的挑水工在2万人左右。抗战期间，大批的“下江人”涌入重庆，目睹挑水工的艰辛和城区百姓用水的困窘，十分感慨。寓居重庆的画家徐悲鸿曾画下他的传世之作《巴人汲水图》，并在画上题到：“忍看巴人惯担挑，汲登百丈路迢迢，盘中粒粒皆辛苦，辛苦还添血汗熬。”

1927年，重庆商埠督办潘文华召集全城绅商集资筹备建立自来水厂，决定以“官督商办”方式兴办新兴的公用事业，工程交给华西兴业公司承包，机器设备向德国西门子洋行购买，由留学德国的税西恒担任总工程师，负责工程施工和技术工作。经勘测，在嘉陵江畔的大溪沟设起水区，在城内地势较高的打枪坝桂香阁设制水区，水管分三路流经全城，一路由打枪坝出来，经五福街、较场坝、大梁子、打

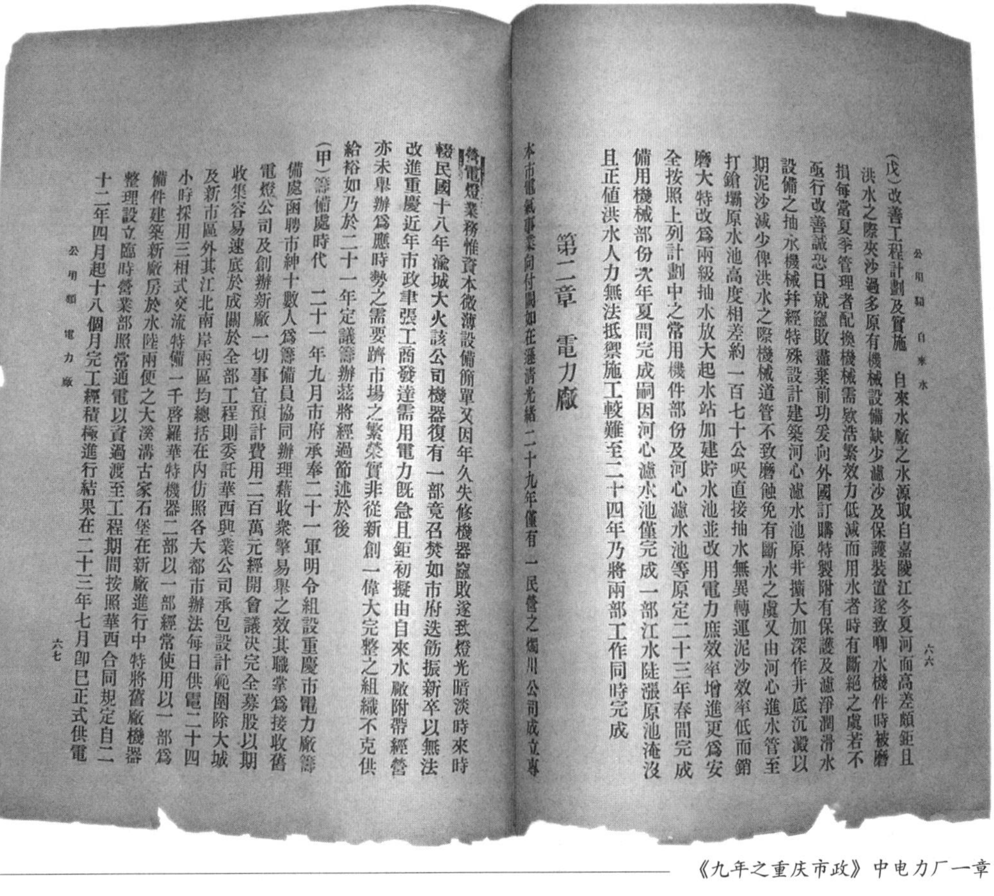

公用類 自來水　六六

(戊)改善工程計劃及實施　自來水廠之水源取自嘉陵江冬夏河面高差頗鉅且洪水之際夾沙過多原有機械設備缺少濾沙及保護裝置遂致唧水機件時被磨損每當夏季管理者配換機械需款浩繁效力低減而用水者時有斷絕之虞若不亟行改善誠恐日就窳敗盡棄前功爰向外國訂購特製附有保護及濾淨潤滑水設備之抽水機械并經特殊設計建築河心濾水池原井擴大加深作井底沉澱以期泥沙減少俾洪水之際機械道管不致磨蝕免有斷水之虞又由河心進水管至打鎗壩原水池高度相差約一百七十公呎直接抽水無異轉運泥沙效率低而銷磨大特改為兩級抽水放大起水站加建貯水池並改用電力庶效率增進更為安全按照上列計劃中之常用機件部份及河心濾水池等原定二十三年春間完成備用機械部份次年夏間完成嗣因河心濾水池僅完成一部江水陡漲原池淹沒且正值洪水人力無法抵禦施工較難至二十四年乃將兩部工作同時完成

第二章　電力廠

本市電氣事業向付闕如在遜清光緒二十九年僅有一民營之燭川公司成立專營電燈業務惟資本微薄設備簡單又因年久失修機器窳敗遂致燈光暗淡時來時輟民國十八年渝城大火該公司機器復有一部竟召焚如市府迭飭振新卒以無法改進重慶近年市政聿張工商發達需用電力既急且鉅初擬由自來水廠附帶經營亦未舉辦為應時勢之需要濟市場之繁榮實非從新創一偉大完整之組織不克供給裕如乃於二十一年定議籌辦茲將經過節述於後

(甲)籌備處時代　二十一年九月市府承奉二十一軍明令組設重慶市電力廠籌備處函聘市紳十數人為籌備員協同辦理藉收衆擎易舉之效其職掌為接收舊電燈公司及創辦新廠一切事宜預計費用二百萬元經開會議決完全募股以期收集容易速底於成關於全部工程則委託華西興業公司承包設計範圍除大城及新市區外其江北南岸兩區均總括在內仿照各大都市辦法每日供電二十四小時採用三相式交流特備一千啓羅華特機器二部以一部經常使用以一部為備件建築新廠房於水陸兩便之大溪溝古家石堡在新廠進行中特將舊廠機器整理設立臨時營業部照常通電以資過渡至工程期間按照華西合同規定自二十二年四月起十八個月完工經積極進行結果在二十三年七月即已正式供電

公用類 電力廠　六七

《九年之重庆市政》中电力厂一章

铁街至朝天门，此为中路。其他为南北两路，南路经九块桥、镇使署、三牌坊、陕西街。北路经临江门、九尺坎、姚家巷。三路均汇于朝天门。

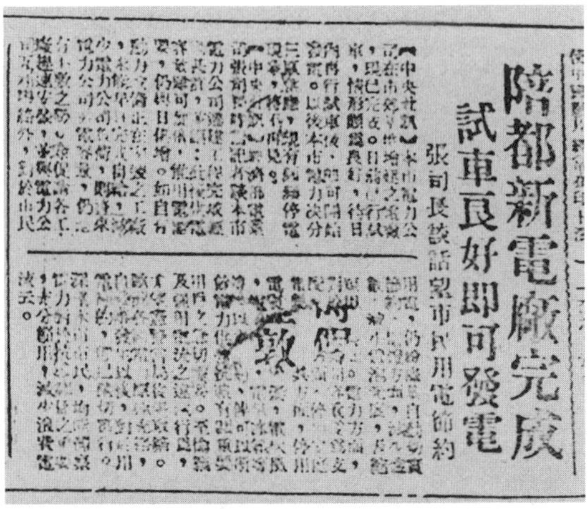

陪都新電廠完成

試車良好即可發電

張司長談話望市民用電節約

关于“陪都”新电厂建成的报道

1929 年 2 月，自来水工程开工之初，挑水工拦住工程队不准施工，因自来水工程建成，肯定要影响他们的生计。筹备处出面解释：首先，工程要修建两三年；其次，即使工程建成竣工，城内也要限地区设站供水，其他地方仍可自由挑售。经过一番劝解，这场风波才告平息。1932 年 1 月 25 日，水厂建成供水，在市区干道区域设售水站 10 处，正式向市民售水。自来水工程初步解决了长期困扰重庆市民的两大难题，一是火灾时发，一是饮水不洁。人民声同赞颂，称其为“重庆市政第一伟绩”。

电力厂

在民初以前，重庆的照明长期使用的是植物油（菜油、桐油）灯，开埠后，改用洋油（煤油）灯。1907 年，重庆绅商刘泽膏、赵资生、李觐枫等人发起集资创“重庆烛川电灯公司”，集资 30 万元，向英商安得洋行订购发电设备，选定下半城太平门仁和湾普安堂建厂，成为重庆民办公用电力事业之始。电灯照明，在当时社会生活和商业界中是一件大事。供电之初，市民扶老携幼，齐聚在太平门绣壁街李家府院内观看“燃灯”。电灯突亮时，百姓欢呼雀跃，兴奋不已，有的还吟诗作赋，加以称赞。尽管这一时期有了电灯“新式照明”，但发电功率低下，供电范围局限于下半城商业区和大、小梁子一带，城内大多数居民仍以油灯照明为主。1924 年 8 月 26 日，太平门遇特大火灾，烧毁了部分机器设备，导致电力严重不足，每天只能供电 4 ～ 5 小时。以至于民间流传一首俏语：“好个重庆城，山高路不平，晚上电灯来，好像红头绳。”1932 年，随着城市空间的拓展，城市照明和工业用电需求急剧增加，市政当局接管烛川电灯公司，接受留美归来的工程师胡光麃建议，另建新电厂，改换全市输电设备，扩大发电量。1932 年，重庆市电力厂筹备处成立，选址大溪沟古家石堡为新厂址，由重庆金融界募股筹集投资经费，委托华西兴业公司承包设计和修建，安装 3×1000 千瓦汽轮发电机组，计划全天供电，包括江北、南岸两区在内。1934 年 7 月重庆电力投产发电，也正式为自来水厂供电。随后，新市区、主城区大片地带也开始供电。整个城市“昼夜通澈，光亮夺目”。基本满足城市照明用电和部分生产用电。抗战期间电厂又增资扩建，装机容量增至 12000 千瓦，成为四川设备容量最大的电厂。1936 年，重庆市区及各县（市）已有各类电力企业 13 家，装机容量 3796.7 千瓦，用户近 2 万户，初步形成电力工业体系。

重庆城区挑水道

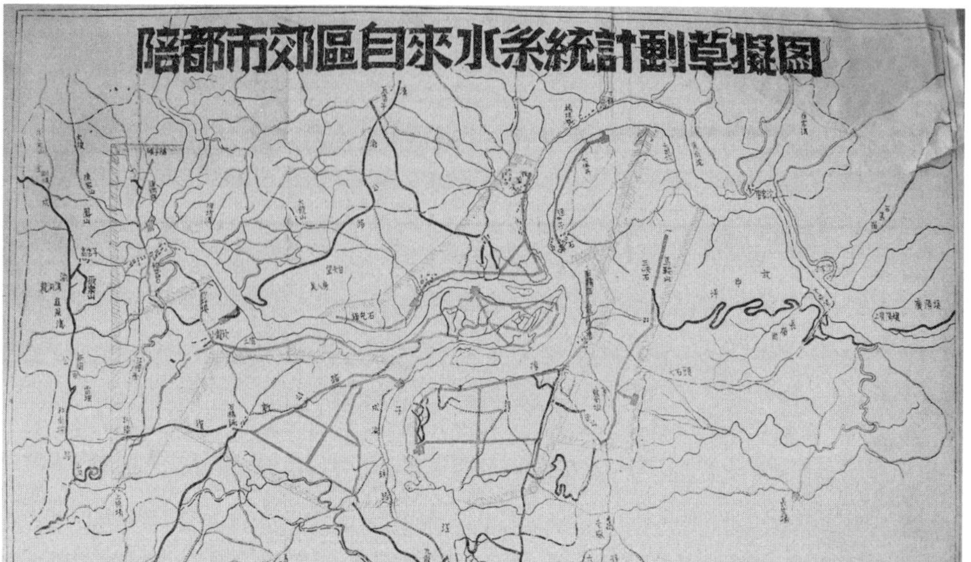
陪都市郊區自來水系統計劃草擬圖
陪都建設計劃委員會製 三十五年四月

《陪都市郊区自来水系统计划草拟图》

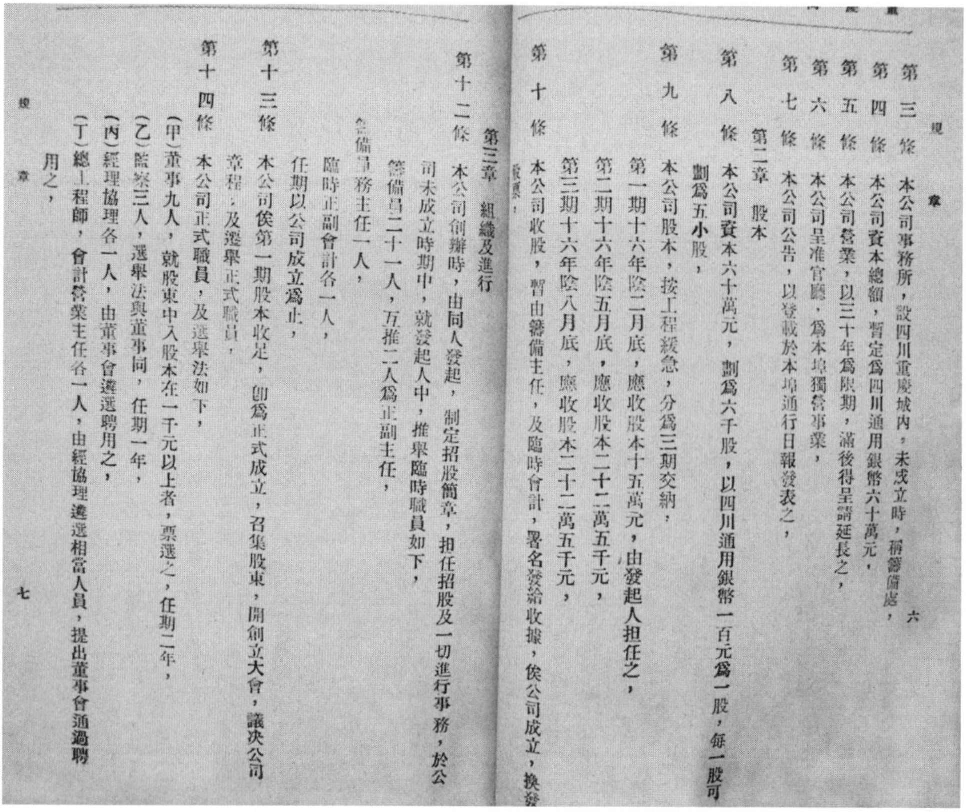

規章

第三條　本公司事務所，設四川重慶城內，未成立時，稱籌備處，

第四條　本公司資本總額，暫定爲四川通用銀幣六十萬元，

第五條　本公司營業，以三十年爲限期，滿後得呈請延長之，

第六條　本公司呈准官廳，爲本埠獨營事業，

第七條　本公司公告，以登載於本埠通行日報發表之，

第二章　股本

第八條　本公司資本六十萬元，劃爲六千股，以四川通用銀幣一百元爲一股，每一股可劃爲五小股，

第九條　本公司股本，按工程緩急，分爲三期交納，

第一期十六年陰二月底，應收股本十五萬元，由發起人担任之，

第二期十六年陰五月底，應收股本二十二萬五千元，

第三期十六年陰八月底，應收股本二十二萬五千元，

第十條　本公司收股，暫由籌備主任，及臨時會計，署名發給收據，俟公司成立，換發股票，

六

第三章　組織及進行

第十二條　本公司創辦時，由同人發起，制定招股簡章，担任招股及一切進行事務，於公司未成立時期中，就發起人中，推舉臨時職員如下，

籌備員二十一人，互推二人爲正副主任，

籌備事務主任一人，

臨時正副會計各一人，

任期以公司成立爲止，

第十三條　本公司俟第一期股本收足，卽爲正式成立，召集股東，開創立大會，議決公司章程，及選舉正式職員，

第十四條　本公司正式職員，及選舉法如下，

(甲)董事九人，就股東中入股本在一千元以上者，票選之，任期二年，

(乙)監察三人，選舉法與董事同，任期一年，

(丙)經理協理各一人，由董事會遴選聘用之，

(丁)總工程師，會計營業主任各一人，由經協理遴選相當人員，提出董事會通過聘用之，

規章　七

重庆自来水招股简章

公用類　自來水　六四

慶需用水量約一萬噸本廠一切設計即以每日供水一萬立方公尺爲準爲防以後人口增加用水量與時俱進在設計時已備有擴張餘地如起水區唧水站可安設唧水機三部此時僅安設兩部每部按日可唧水一萬噸故現開用一部廠房建築時備有安設兩部鍋爐位置又如製水區原水沉澱速濾淨水等池亦備有推廣地位自民國十八年二月開工中間因經費不能按時收入以致工程時作時輟至二十二年二月始克開機唧水從事營業所有工程計劃分述如次

一．起水區　本區廠房設大溪溝河邊王爺廟內傍沙壩橫石直達河心長三十餘丈安設水管一支在河心取水管接河岸之唧水站下站內安唧水機兩部一部常開一部預備唧取之水由總原水管經古家石堡張家花園黃家埡口以達打鎗壩長凡一千七百公尺有奇升高一百六十公尺廠內安設六百六十匹馬力之蒸汽發電機一部以供唧水及發其他一切電力之用

二．製水區　在打鎗壩內建築小池五種計十二口概係石磴砌成用洋灰滿塗再加地瀝青糊漆由起水區原水管送來之水直入原水池稍爲停蓄即入漏斗沉澱池以沉澱泥沙泥沙則由漏斗下廢水暗溝流出城外珊瑚壩河邊并

《九年来之重庆市政》起水区位置介绍

於原水漏斗兩池間建設礬站以爲夏季濁水時加礬之用水經沉澱後方流入速濾池速濾後用鹽素消毒流入淨水池儲蓄由此始放入市街管道供市民之需用速濾池共計五口每口能濾水一萬噸淨水池共計二口每日可儲水四千五百噸打鎗壩地位甚高故不須假水塔之力即可灌溉全城惟因廻洗濾池及王爺廟廠房用水須用高壓之水故建小水塔一座用馬達唧水馬達即就王爺廟廠房電動機牽至高壓電綫代動之

三．送水區　全市安裝市街管道由淨水池接安送水管至火藥局分縱橫幹管各三路中路縱管由火藥局起經五福街大樑子至朝天門北路經通遠門臨江門繞九尺坎等處達朝天門南路經南紀門繡壁街新豐街陝西街亦匯於朝天門第一橫幹管經方家什字較場口十八梯至繡壁街第二橫幹管經柴家巷神仙口至文華街第三橫幹管經水巷子至陝西街與縱橫管交匯其餘各街之管道長短用水之多寡設有八吋六吋四吋各種分管形如網狀全體相通并於各管每距一百公呎左右安設水樁以備消防之用在各用戶專管未普遍裝安之際先就各要街設售水站以備市民取水之便

公用類　自來水　六五

《九年来之重庆市政》中关于自来水送水区域的说明

1932建成的水厂蓄水池

繁华与贫困的反差

经过大规模的市政建设和经营，重庆景观发生了根本性变化，由一个古老商埠城镇进入近代都市的行列。

潘文华主政期间，采用走出去，请进来的方式谋划重庆城市的建设。政府多次派遣市政官员前往长江中下游及沿海一带，“详细调查市政之建设及其发展，随时汇报回署，籍资借镜而凭改组”，并数次邀请留美归来的工程师、专家考察重庆城市建设，赞同和采纳他们提出的重庆城市建设以上海、南京、武汉等长江中下游城市为主要参照体系的建议。经过数年的经营建设，重庆成了“四川最摩登城市”，“通远门外近郊上清寺、曾家岩一带清新拔俗——其间，别墅如云，华楼掩映，一种壮丽阔大的气概，非寻常的猥琐都市所能及”，重庆乃内陆地区的“小上海”，“建筑颇似香港”，有“沪汉之风”，类似的赞叹、评价在当时的报刊、旅游杂记中比比皆是。原有的沿长江城墙边的官府衙门和传统商业区开始了城市空间功能的转移。随着城区中城干道竣工，繁华的商业区由下半城让位于上半城。都邮街广场附近商业区的高档消费娱乐场所随处可见，影院、咖啡室、俱乐部、舞厅和光怪陆离的霓虹灯、各色广告牌应有尽有。在重庆的西方传教士

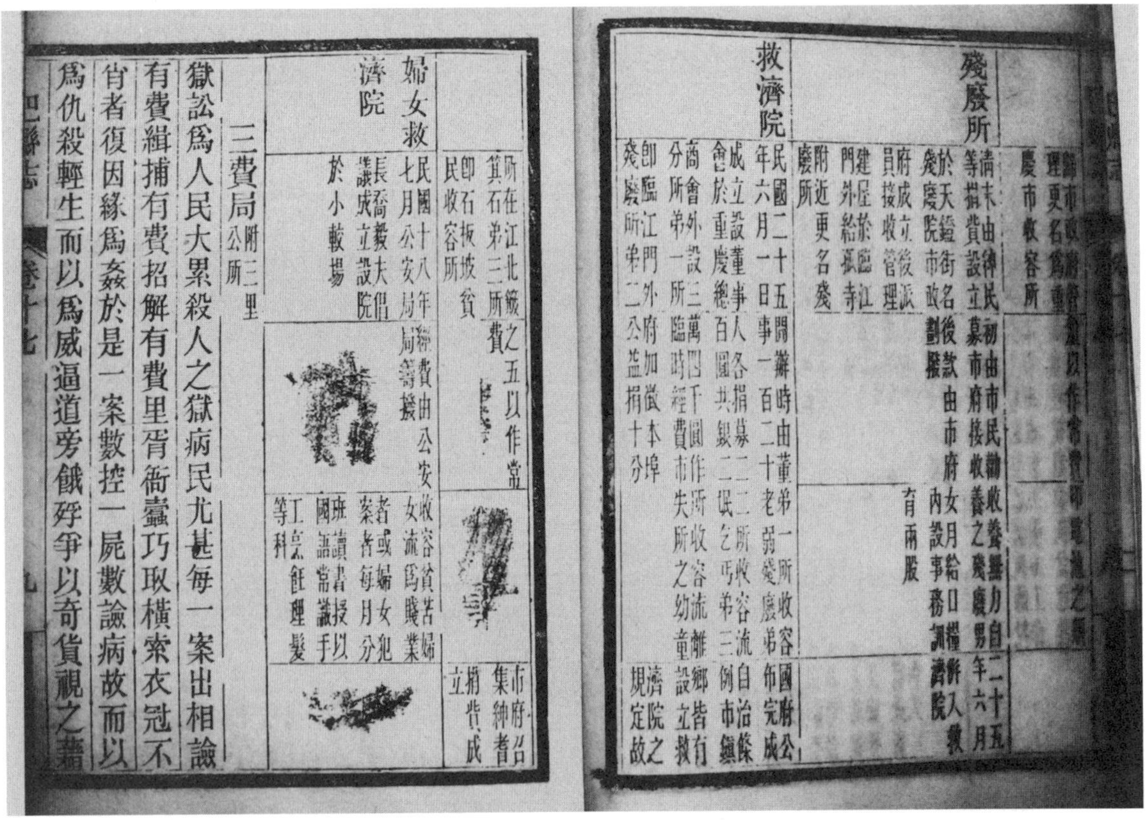

殘廢所
救濟院
婦女救濟院
三費局附公所三里
獄訟爲人民大累殺人之獄病民尤甚每一案出相驗
有費緝捕有費招解有費里胥衙蠹巧取橫索衣冠不
肖者復因緣爲姦於是一案數控一屍數驗病故而以
爲仇殺輕生而以爲威逼道旁餓殍爭以奇貨視之藉

民国时期的救济、慈善机构

全川收容难民700余万，设立难民站20个，战时重庆增加人口92万

城中建洋房

十里饿殍一具

描述了教堂周围发生的变化："1929年的重庆，是混乱、肮脏的中国城市"，而现在，"整个城市有一种风味，有旧金山的神韵"。1935年，《川行琐记》作者陈衡哲住进重庆富丽堂皇的沙利文饭店，豪华的装饰，高档的器物，陈禁不住感叹该饭店简直不比上海国际饭店逊色。重庆市政建设由于是以沿海城市为参照，缺乏经过传统社会自然演绎后形成的地方特色和文化风格，难免留下模仿痕迹，难怪"下江人"尖锐批评道："四川人各事善模仿外间，都市繁荣，虚有其表。"虽然如此，但市政建设成就还是在相当程度上得到民间认同。

在传媒的导向下，重庆市民消费观念、时尚潮流紧随"上海摩登"。电扇、电话、自来水与百姓生活联系起来。洋酒、罐头、卷烟的高消费随处可见，手电筒、钟表、相机、西洋乐器都很时髦。烫发是都市时髦女性的象征，着"时髦趋新，既袒胸而裸膝"的津蓝布旗袍是新潮、时尚的表现；男性蓄"拉包式"自由发型，着西装革履或穿马甲，戴金丝眼镜等在相当程度上体现市民的身份、地位和阶层。报刊开辟了休闲意义的副刊，并形成了不同特点的风格和相对固定的读者群，潜移默化地培育出市民追逐时尚的生活态度，烘托出商业文化的氛围。

但是，都市的繁华背后又真实地存在着周边农村和城区居民的贫困。

在城区渐趋都市化的过程中，农村正处于传统自然经济的解体和农业结构转型的过程。民国时期的军阀混战，使农民纷纷破产沦为佃农。轻纺工业的凋敝，破坏农业生产结构，加深了农民的贫困化，而仅有的薄田难以自敷温饱。贫瘠地区的地方财政皆赖田赋收入，为了"筹饷养军"，有的县、乡级政府预征田赋到数年之后，农民每年辛勤所得被田赋、地租一掠而空，农村的青、壮年纷纷逃往重庆卖力谋生，以求衣食。据史料记载，抗战前重庆人口由1927年的

20多万增加到1936年的47万，至1945年又激增到90多万，城市劳工过剩，无力吸纳更多进城的乡村人口。1934年和1936年，川东地区遭遇数十年未遇的大旱，农作物严重歉收，成群结队的难民涌入城市，扶老携幼在城市沿街乞讨度日，几乎每天报纸都登载着于“常因饥饿以致倒毙街巷”的报道。春寒料峭，清晨推开房门，氤氲的雾霭缥缈在大街小巷，屋檐下路巷旁常有蜷缩着凄惨死去的灾民，市民称之为“路倒”，每天都有政府专门雇用的苦力拖运“路倒”去掩埋。据记载，1936年2—3月，在重庆市区街头饿死、冻死的达3800多人。重庆城廓沿江一带居民也生活得非常艰难，峻峭的山坡边，蜿蜒的石梯旁，举目皆是破旧不堪的木板房，七倒八歪的茅草棚。入夜后，星星点点的洋油灯火和依稀闪烁的烛光在凄风苦雨中摇曳。

瘾民吸大烟

棚区里的小女孩

防区制时期，周边乡村女性涌入重庆的不在少数，抗战爆发后，下江避难的妓女也从水路进入重庆，常聚集在较场口、石灰市、鱼市街、临江门一带，这些地方“除缺少异国情调外，其桃色空气之浓厚”无异欧美。据警察局统计，重庆妓女已达3万人。此外，重庆人吸食鸦片的比例相当高。刘湘21军集团坐镇重庆时期，为增加税收，鼓

“陪都”时期的珊瑚坝

励种植鸦片，助长了重庆城镇居民这一传统嗜好和大宗消费。20 世纪 30 年代初，重庆有各等鸦片馆 1600 多家，因而重庆有“烟灯比路灯多”的记载。直到 1935 年，南京国民政府参谋团入川，大张旗鼓地明令禁烟，强行戒烟戒毒的规定随处可见。

20 世纪 20—30 年代的重庆城区呈现出一幅新旧杂陈的景观。

北碚现代新生活的实践

北碚位于重庆北部，地处合川、江北、巴县、璧山四县之间。民国初期，匪盗猖獗，治安不靖。为保障航运安全，1927 年，在北碚设立四县特组峡防团务局，卢作孚任局长。实行四县联防，平定匪患。1936 年，北碚改组为嘉陵江三峡乡村试验区。

卢作孚出身于合川县小商人之家。青年时代结识了著名教育家黄炎培，深受其“教育救国”思想的启迪，积极投身于文化教育事业，担任过《川报》编辑和记者。1924 年创办成都通俗教育馆。1925 年创办民生实业股份有限公司，该公司以“服务社会，便利人群，开发产业”为宗旨，企望通过实业振兴达到改变国家落后面貌，实现国富民强的目的。在卢作孚殚精竭虑的经营下，民生公司成为以航运为主业的大型民族企业资本集团。

民生公司创办成功，使卢作孚对北碚三峡乡村建设抱有信心。1930 年卢作孚带着对北碚问题的思考出川，先后对上海的现代工业技术、青岛、大连、南通的城市建设经验进行考察，进一步明确对先进管理理念的理解：“中国的根本问题是人的训练。”他指出，现代文明当中成功的人群，都是有组织训练的结果，“今天的中国什么都不缺乏，只是缺乏经过训练的人”。因而在规划北碚的建设时迥异于重庆建设取向沿海城市的重视物质层面的模式，坚持从人的现代化层面来实现北碚的改造。北碚的建设和重庆的建设几乎同时起步，其结果是形成不同风格和面貌。

卢作孚

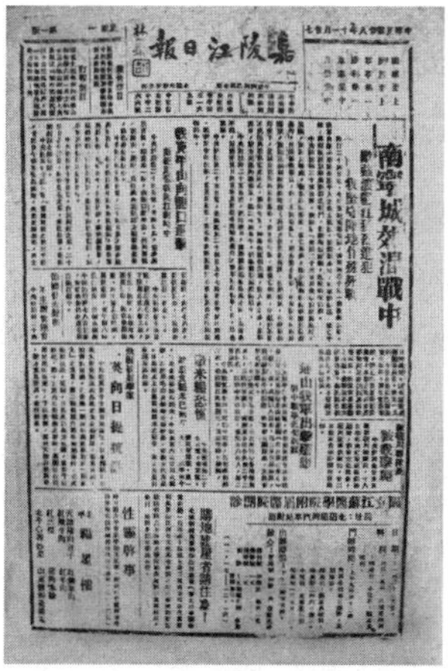
嘉陵江日報

卢作孚创办的《嘉陵江日报》

在北碚建设中，卢作孚注重人的文化素质提高、城镇人文建设氛围的培养、新教育事业和社会公共事

卢作孚创建的中国西部科学院旧址

1930年，卢作孚修建全国第一家民营科研机构——中国西部科学院

业的兴办。在民生公司企业管理中，设立图书馆，建有读书会，坚持巡回文库制度。为了提高民众的文化素质，北碚兴办了近十所民众学校，如力夫学校、船夫学校、妇女学校。1927年，利用旧庙宇创办了北碚地方医院，兴办了嘉陵江报馆、兼善中学、北碚图书馆等设施。最具特色的是中国西部科学院的创立，该院创立时得到国内政界、学者名流的支持和赞助，杨森曾捐巨资修建科研大楼，中华文化基金会、四川省教育厅也给予经济上的支持，川大、华西、北平研究院等单位一些著名学者受聘担任特约研究员，西部科学院设有生物、地质、农林和理化四个研究所，创办了学术性刊物，是具有一定规模的综合性民营科研机构。

为了发展北碚特色建设，卢作孚通过创办新的经济实体，吸引外部的资本和人才资源投入地方建设，以期形成良性循环。1927年，民生公司联合合川、江北两县有关人士兴建了四川境内的第一条铁路——北川铁路，由丹麦人守儿慈负责勘测设计，铁路起于北碚境内的土地垭至合川白庙子，全长33华里，以运输沿途所产的原煤为主，同时兼营客运，极大改变了当地交通落后状况，方便了民众的出行和旅游，成为当时一道时尚的风景线。1933年，卢作孚促使铁路沿线五个大煤矿合并成立天府煤矿公司，在峡防局成立工务股，办起了石印社、织布厂，生产的三峡布风行一时，民生公司员工的制服都用该布制成，抗战期间，三峡厂与迁渝纺织企业合并组成大明纺织染厂。

北碚的建设几乎看不到类似于重庆“小上海”式的洋楼、舞厅、影院，最现代化的高层建筑是具有传统建筑风格的西部科学院和利用经济界人士捐款修建的兼善中学。但街道、机关、商店、客栈布置得非常整洁有序，各办事机关门口显眼处都挂着与民众生活有关的图表和“事业机关的概况，使人一望而知其内容”。

抗战时期在北碚居住过的老舍这样形容：“北碚是嘉陵江上的一个小镇子，

位于重庆北碚的复旦大学登辉楼旧址

1928 年动工，1934 年竣工的北川铁路，是四川修建的第一条铁路

这原是个很平常的小镇市，但经卢作孚与卢子英先生们的经营，它变成了一个‘实验区’。在抗战中，因有许多学校与机关迁到此处，它又成了文化区。市面自然也跟着繁荣起来。它有整治的旅舍，相当大的餐馆、浴室和金店银行。它也有公园、体育场、戏馆、电灯和自来水。它已不是小镇，而是个小城。它的市外还有北温泉公园，可供游览及游泳；有山，山上住着太虚大师和法尊法师，他们在缙云寺中设立了汉藏理学院，教育年轻的和尚。这是个理想的住家的地方，具体而微的，凡是大都市应有的东西，它也都有。它有水路，旱路直通重庆，百货可以源源而来。它的安静与清洁又远非重庆可比。它还有自己的小小的报馆呢。”

夏季是北碚民众最开心的日子，北碚会举办多种形式的科技文化展览，如民生公司把具有科技含量的电车、飞机、轮船的模型和解说词摆放在街上供人观看。1933 年夏，中国科学社年会在北碚召开，故宫博物馆和其他文物单位先后在北碚举办科普知识展览、讲座，这种以人为本的现代化文化“洗礼”民众的教育意义是非常深刻的。

在重庆，大众娱乐追逐以上海为代表的时髦潮流为荣耀；北碚传媒引导的是健康的体育活动。1928 年，在“弹丸之地”的北碚城区建有两个篮球场、两个网球场。1929 年 4 月，在北碚举办了四川近代史上最大规模的运动会。

在市政建设方面，以青岛为蓝图，修建和整治街道，修建街心花园，1927 年，在温塘峡开辟了温泉公园，火焰山扩建了平民公园等公共园林场所，大搞

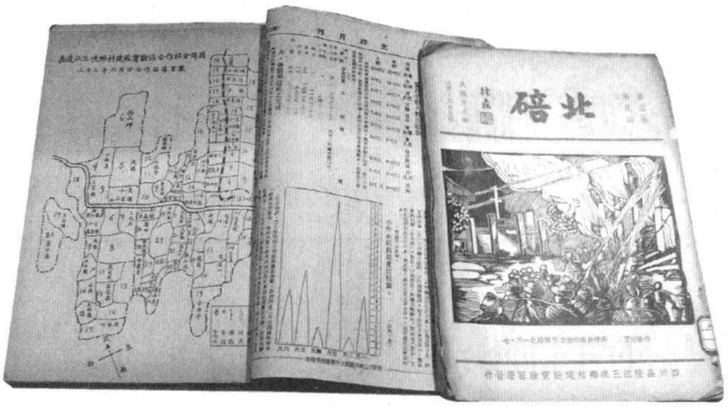
北碚

1927年由嘉陵江三峡乡村建设实验区署创立的《北碚》(双月刊)杂志，封面刊名由国民党政府主席林森题写

1928年的北碚

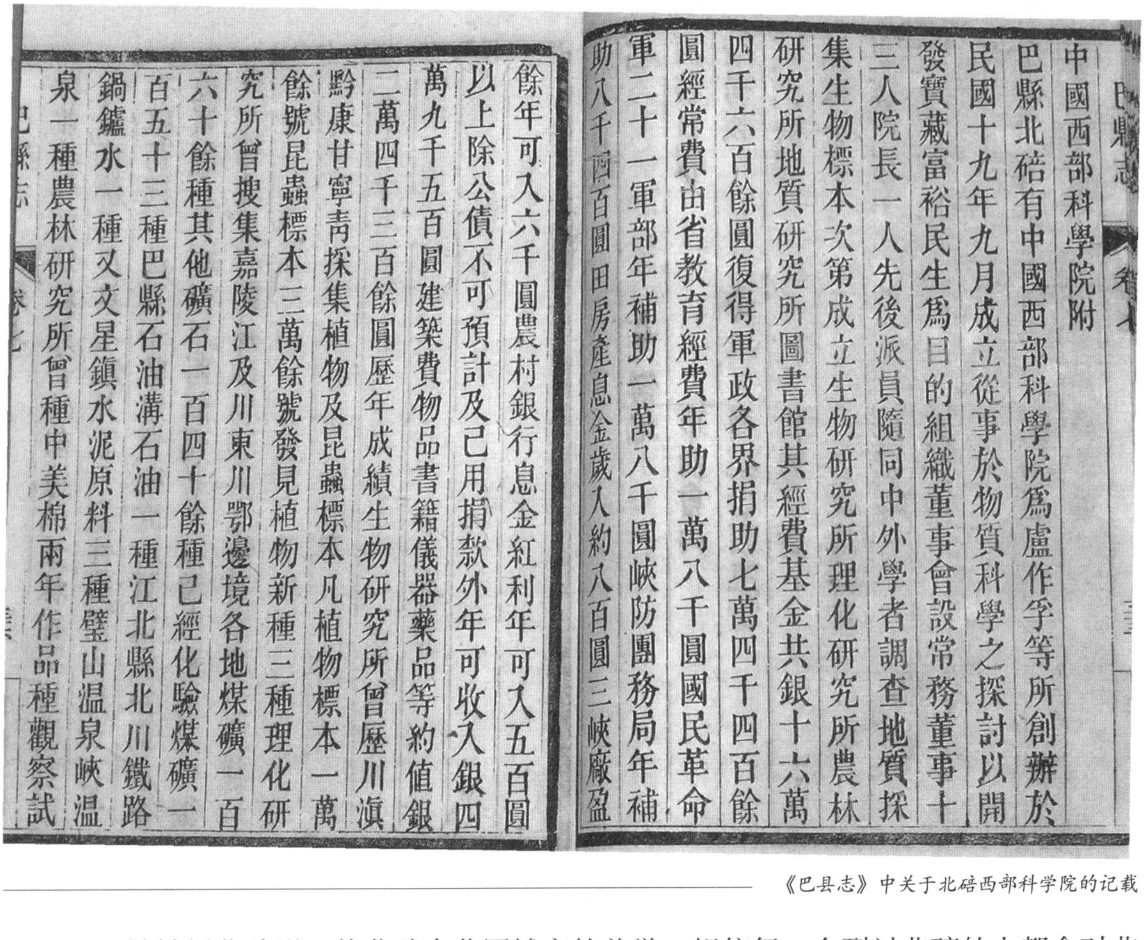

中國西部科學院附
巴縣北碚有中國西部科學院爲盧作孚等所創辦於民國十九年九月成立從事於物質科學之探討以開發寶藏富裕民生爲目的組織董事會設常務董事十三人院長一人先後派員隨同中外學者調查地質採集生物標本次第成立生物研究所理化研究所農林研究所地質研究所圖書館其經費基金共銀十六萬四千六百餘圓復得軍政各界捐助七萬四千四百餘圓經常費由省教育經費年助一萬八千圓國民革命軍二十一軍部年補助一萬八千圓峽防團務局年補助八千四百圓田房產息金歲入約八百圓三峽廠盈餘年可入六千圓農村銀行息金紅利年可入五百圓以上除公債不可預計及已用捐款外年可收入銀四萬九千五百圓建築費物品書籍儀器藥品等約值銀二萬四千三百餘圓歷年成績生物研究所曾歷川滇黔康甘寧青採集植物及昆蟲標本凡植物標本一萬餘號昆蟲標本三萬餘號發見植物新種三種理化研究所曾搜集嘉陵江及川東川鄂邊境各地煤礦一百六十餘種其他礦石一百四十餘種已經化驗煤礦一百五十三種巴縣石油溝石油一種江北縣北川鐵路鍋爐水一種又文星鎮水泥原料三種璧山溫泉峽溫泉一種農林研究所曾種中美棉兩年作品種觀察試

《巴县志》中关于北碚西部科学院的记载

城镇绿化建设，使北碚有花园城市的美誉，相信每一个到过北碚的人都会对北碚的绿化留下深刻的印象和记忆，郁郁葱葱的杨槐，硕大的法国梧桐成为北碚的重要标志。

北碚，平地涌现出来的现代化市镇，充满了活力。

重庆工商、金融业

繁盛的商业

重庆商业兴起于宋代，昌盛于明清。清代诗人宋家蒸在《舟次重庆》中描绘到："郭中万户屯，郊外千舟舣，商贾集远方，货贿积都市。"这一时期，重庆商业繁荣，远非西南其他都市所能比拟。随着商业的繁荣和发达，来渝的商人增多，为保障本省商人的利益，1900年，广东、浙江、福建、湖广、江西、江南、山西、陕西八省成立会馆，称为"八省会馆"。1905年，重庆总商会成立，促进了商业的发展。1908年，清政府在菜园坝举办川东地区第一次商业展览会，初步显示了商业的繁荣和重庆商业中心的作用。1915年，重庆总商会将重庆府署改辟成商业场，周围店铺数百家，房屋大气壮观，街道宽阔，成为重庆最繁华的商业中心。1927年2月，应商人要求，商业场首创夜市，准许场内店铺和外来摊贩设点营业，市场更趋繁华。重庆历来有"上下两条江，左右十三帮"之说，其实商业行帮远非十三帮，据统计，重庆商业同业会有57个，后来，又形成

新发展的都邮街商业区

1941年重庆已有商号14262家，图为重庆最繁华的商业区小什字

抗战时期，重庆繁华的商业街区

重庆总商会旧址

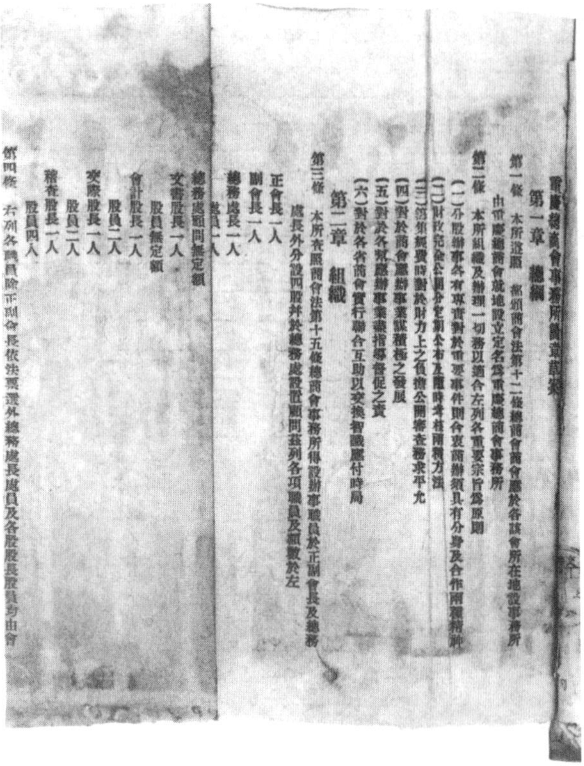
重慶總商會事務所簡章草案
第一章 總綱
第一條 本所遵照 部頒商會法第十二條總商會商會應於各該會所在地設事務所
由重慶總商會就地設立定名為重慶總商會事務所
第二條 本所組織及辦理一切務以適合左列各重要宗旨為原則
（一）分股辦事各有專責對於重要事件則合衷商辦須具有分身及合作兩種精神
（二）財政完全公開分定期公布及臨時考核兩種方法
（三）籌集經費時對於財力上之負擔公開審查務求平允
（四）對於商會應辦事業謀積極之發展
（五）對於各幫應辦事業盡指導督促之責
（六）對於各省商會實行聯合互助以交換智識應付時局
第二章 組織
第三條 本所查照商會法第十五條總商會事務所得設辦事職員於正副會長及總務處長外分設四股并於總務處設置顧問茲列各項職員及額數於左
正會長一人
副會長一人
總務處長一人
處員一人
總務處顧問無定額
文書股長一人
股員無定額
會計股長一人
股員二人
交際股長一人
股員二人
稽查股長一人
股員四人
第四條 右列各職員除正副會長依法票選外總務處長處員及各股股長股員均由會

重庆总商会事务所简章草案

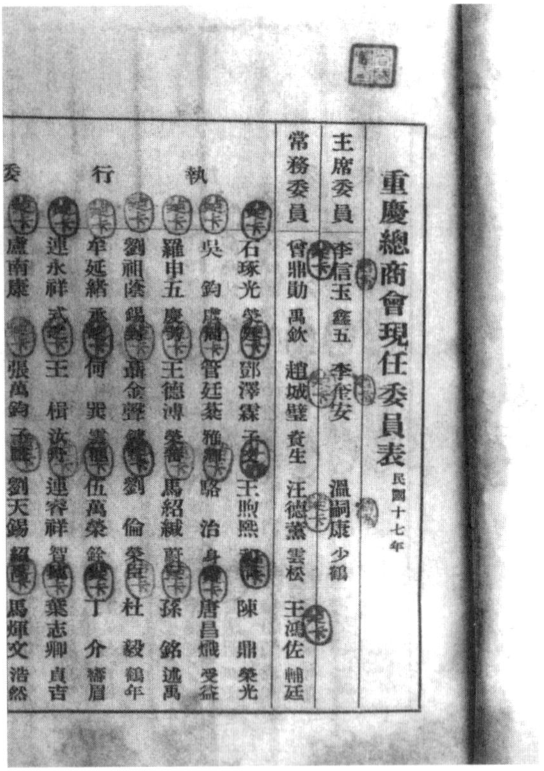
重慶總商會現任委員表 民國十七年
主席委員 李信玉 鑫五 李奎安 溫嗣康 少鶴
常務委員 曾鼎勛 禹欽 趙城璧 資生 汪德薰 雲松 王鴻佐 輔廷
執行委員 石琢光 鄧澤霖 王煦熙 陳鼎 榮光
吳鈞 管廷棻 雅 駱 治 唐昌熾 受益
羅申五 王德溥 馬紹緘 孫銘 述禹
劉祖藻 聶金聲 劉倫 杜毅 鶴年
牟延緒 何巽 伍萬榮 丁介 橘眉
連永祥 王楨 連容祥 葉志卿 貞吉
盧南康 張萬鈞 劉天錫 馬燁文 浩然

重庆总商会 1928 年委员表

了以行业为中心的街市，如油市街、木货街、棉花街、米亭子等四五十条商业街，这些街道房屋基本都是店铺，有行业经营的特色。20 世纪 40 年代前，重庆繁华区域在下半城。如白象街，是字号、洋行及轮船公司集中地，南纪门至储奇门是药材、山货店铺、商号集中地，东水门至太平门原是官署衙门所在地，后被辟为商业场，成为重庆最繁华的商业中心。商业的繁荣催生了一批大店、名号，如刘继陶创办的“德生义”商号，以经营山货、药材为主。1911 年，黄锡滋开设“锡生”商号，经营匹头、棉纱、川盐等商品，其他的有汤子敬的“德大昌、裕生厚”等字号 。

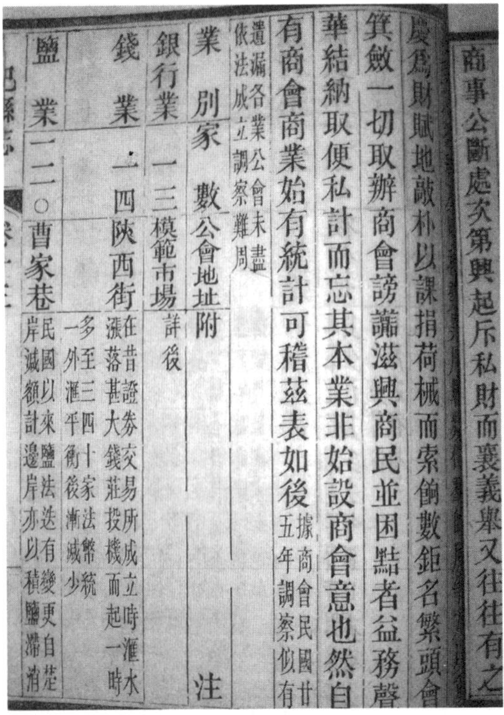
商事公斷處亥第興起斥私財而襄義舉又往往有之
慶爲財賦地敲朴以課捐荷械而索餉數鉅名繁頭會
箕斂一切取辦商會謗讟滋興商民並困黠者益務聲
華結納取便私計而忘其本業非始設商會意也然自
有商會商業始有統計可稽茲表如後 據商會民國廿五年調察似有遺漏各業公會未盡依法成立調察難周

業別	家數	公會地址	附注
銀行業	一三	模範市場	詳後
錢業	一四	陝西街	在昔證券交易所成立時滙水漲落甚大錢莊投機而起一時多至三四十家法幣統一外滙平衡後漸減少
鹽業	一一〇	曹家巷	民國以來鹽法迭有變更自楚岸減額計邊岸亦以積鹽滯消

民国二十五年重庆金融、商业调查表（一）

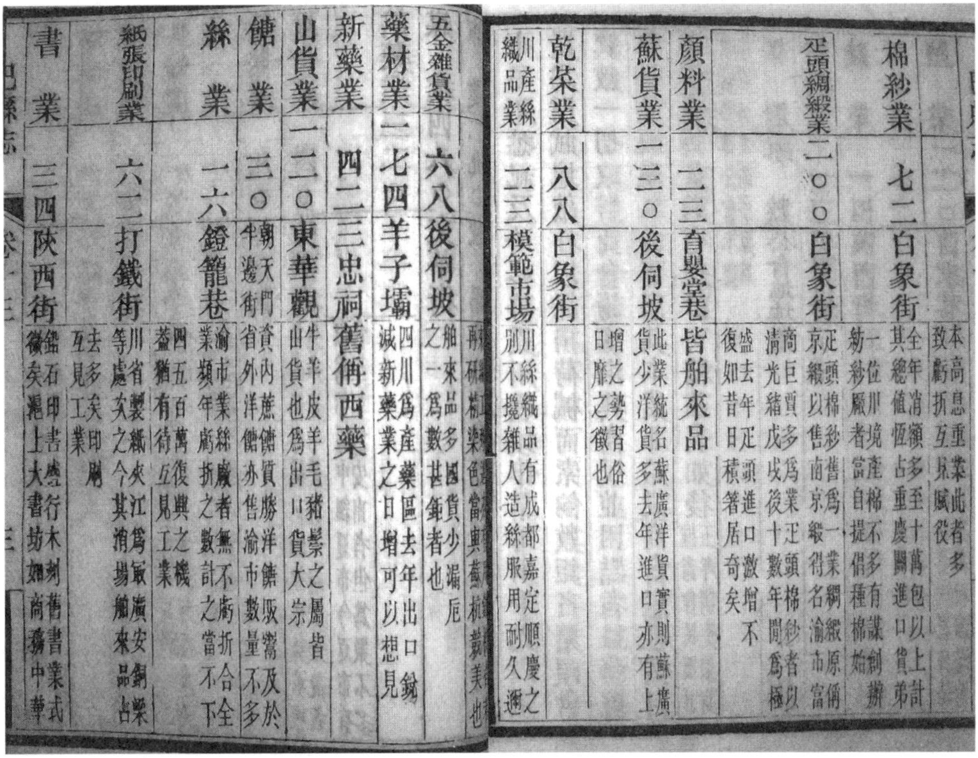

业别	家数	地点	备注
棉紗業	七二	白象街	本高息重業此者多致虧折互見賦役全年消額多至十萬包以上計其總值恆占重慶關進口貨第一位川境產棉不多有議創辦紡紗廠者當自提倡種棉始
疋頭綢緞業	二〇〇	白象街	疋頭棉紗舊為一業綢緞原備京緞以售南京緞得名渝市富商巨賈多為業疋頭棉紗者以清光緒戊戌後十數年間為極盛去年疋頭進口激增不復如昔日積箸居奇矣
顏料業	二三	育嬰堂巷	皆舶來品
蘇貨業	一三〇	後伺坡	此業統名蘇廣洋貨實則蘇廣貨少洋貨多去年進口亦有上增之勢習俗日靡之徵也
乾菜業	八八	白象街	
川產絲織品業	二三	模範市場	川絲織品有成都嘉定順慶之別不攙雜人造絲服用耐久遜[illegible]再研精染色當與蘇杭競美也
五金雜貨業	六八	後伺坡	舶來品多國貨少漏卮之一為數甚鉅者也
藥材業	一七四	羊子壩	四川為產藥區去年出口銳減新藥業之日增可以想見
新藥業	四二	三忠祠	舊稱西藥
山貨業	一二〇	東華觀	牛羊皮羊毛豬鬃之屬皆山貨也為出口貨大宗
餹業	三〇	朝天門牛邊街	省內蔗餹質勝洋餹販鬻及於省外洋餹亦售渝市數量不多
絲業	一六	鐙籠巷	渝市業絲廠者無不虧折合全業類年虧折之數計之當不下四五百萬復興之機蓄猶有待互見工業
紙張印刷業	六二	打鐵街	川省製紙夾江為最廣安銅梁等處次之今其消場舶來品占去多矣印刷互見工業
書業	三四	陝西街	鉛石印書盛行木刻舊書業式微矣滬上大書坊如商務中華

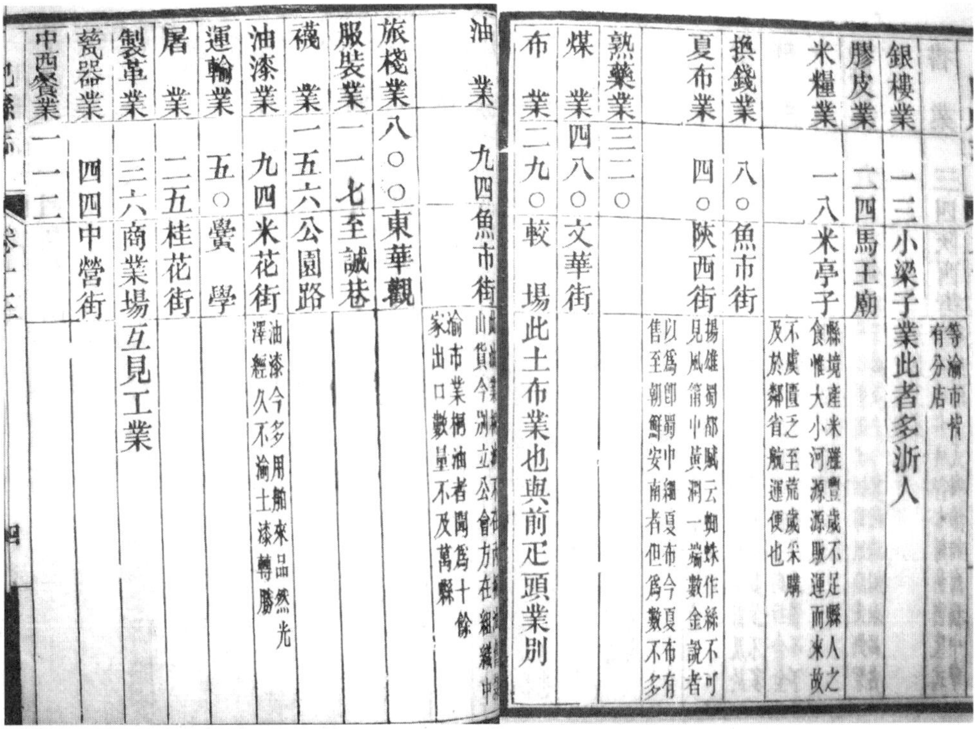

业别	家数	地点	备注
			等渝市皆有分店
銀樓業	一三	小梁子	業此者多浙人
膠皮業	二四	馬王廟	
米糧業	一八	米亭子	縣境產米雖豐歲不足縣人之食惟大小河源源販運而來故不虞匱乏至荒歲采購及於鄰省航運便也
換錢業	八〇	魚市街	
夏布業	四〇	陝西街	揚雄蜀都賦云蜘蛛作絲不可見風筩中黃潤一端數金說者以為即蜀中細夏布今夏布有售至朝鮮安南者但為數不多
熟藥業	三二〇		
煤業	四八〇	文華街	
布業	二九〇	較場	此土布業也與前疋頭業別
油業	九四	魚市街	[illegible]山貨今別立公會方在組織中渝市業桐油者闔為十餘家出口數量不及萬縣
旅棧業	八〇〇	東華觀	
服裝業	一一七	至誠巷	
礦業	一五六	公園路	
油漆業	九四	米花街	油漆今多用舶來品然光澤經久不渝土漆轉勝
運輸業	五〇	黌學	
屠業	二五	桂花街	
製革業	三六	商業場	互見工業
甆器業	四四	中營街	
中西餐業	一一二		

民国二十五年重庆金融、商业调查表（二）

票号、钱庄的兴盛

随着商品经济的发展，原本的银两和制钱两种货币同时流通的弊端愈发显现，换算麻烦。为了治理商品交易中货币紊乱现象，1892 年，巴县知县耿和宣布，重庆市场交易一律以新票银为准，其他老票银两必须经改铸倾销后方能用于市场。这个方法规范统一了市面的银两制度，很快为四川省各地采用。新票银地位的确立，使重庆金融地位逐渐提高，票号、钱庄等金融机构亦开始增多，票号和钱庄的区别在于前者初期是为富翁大贾提供异地汇兑业务，还办理官款解交；后者是从事中小商号的金融存放业务，两者都渗透到商品经济的流通领域，包办了银行的主要业务。1891 年重庆开埠时，重庆城已有 16 家山西票号。执重庆金融业之牛耳。重庆海关税务司好博逊在其《重庆海关 1891 年调查报告》中称：“每家票号都握有白银十万乃至于三十万两资本，他们在必要时联合起来，足以抵抗乃至禁止与他们竞争的庄号。”著名的票号有“天顺祥”、“百川通”、“宝丰隆”。钱庄始于光绪初年，商品经济发展，钱庄业随之扩大，逐渐取代票号。到 1919 年，重庆钱业粗具规模达 50 余家。金融界的老板往往成为倍受推崇的“财神爷”。重庆总商会首任总理就是由云南昭通“天顺祥”的票号老板李耀庭担任。清末民初，重庆的票号、钱庄已是“满街林立”，甚是繁荣兴旺之势。

民國十一年至二十年
重慶經濟概況

《重庆经济概况》一书

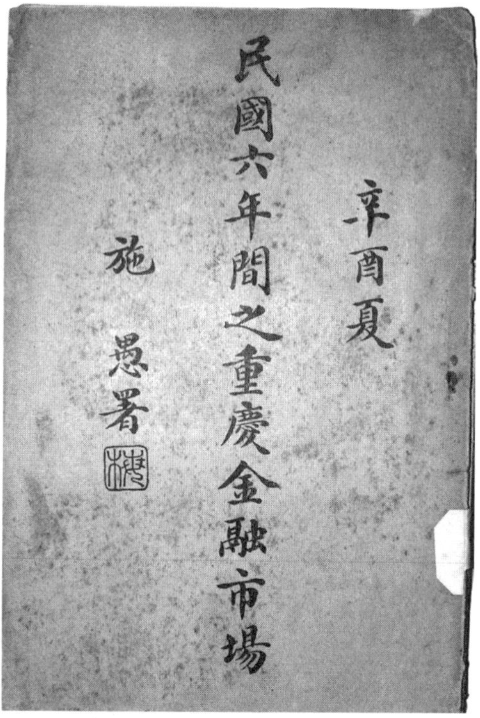
民國六年間之重慶金融市場
辛酉夏
施愚署

杨培芳著《民国六年间之重庆金融市场》一书

票号名	资本(两)	票号名	资本(两)	票号名	资本(两)	票号名	资本(两)
日升昌	30000	乾盛晋	137000	天成亨	110000	蔚长厚	100000
新泰厚	120000	大德恒	137000	元丰玖	168000	协同庆	137000
蔚盛长	137000	存义公	102000	蔚丰厚	168000	晋昌升	168000
乾盛亨	137000	百川通	102000	三晋源	168000	宝丰隆	50000

资料来源：《票号在四川的一些活动》，《四川文史资料选辑》第32辑。

清末民初间重庆票号资本基本情况

陕西街的建国银行

聚兴诚银行旧址

1932年开业的四川商业银行

银行业的渗透与控制

现代银行是在票号、钱庄的基础上发展起来的。1905 年，重庆首次出现了官办地方银行“濬川源银行”和“大清银行”，这两家国家级分行不办理工商汇兑，主要发行纸币和放款。辛亥革命后，银行大规模地兴起。民国初期，重庆银行主要是国家和外地银行开办的分所。如中国银行(1915 年)、交通银行(1915 年)、大中商业银行(1919 年)、中和银行(1921 年)。

在银行发展的潮流中，重庆出现第一家民族资本经营的银行聚兴诚银行(1915 年)，为银行创始人杨文光，经营了多年商业和票号，积累了雄厚的商业财富，以 100 万资本创办。计划以银行为核心，组建包括金融、商贸、运输、工矿的大型集团。经过 30 年经营，终成重庆实力最雄厚的商业银行。行址设在下半城新丰街(解放东路 110 号)。聚兴诚为西式大厦一幢，其样式和结构完全仿造日本三井银行，是杨文光次子杨希仲早年留学日本提出的建议，要以三井银行为楷模来推崇。

1921 年 6 月，中美合股创办的美丰银行开业，中方大股东为早年留学日本早稻田大学的康心如。资本总额为国币 25 万元，美资 52%，华资 48%，总行设于重庆新街口原日升昌票号内，其房屋作永久行址，经营商业银行的一切业务，

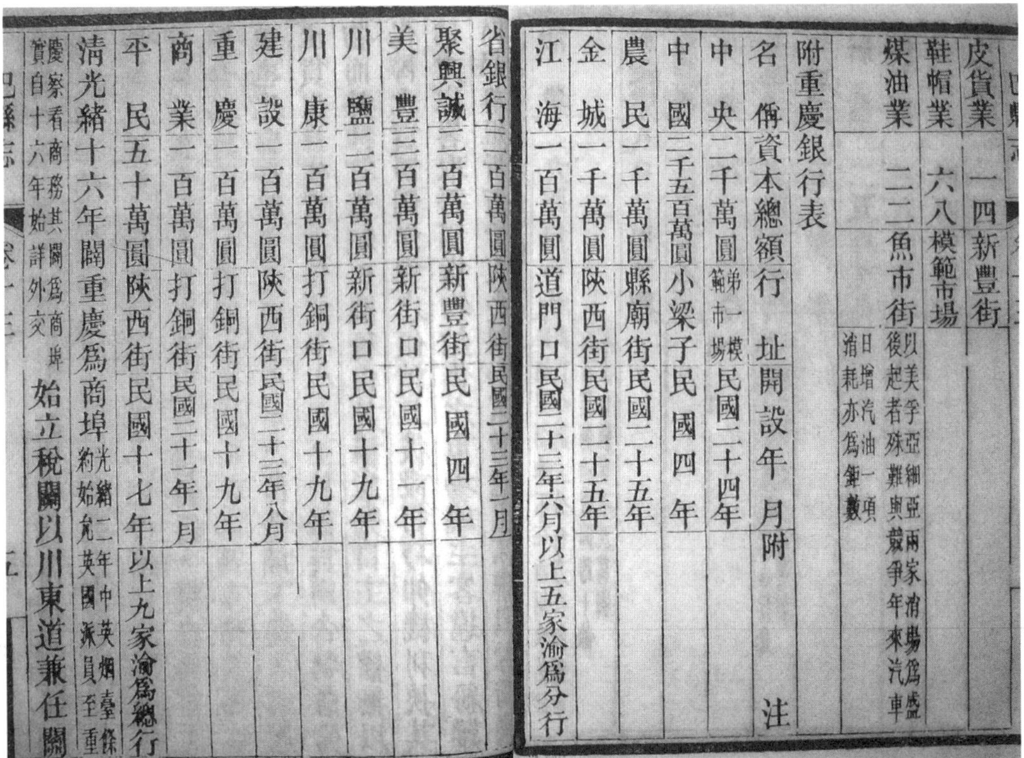
皮貨業	一四	新豐街	
鞋帽業	六八	模範市場	
煤油業	二二	魚市街	以美孚亞細亞兩家消場爲盛後起者殊難與競爭年來汽車日增汽油一項消耗亦爲鉅數

附重慶銀行表

名稱	資本總額	行址	開設年月	附注
中央	二千萬圓	模範市場第一	民國二十四年	
中國	二千五百萬圓	小梁子	民國四年	
農民	一千萬圓	縣廟街	民國二十五年	
金城	一千萬圓	陝西街	民國二十五年	
江海	一百萬圓	道門口	民國二十三年六月	以上五家渝爲分行
省銀行	二百萬圓	陝西街	民國二十三年一月	
聚興誠	二百萬圓	新豐街	民國四年	
美豐	三百萬圓	新街口	民國十一年	
川鹽	二百萬圓	新街口	民國十九年	
川康	一百萬圓	打銅街	民國十九年	
建設	一百萬圓	陝西街	民國二十三年八月	
重慶	一百萬圓	打銅街	民國十九年	
商業	一百萬圓	打銅街	民國二十一年一月	
平民	五十萬圓	陝西街	民國十七年	以上九家渝爲總行

清光緒十六年闢重慶爲商埠（光緒二十年中英煙臺條約始允英國派員至重慶察看商務其闢爲商埠實自十六年始詳外交）始立稅關以川東道兼任關

民国 25 年重庆银行一览表

川康平民商业银行

1921 年开业的中美合资银行——四川美丰银行

并发行兑换券（钞票）。1926 年，万县发生“九五”惨案，重庆民族主义高涨，爆发了声势浩大的示威游行，为防不测，驻渝各外商侨眷撤离。此时，康心如说服四川督办刘湘筹集款项 13 万元收买美方股份，使美丰银行成为纯粹的华资银行。从此以后，美丰银行和刘湘 21 军的关系就变得密切和深厚起来，重庆商业金融界的许多事情，便是在美丰银行的密室里，酒席、牌桌上，烟灯下，经过几番耳语商议就搞定搁平了。难怪有人说：“钱帮盘货帮，康心如盘刘湘。”到 1949 年，经过数次增资扩散，美丰的资本金达 2000 万元，康心如先后投资工矿、公用企业、交通运输、保险信托和文化新闻等 90 家企事业，其中包括掌握重庆发展命脉的华西兴业公司、重庆自来水公司、电力公司、民生公司，形成了美丰资转流。

民国时期，全市各大主要银行分布在新街口、字水街、打铜街一带，素有重庆“华尔街”之称，是著名的商业金融区。各式银行建筑颇具西洋风格，钢筋混凝土结构，大厦外墙为晶亮的大理石贴面，尉为壮观豪华，如美丰、川盐、商业银行形体雄壮，内外装饰大气、典雅，高耸于繁华的商业区，成为重庆具有历史文化意义的标志性建筑。

1921 年，刘湘任川军总司令兼省长，坐镇重庆，实行军人集团领导下防区制。之所以选择重庆，是重庆地处特殊的地理位置，居长江上游之交通枢纽，经多年建设“商务繁殷，其经济势力，足以后盾”。可靠的财政来源，对统一和控制四川，便可以“十

聚兴诚银行内部规章制度书

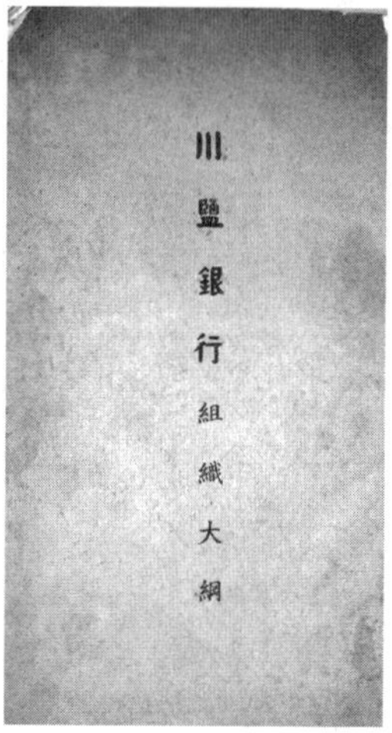
川鹽銀行組織大綱

川盐银行组织大纲

分之八九”的胜券在握。防区内的城市资源必须为军事服务，刘湘军事集团进驻重庆期间，“筹饷养军”为第一要务，在全面利用和搜刮城市资源的同时，也将获得财政收入的有限部分用于城市建设。每逢川内战争爆发，军队筹款全由重庆总商会“向银钱业、货帮业及富绅地主摊筹”。从某种意义上而言，军人政权的初期，工商业对各类摊派并非特别反感，因为经济的发展也需要稳定的环境，军人政权的稳固使重庆免受战祸侵扰，尚有一些“安宁气息”，这也是民族资本和富绅大贾所希冀和愿意看到的。

但是，连年的征战和庞大的军费开支，加之地方经济凋敝，财政入不敷出。明目繁多的摊派和苛捐杂税，也使重庆金融、工商业苦不堪言。鉴于此，刘湘任命北大经济系毕业刘航琛为 21 军财政处长，负责全市的财政和金融管理。刘航琛为了搜括到足够赋税，处心积虑地采用一系列举措来广辟财源，如加重捐税、整顿特税（鸦片税）、铸造铜元、发行公债、库券。诸多摊派和杂税多次引发商民罢市和抗捐的事件。1927 年就发生聚兴诚银行拒派公债而停业。聚兴诚银行历来是军阀派垫的重点对象，从成立之初到 1927 年，被军阀借垫的款项（加本息）超过登记的资本额的一倍半，银行叫苦不迭。是年，21 军师长蓝文彬又强行摊派 9 万多元的公债。聚兴诚银行提出“旧垫不清，新派碍难承担”，但请求豁免被拒。军队派兵包围银行，断绝其与外界联系，迫使聚行停业。但停业事件造成市面金融动荡，人心不稳，几经斡旋，调停，聚行只好减额认购了事。

1928 年，重庆军政府采用刘航琛的建议，改革税赋征收，变更方式，“化远期款为现款，以济急需要”，改派垫为推销，以公债库券面额 6 折或 7 折推销，各行和钱庄用资金认购，如此一来由过去强行摊派改为现在“有借有还”，且还有利润可牟取，银行自然乐意认购。

由于刘湘军人政权大量发行债券，刺激了重庆金融业发展，使金融业的数量、银行资本得到增加。除原有聚行、美丰、大中、富川银行外，1927 年前后，重庆又有重庆平民、川康殖业、川盐、重庆市民、四川建设、四川商业、新业等7家银行开办。1931年，成立重庆市银行业公会。与此同时，刘湘军事集团利用政治权威向金融业投资，控股实业，如刘航琛以官方身份在重庆银行、工矿、贸易企业担任董事长、总经理等职达70多个，利用银行的金融资本组织多家银行投资企业，如发电、自来水、水泥、交通等行业。1937年，四川有川籍银行13家，其中重庆就占7家。1939年12月7日，《商务日报》刊载消息，是时重庆共有大、小银行30余家。加入银行同业公会者23家，这些银行在重庆的资本约在一亿元以上。可以说，这时，重庆已经成为全国的金融中心。

综观民国时期银行业发展和活动，有两个较为显著的特征：一是在银行的资本结构里面，大部分都有21军集团投资的股份，银行董事会里也有军政人员担任要职，这会对重庆经济发展的走向产生深刻的影响；一是银行主要业务是经营重庆善后督办批准发行的钞票和向21军军部贷款及发行公债的投机，而投资于地方建设和商品流通的比例仅占其中的少部分，金融资本数量的增加和流向与城市经济发展并没有太多的关系。所以，从本质上讲，重庆金融业是一种畸形繁荣。

重庆“五·三、五·四”大轰炸

“五·三、五·四”大轰炸纪实

重庆大轰炸是重庆人民心中永远的痛。

抗战期间，日本帝国主义对战时首都重庆进行狂轰滥炸，从 1938—1943 年长达六年的时间里共对重庆进行了百余次的惨无人道的野蛮轰炸，造成了两万多无辜百姓的伤亡和难以计数的财富被毁于一旦，美丽的山城被炸得满目疮痍，血泪斑斑。1939 年 5 月 3 日、4 日血腥的大轰炸更是举世罕见，旷古未有。

1939 年 5 月 3 日，正值重庆春末夏初之际，依赖多雾季节的屏障，日机有近三个月未曾袭击轰炸。久违的阳光拨开云雾照耀在山城的上空，长期遭受疲

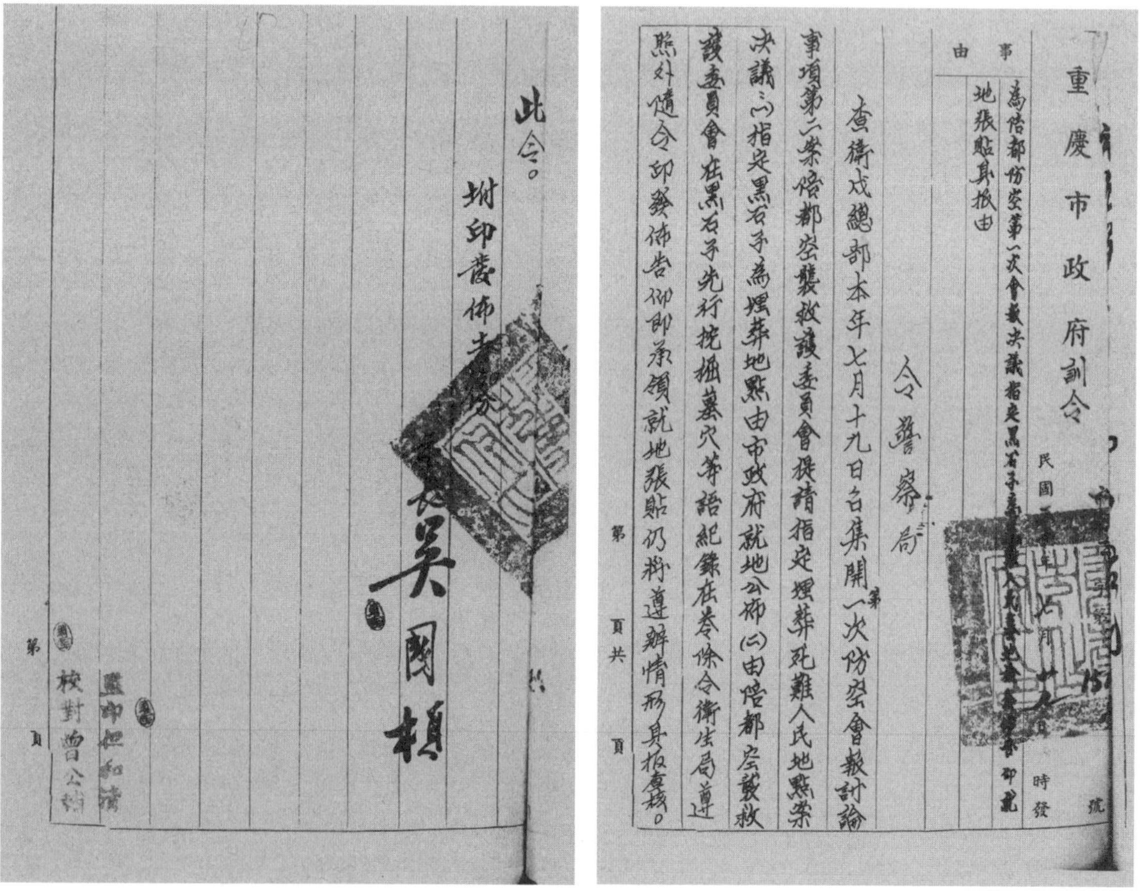
重慶市政府訓令
事由：為陪都防空第一次會報決議指定黑石子為……地張貼具報由
令警察局
查衛戍總部本年七月十九日召集開第一次防空會報討論事項第二案陪都空襲救護委員會提請指定埋葬死難人民地點案決議（一）指定黑石子為埋葬地點由市政府就地公佈（二）由陪都空襲救護委員會在黑石子先行挖掘墓穴等語紀錄在卷除令衛生局遵照外隨令印發佈告仰即派領就地張貼仍將遵辦情形具報查核。
此令。
附印發佈告……
市長 吳國楨

吴国桢市长批示：江北黑石子为日机空袭丧身难民掩埋之地

劳轰炸的市民沐浴在明媚和煦的阳光下，享受难得的宁静与平和。

然而，善良的市民未曾料到一场惨绝人寰的大屠杀即将拉开帷幕。为配合汪精卫叛逃另立伪中央政府，加深国民政府内部悲观思潮的危机，日军制定了海军航空队的“五月攻势”，决定对重庆进行猛烈轰炸，摧毁“陪都”军民的抗战意志，迫使中国政府瓦解投降。此番攻势与以往不同的是，针对重庆房屋建筑多系竹木结构而携带了大量98式燃烧弹，燃烧时释放的高温达2000～3000度，威力异常巨大。

午后近1时许，凄厉急促的防空警报骤然响起，45架从武汉起飞的大编队日机突破我空军阻拦飞抵重庆上空，秀媚的山川，清晰的市区，一览无遗地展示在日机飞行员视线下方，各式炸弹倾盆而下，城区顿时腾起一片硝烟火海。

这次被炸的目标主要集中在下半城住宅区，人口密集的地段，许多街道属于繁华的商业区，如苍坪街、大梁子、杨柳街、打铁街、道门口、东升楼、二府街、陕西街、朝天门、象鼻街、白象街、左营街、神仙口、人和湾、羊子坝、老鼓楼、关庙街、宝善寺、段牌坊、储奇门、玉带街、刁家巷、西四街、普安堂、王爷庙、雷公嘴、东华观、竹架子街以及南岸玛瑙溪、南坪等地。繁华的商业场、西大街和新丰街一带几乎全被炸毁，银行金融业集中的陕西街被炸得断墙残壁，下半城27条主要街道有19条被炸成废墟。燃烧弹将朝天门、陕西街到中央公园两侧的41条街道烧成一片火海。市民死伤惨重，街道边、瓦砾中死尸枕藉，到处血迹斑斑，甚至树枝上都挂着被炸的衣衫、残肢。日机轰炸历时1小时多，

空袭后重庆街头随处可见被炸得血肉模糊的尸体

5月3日、4日市中区被轰炸时的情景

5月3日、4日日军飞机向重庆人口密集的市区投掷了大批燃烧弹，市区多处燃起冲天大火，入晚不熄

重庆全城在大火的洗礼中

共计炸死 673 人，炸伤 350 人，炸毁烧毁房屋 1068 间。

第二天，5 月 4 日下午 6 时，日本海军航空队 27 架轰炸机再次轰炸重庆，日机轮番反复投弹，肆虐又达 1 个多小时，共投炸弹 78 枚，燃烧弹 48 枚。日机把轰炸目标主要集中在会仙桥（今民权路）、都邮街（今民权路）、劝工局街（今民生路）、苍坪街（今邹容路）、至城苍（今五一路）、鸡街、蹇家桥（今五四路）、代家巷、石板街（今临江路）以及中山一路一带，即重庆老城区上半城，也是重庆最繁华的街区。上半城 38 条街道中弹被炸，都邮街等 10 条主要街道全毁。日机仍采取了 5 月 3 日的轰炸方法，先投炸弹将建筑物炸毁，再投下燃烧弹纵起大火。燃烧弹引起的大火很快蔓延开来，市区大片地方很快被火焰覆盖。猛烈的大火呼呼有声，掀起阵阵热浪，燃烧速度之快，使大量房屋转眼间化为灰烬，许多人来不及逃避就被夺去了生命。滚滚浓烟遮天蔽日，熊熊大火燃烧了近 3 天才被扑灭。

仅都邮街一带被烧毁的绸缎布庄就达 15 家，全市 37 家私营银行、钱庄中的 14 家被烧毁，房屋建筑被毁达 3803 间，具有悠久历史的罗汉寺、长安寺也被大火吞没。驻重庆的英国、法国、德国领事馆也遭到袭击。英国大使馆、领事馆和法国领事馆直接中弹，1 名外国人、20 名中国人被炸死。苍坪街美教会、中华基督教会、公劝会、圣社交会教堂、安息会教堂等被大火烧毁。轰炸造成了更为巨大的伤亡。轰炸共计炸死 3318 人，炸伤 1973 人，造成世界轰炸史上空前的惨案。日本《东京朝日新闻》在庆贺日军战功的报道中如此描绘了日机的狂轰滥炸："日本空军 3 日下午空袭重庆，向排列在扬子江北岸的该市中心区……降下了弹雨。因轰炸各处发生火灾，支那方面损失严重。4 日下午 5 点我海军'荒鹫'的精锐大编队继 3 日之后再次空袭敌都重庆。机队分两队接连

宋氏三姐妹在重庆视察防空洞

1939 年 5 月 3 日，朝天门被炸后的情景

日本飞机肆虐重庆上空

日机使用重磅炸弹轰炸居民区。这是在市中心观音岩居民区留下的直径为 14 米的巨型弹坑

不断地……投弹，给敌方以毁灭性的打击，取得了空前战果。敌都大半都化为漆黑一团，弥漫着凄惨的气氛因轰炸而死的人达 7000 人。”这是世界历史上从未有过的大空袭。当时因难民众多，重庆人口已达 150 万，收容这些居民的房屋全都是易燃的木结构建筑，因此，市内 7 处由轰炸引起的大火很快就蔓延

开来，全市陷入火焰的包围中。

轰炸后，《新华日报》发表特讯，揭露日机罪行，愤怒指出“这是青天白日下兽性的屠杀”。著名电影演员张瑞芳回忆道：“‘五 · 三’、‘五 · 四’轰炸，我走在街上，不敢睁眼睛，就蒙着眼睛，因为我参加的那个怒吼剧社里，有一人全家躲在方桌下，上头盖棉被，以为可以避免流弹，没想到房子倒下，压在上头，就整个捂住了。就整个把他们焖熟了……”作家老舍眼见侵略者的暴行，发出了不屈的呼声：“朋友们，继续努力，给死伤的同胞们复仇！”他在《“五 · 四”之夜》一文中写道：“7 时了，解除警报。由洞里慢慢出来，院里没有灯火，但天空全是亮的。……多少处起火，不晓得；只见满天都是红的。这红光几乎要使人发狂，它是以人骨、财产、图书为柴，所发射的火焰。灼干了的血，烧焦了的骨肉，火焰在喊声哭声的上面得意狂舞，一直把星光月色烧红！”

5 月 9 日，宋美龄女士向澳洲发表广播讲话，痛斥日机暴行。她说：“我正在一个悲哀沉痛的地点……这里，几天以前，还是重庆城中繁华热闹的一角，如今我的周围却尽成了残破的废墟，并且冒着余剩的残烟……以轰炸来大规模屠杀无辜贫民，真是这文明时代所产生的最可怕的发明。这里被轰炸的酷烈，被燃烧的惨厉，是现代史上所空前未有的。我由衷地希望，世界上任何城市，不要再受到这同样的灾难。”

英国《泰晤士报》5 月 9 日发表题为《重庆之屠杀》的社论，愤怒谴责了日机屠杀平民的残暴行为。社论说：“日机向重庆人口最密集的住宅区投弹，死者几乎全为平民。而死者之中，大部分是因焚烧而毙命。如此大规模之屠杀，实为前此所仅见。”

日机 5 月 3 日、4 日轰炸重庆，有计划有准备地把目标选定在人口稠密的城市中心区域，这里既无军事设施和军工企业，仅有密集的居民住宅区、商店区，日机针对重庆实施无区别的战略轰炸，是对人类共同生活的道德原则和规范的野蛮践踏，是对人类的战争犯罪，它将永远被钉在历史耻辱柱上！

力量悬殊的抗争

在日机凶猛残暴的轰炸下，英勇的重庆人民与驻渝的空军和防空部队一道，用血肉之驱和钢铁般的意志，与敌人进行了顽强的斗争。在这场轰炸与反轰炸的斗争中，在抗日战争史上谱写了可歌可泣的篇章。

在重庆的防空保卫战中，国民党空军力量，防空炮火处于明显的劣势，装备较陈旧落后，且数量少，而敌机装备质量高，数量多，来袭日机往往呈大编队飞袭。中国空军经武汉会战、淞沪会战后损失惨重，余下的飞机担负着配合正面战场陆军作战等繁重任务，守卫重庆的战机仅有 20 多架。因而，在这场对比悬殊的力量面前，注定保卫重庆领空的战斗会异常的艰辛。

1939 年 1 月 25 日，27 架日机进入重庆领空，防渝空军在地面炮火的支持下升空拦截，在广阳坝大兴场上空，发现呈 V 字形编队的日机，立即迎头扑上，日机拨出 9 架与我周旋，余下的继续向重庆袭来，我机迅速摆脱纠缠日机，一阵猛追咬住敌机群，几个回合较量，一架敌机冒着白烟栽向地面。“五·三”、“五·四”大轰炸，我空军和防空部队仍全力进行了阻击。5 月 3 日，首批日机 36 架飞袭重庆，我空军志航大队分 3 个编队升空迎敌，当日机已迫近市区时摇摆机翼发出投弹信号，而我机正处于敌机下方不利位置，但仍“对头攻击”冲入敌群拼杀，此战共击落敌机 7 架，重伤 2 架（返航时坠毁），地面防空部队击落 1 架，取得了“十比四”战绩。5 月 4 日 10 时，第一批来袭日机被我空军拦截，展开激烈空战，击落日机 2 架，阻击了日机轰炸。下午 5 时，日机突然再袭重庆，轮番轰炸，给重庆造成深重灾难，我军防空炮火顽强迎击，击落日机 1 架，击伤多架。

1940 年 3 月在重庆市郊被中国击落的日军侦察机

为了扑救因轰炸引发的火灾，重庆组织了 8000 余人的消防队伍，开展消防抢险工作。图为“陪都”被敌投燃烧弹后，消防队奋勇扑救情形

“五·三”、“五·四”造成的重大伤亡及破坏在国民党最高领导层引起了震动，蒋介石和宋美龄于 5 日晚和 6 日晨两次巡视灾区安抚人心，并命令征集全市所有公、私车辆疏散难民；开辟市内防火巷，

被击落的袭渝日机残骸

中国军队的高射炮部队

拨款救济灾民，修筑防空洞，实施严格灯火管制，提高重庆消防防空能力。

由于日机针对重庆的木制结构房屋居多的特点，故意投下燃烧弹引起大火，消防队员冒生命危险，勇扑大火，在重庆反轰炸的斗争中立下了汗马功劳，共有 81 名消防官兵在灭火时牺牲。为了表彰烈士功绩，抚慰逝者英灵，重庆首届消防节期间，修筑的“重庆市消防人员殉职纪念碑”在人民公园竣工落成。

宋氏三姐妹看望伤兵

渝中区人民公园内的重庆市消防人员殉职纪念碑

中華民國三十年六月十六日收到

事由：為據觀音岩分所造具空襲損失私物報告表請予核轉由

重慶市警察局第四分局呈 四乙字第二八一三號 中華民國三十年六月十七日

案據觀音岩分所所長賈玉印呈，以本月七日，敵機襲渝，將私物置於中一路瑞誠商行防空洞，因火災延燒洞內，損失一部，造具私物損失報告表前來，理合具文呈送鈞局核轉令遵。

謹呈

局長唐

附私物損失報告表三份

分局長郭晴嵐

坚强的意志，永恒的胜利

抗日战争爆发后，1937 年 11 月 16 日，国防最高会议批准迁都重庆，11 月 20 日，国民政府发表移驻重庆宣言，重庆成为反法西斯战争东方战场的军事中枢和外交中枢。26 日，国民政府主席林森一行抵渝，各界民众 10 万余人聚集朝天门迎接。抗战期间，国民政府设在经改建后的原重庆高级工业中学的旧址上。主楼为中国古典宫殿式木结构建筑，门廊前面有碑亭式墩柱，屹立在高大的台基上，蔚为壮观。

自 1938 年日本飞机对重庆实施野蛮的，战争史上尚无先例的前线与后方“无区别的战略轰炸”后，1940 年 5 月，为了鼓励士气，振奋民心，吴国桢市长在广播电台向市民发表了《勿忘去年今日》的演说，鼓励市民加强长期抗战的意志，向世界宣示了中国人民坚持抗战的决心和反对国际法西斯斗争精神。决定修建一座体现重庆抗战形象的“精神堡垒”。经选址确定在大什字周家院子的旧址，因为在“五 · 三”、“五 · 四”大轰炸时，原居民密集的周家院子被炸成瓦砾废墟，破敝不堪，并留下一个大弹坑，在此竖立“精神堡垒”后，将四周改建

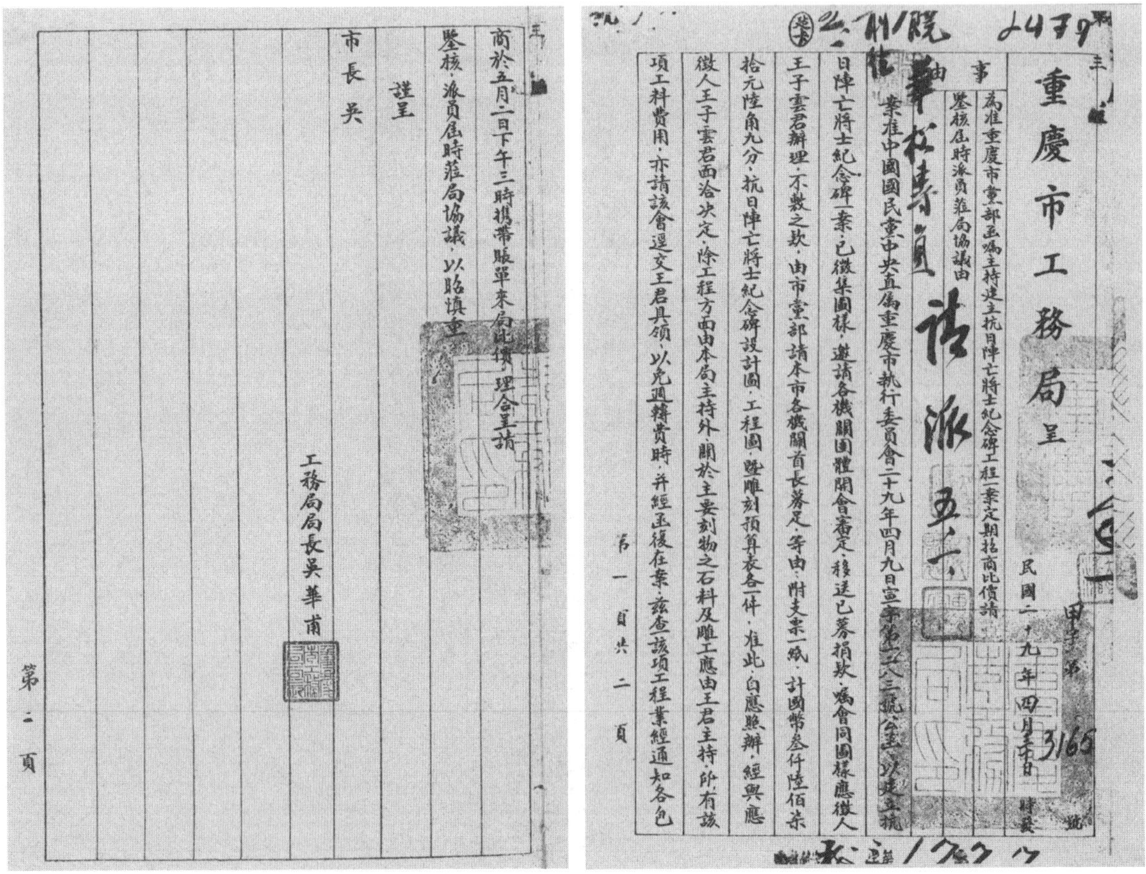
重慶市工務局 呈
民國二十九年四月 日 甲字第 號
事由 為准重慶市黨部函囑主持建立抗日陣亡將士紀念碑工程一案文期招商比價請鑒核屆時派員蒞局協議由
案准中國國民黨中央直屬重慶市執行委員會二十九年四月九日宣字第二六八三號公函，以建立抗日陣亡將士紀念碑一案，已徵集圖樣，邀請各機關團體開會審定，移送已募捐款，囑會同圖樣應徵人王子雲君辦理，不敷之款，由市黨部請本市各機關首長募足，等由；附支票一紙，計國幣叁仟陸佰柒拾元陸角九分，抗日陣亡將士紀念碑設計圖、工程圖暨雕刻預算表各一件。准此，自應照辦，經與應徵人王子雲君面洽決定：除工程方面由本局主持外，關於主要刻物之石料及雕工應由王君主持，所有該項工料費用，亦請該會逕交王君具領，以免過轉費時，并經函復在案。茲查該項工程業經通知各包
第一頁 共二頁

商於五月二日下午三時攜帶賬單來局比價，理合呈請
鑒核，派員屆時蒞局協議，以昭慎重。
謹呈
市長吳
工務局局長吳華甫
第二頁

修建抗战阵亡将士纪念碑招商文

1947 年 10 月，在“精神堡垒”原址上修建的“抗战胜利纪功碑”

1944 年，精神堡垒被日机炸毁后，在弹坑上竖起的木杆，象征中华民族抗战精神永远不倒

中

1941 年 12 月 30 日重庆市中心都邮街地区竖立的“精神堡垒”

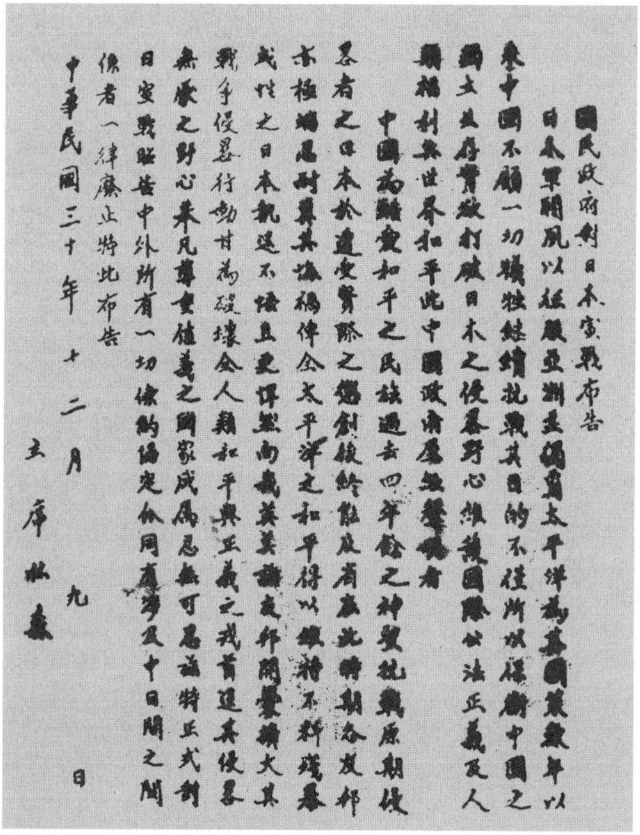

國民政府對日本宣戰布告
日本軍閥夙以征服亞洲並獨霸太平洋為其國策數年以
來中國不顧一切犧牲繼續抗戰其目的不僅所以保衛中國之
獨立生存實欲打破日本之侵略野心維護國際公法正義及人
類福利與世界和平此中國政府屢經聲明者
中國為愛好和平之民族過去四年餘之神聖抗戰原期侵
略者之日本於遭受實際之懲創後終能反省在此時期各友邦
亦極端忍耐冀其悔禍俾全太平洋之和平得以維持不料殘暴
成性之日本執迷不悟且更悍然向我英美諸友邦開釁擴大其
戰爭侵略行動甘為破壞全人類和平與正義之戎首逞其侵略
無厭之野心舉凡尊重信義之國家咸屬忍無可忍茲特正式對
日宣戰昭告中外所有一切條約協定合同有涉及中日間之關
係者一律廢止特此布告
主席 林森
中華民國三十年十二月九日

国民政府对日本宣战布告，1941 年 12 月 9 日，国民政府发表的对日作战宣言

为花园广场，以体现重庆人民热爱和平，坚持抗战的斗争精神，警示人们勿忘日寇的残暴。堡垒的造型是个巨型炸弹，围绕广场有六条大标语，即“国家至上，民族至上；军事第一，胜利第一；意志集中，力量集中”。制作堡垒是由电影制片厂舞美人员设计修建的，战争期间，物质困难，建造材料属道具布景，没过多久堡垒就坍塌走形，遂改建为长城烽火台图样。稍后陪都实施规划建设，把大什字纳入城区繁华商业中心。1947 年 10 月，“精神堡垒”正式改建为钢筋水泥的建筑，命名为“抗战胜利纪功碑”，碑座用青石砌成，碑身呈八角形，碑顶筑有望台，可容 20 人远眺，碑内存有名人签字和代表性

据史料记载，自秦灭巴国设巴郡，郡治在江州县（今重庆市）……直把重庆作为区域性军事城堡。……漫长的封建时代，重庆工商业……发达。区域规模较小。唐宋以后，社会经济发展，商品贸易兴旺……

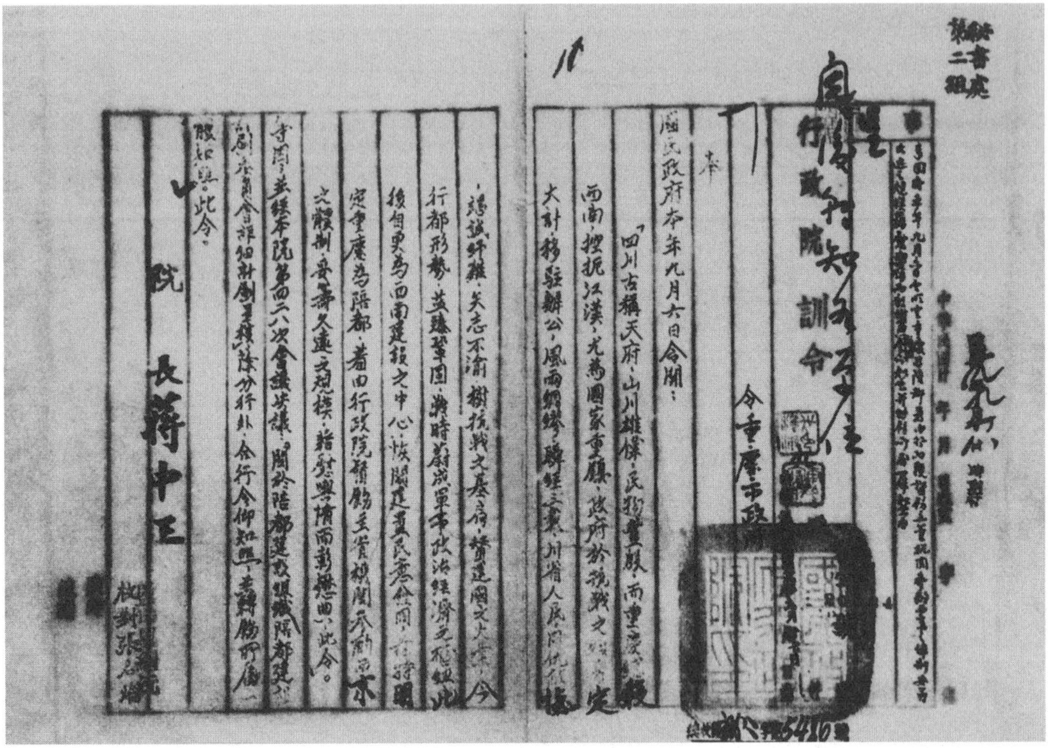

行政院训令

令重庆市政府

国民政府本年九月六日令开：

"四川古称天府，山川雄伟，民物丰殷，而重庆绾毂西南，控扼江汉，尤为国家重镇。政府于抗战之始，首定大计，移驻办公，风雨绸缪，瞬经三载，川省人民同仇敌忾，竭诚纾难，矢志不渝，树抗战之基局，赞建国之大业。今行都形势，益臻巩固，战时蔚成军事政治经济之枢纽，此后更为西南建设之中心。恢闳建置，民意佥同。兹特明定重庆为陪都，着由行政院督饬主管机关参酌西京之规制，妥筹久远之规模，借慰舆情而彰懋典。此令。"

等因，并经本院第四八二次会议决议……除分行外，合行令仰知照……此令。

院长 蒋中正

行政院转发国民政府定重庆为"陪都"的训令

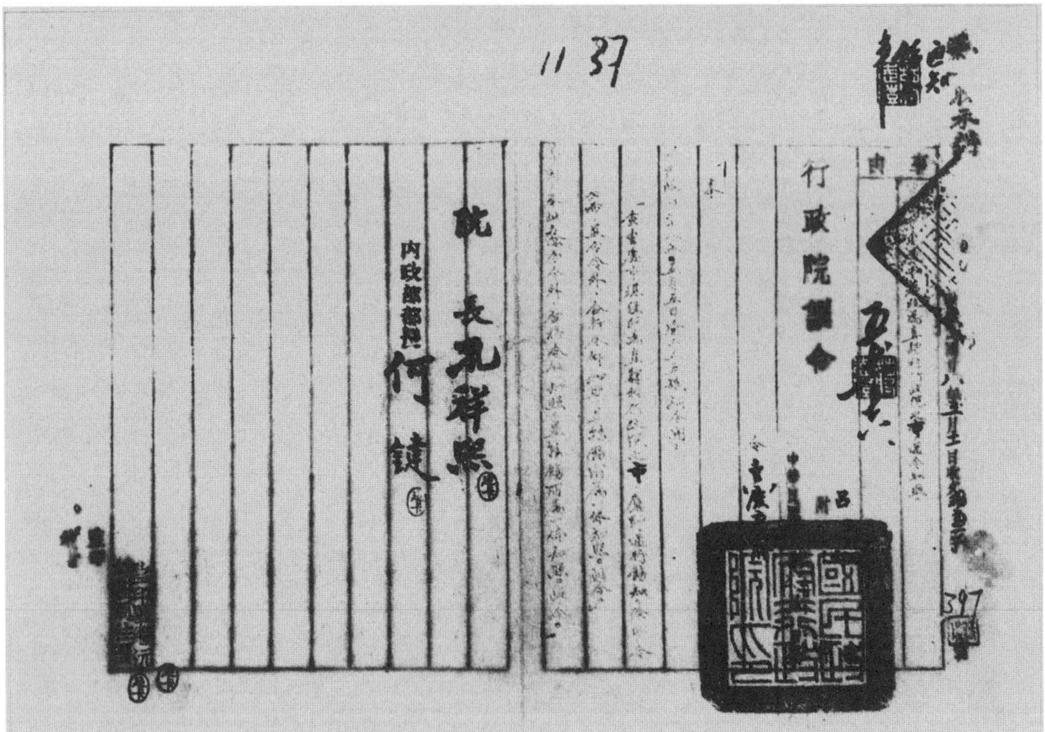

11 37

行政院训令

院长 孔祥熙

内政部部长 何键

行政院改重庆为直辖市的训令

山城人民涌上街头，庆祝重庆成为“陪都”

大轰炸期间，较大的疏散站负责免费供应粥饭

文化物品，正面朝向民族路，碑基上铭记重庆的丰功伟绩：“重庆为战斗中国的象征，其辉光与历史同永久……”“虽阛市为墟、伤亡山积，然而百万市民，敌忾愈强、信心愈固，物力、财力之输委，有愈自救其私，实造民族精神之峰极。”

经历无数次狂轰滥炸，重庆依然昂然屹立，愈炸愈勇，是中国人民坚不可摧抗战堡垒。为了提升重庆地位，表示中国人民的抗战意志和决心，1940 年 9 月 6 日，由国民政府林森签署，行政院长蒋介石发布命令“……政府于抗战之始，首安大计，移渝办公，风雨绸缪，瞬经三载……今行都形势，益臻巩固，战时蔚成军事、政治、经济之枢纽，此后更为西南建设之中心，恢弘建置，民意签同，兹特明定重庆为‘陪都’”。

国民政府大楼

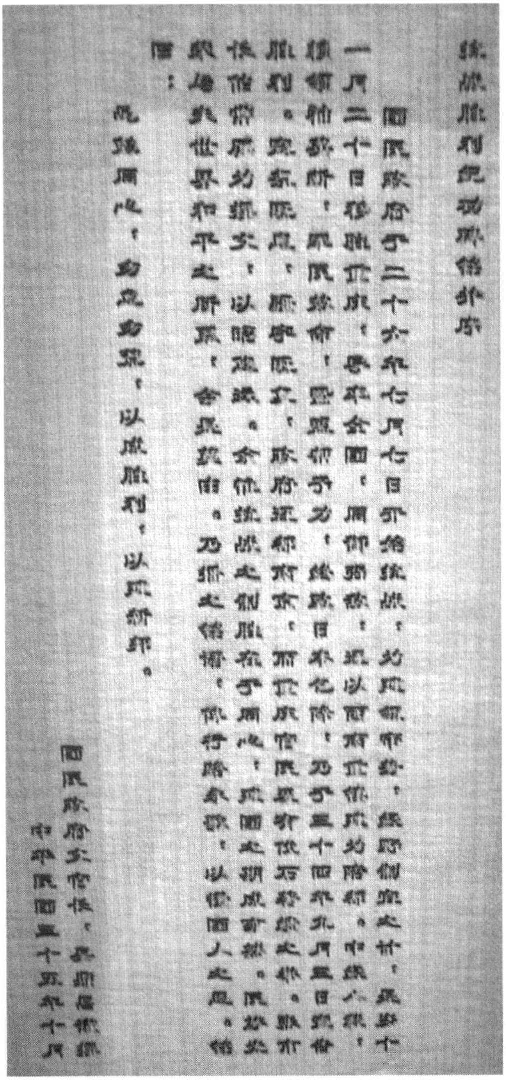

抗战胜利纪功碑碑文

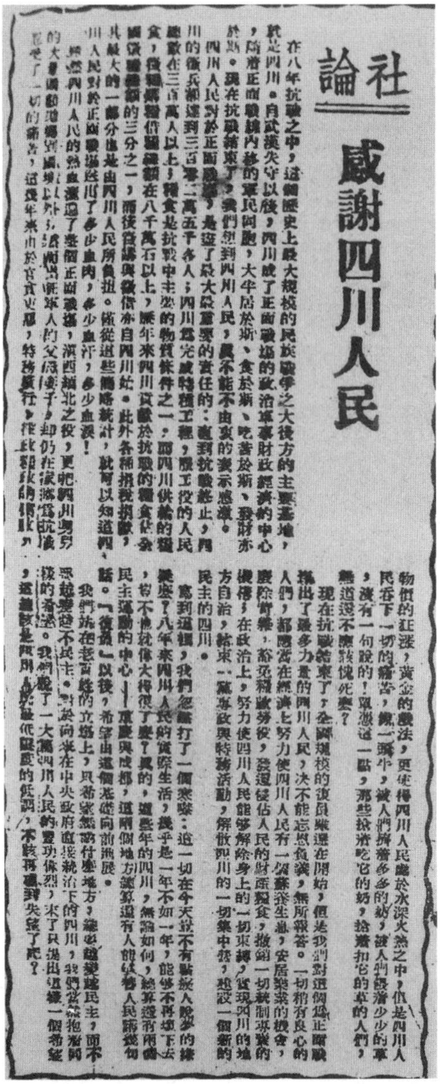

社論

感謝四川人民

新华日报 1945 年 4 月 8 日社论《感谢四川人民》

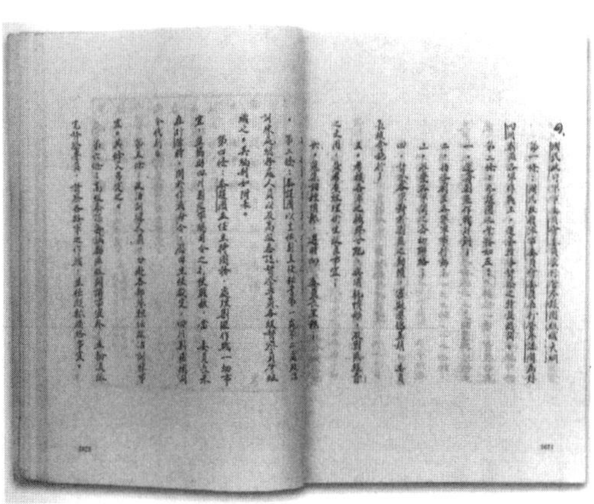

参谋团组织大纲

参谋团主任贺国光编撰的《参谋团大事记》

英美名將參加
重慶軍事會議
蔣委員長魏菲爾勃魯特
商討遠東戰略結果圓滿

（中央社訊）據官方消息，英國印度軍總司令魏菲爾將軍與美國陸軍航空總司令勃勒特將軍，於本月二十二日由仰光來渝，即於當晚晉謁蔣委員長，商討有關民主國家間共同作戰行動之各項問題，廿三日組織重慶軍事會議，廿四日任務圓滿完成，即於當日下午一時，同機赴仰光各返原防。又據英大使館發稱：魏菲爾將軍於十二月二十二日抵渝，計勾留三日，與 蔣委員長及美國上級軍官勃勒特將軍討論遠東戰略，勃勒特將軍亦係專為此事來渝者。此外中國軍政部長，英美軍事代表團團長，及中國統帥部上級軍官若干人，亦參加討論，凡有關遠東戰略現在及將來之各方面皆經討論，目的與意見完全一致，魏菲爾將軍二十四日飛印度。

《新华日报》关于中美英三国联合军事会议的报道

蒋介石在同盟国中国战区最高统帅就任书上签字

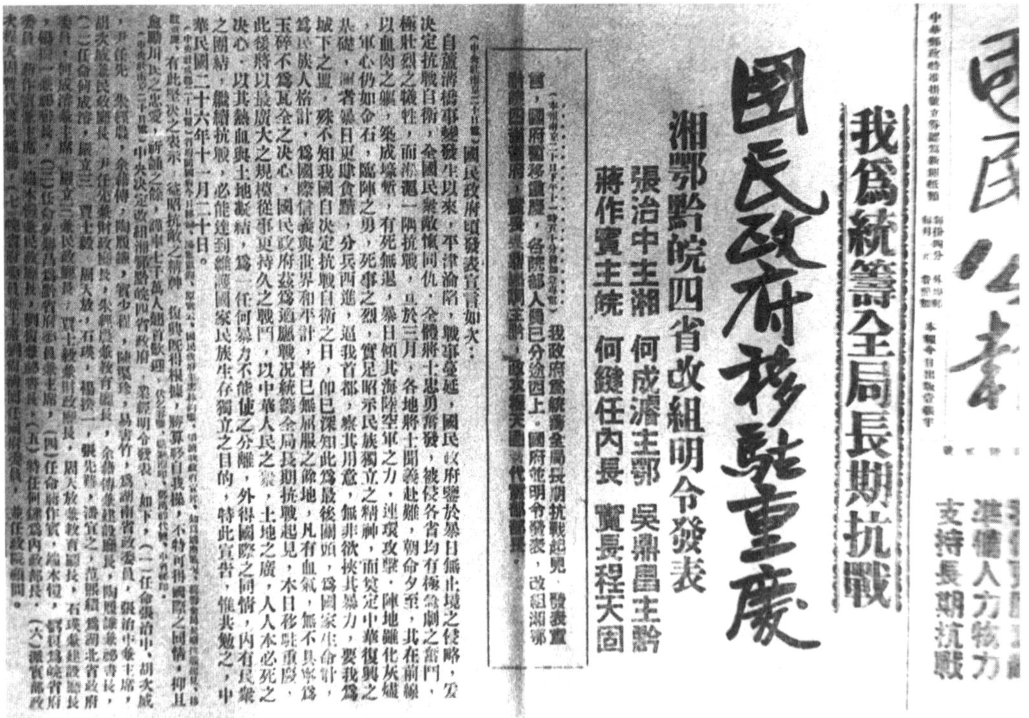

国民公报

我为统筹全局长期抗战

国民政府移驻重庆

湘鄂黔皖四省改组明令发表
张治中主湘　何成濬主鄂　吴鼎昌主黔
蒋作宾主皖　何键任内长　实长程天固

（中央社重庆二十日电）我政府为统筹全局长期抗战起见，发表宣言，国府移驻重庆，各院部人员已分途西上。国府并明令发表，改组湘鄂皖黔四省政府，实长吴鼎昌调主黔，改以程天固代实部部长。

（中央社重庆二十日电）国民政府顷发表宣言如次：

自卢沟桥事变发生以来，平津沦陷，战事蔓延，国民政府鉴于暴日无止境之侵略，爰决定抗战自卫，全国民众敌忾同仇，全体将士忠勇奋发，被侵各省均有极急剧之奋斗，极壮烈之牺牲，而淞沪一隅抗战，亘于三月，各地将士闻义赴难，朝命夕至，其在前线以血肉之躯，筑成壕堑，有死无退，暴日倾其海陆空军之力，连环攻击，阵地虽化灰烬，军心仍如金石，临阵之勇，死事之烈，实足昭示民族独立之精神，而奠定中华复兴之基础。迩者暴日更肆贪黩，分兵西进，逼我首都，察其用意，无非欲挟其暴力，要我为城下之盟，殊不知我国自决定抗战自卫之日，即已深知此为最后关头，为国家生命计，为民族人格计，为国际信义与世界和平计，皆已无屈服之余地，凡有血气，无不具宁为玉碎不为瓦全之决心，国民政府兹为适应战况统筹全局长期抗战起见，本日移驻重庆，此后将以最广大之规模，从事更持久之战斗，以中华人民之众，土地之广，人人本必死之决心，以其热血与土地凝结，为一任何暴力不能使之分离，外得国际之同情，内有民众之团结，继续抗战，必能达到维护国家民族生存独立之目的，特此宣告，惟共勉之，中华民国二十六年十一月二十日。

1937年11月20日，国民政府发表《移驻重庆宣言》

抗战已胜利

1946年7月，著名漫画家丰子恺率全家离开生活了4年的重庆，作者作画一幅：“抗战已胜利，莫忘策源地”

来自于彼岸的敬意

重庆人民反轰炸的斗争精神和忍辱负重的坚强意志也赢得了国际社会的支持和由衷赞誉。1939 年底，美国和苏联先后派遣军事顾问和飞行志愿人员来华对日参战，如美国陈纳德将军率领的“中国空军美国志愿航空队”（飞虎队）和苏联空军飞行大队。他们在保卫中国武汉、台北、兰州、重庆等各大城市中与日机展开殊死较量，给侵华日军造成有效的威慑。1939 年 10 月，苏联空军志愿队大队长库里申科在万县上空与日机搏斗，机身中弹，身负重伤，坠毁于长江中，壮烈牺牲。抗战结束后，鹅岭公园内筑有苏军烈士纪念碑，以纪念在抗日战争中牺牲的国际主义战士。

1942 年 6 月 15 日，英国驻华大使薛穆爵士在中国国际广播电台对英国人民发表讲话：“自日本开始侵略中国，迄今已有五载……中国仍屹立不移，足以象征中国不屈不挠的意志和决心之重庆，乃成为全世界各地家喻户晓的名词。为各自由民族而言，重庆乃联合国家所有振奋精神之象征；为独裁者而言，重庆乃无数民众甘冒危险忍受痛苦不接受侵略之束缚之象征。重庆可与世界上任何城市比较而无愧色，重庆之应成为世界理想中之一项事物，实足无异。”

1942 年 7 月 7 日正值中国抗战五周年，英国首相丘吉尔代表英国政府和人

68

美国志愿航空军“飞虎队”战机

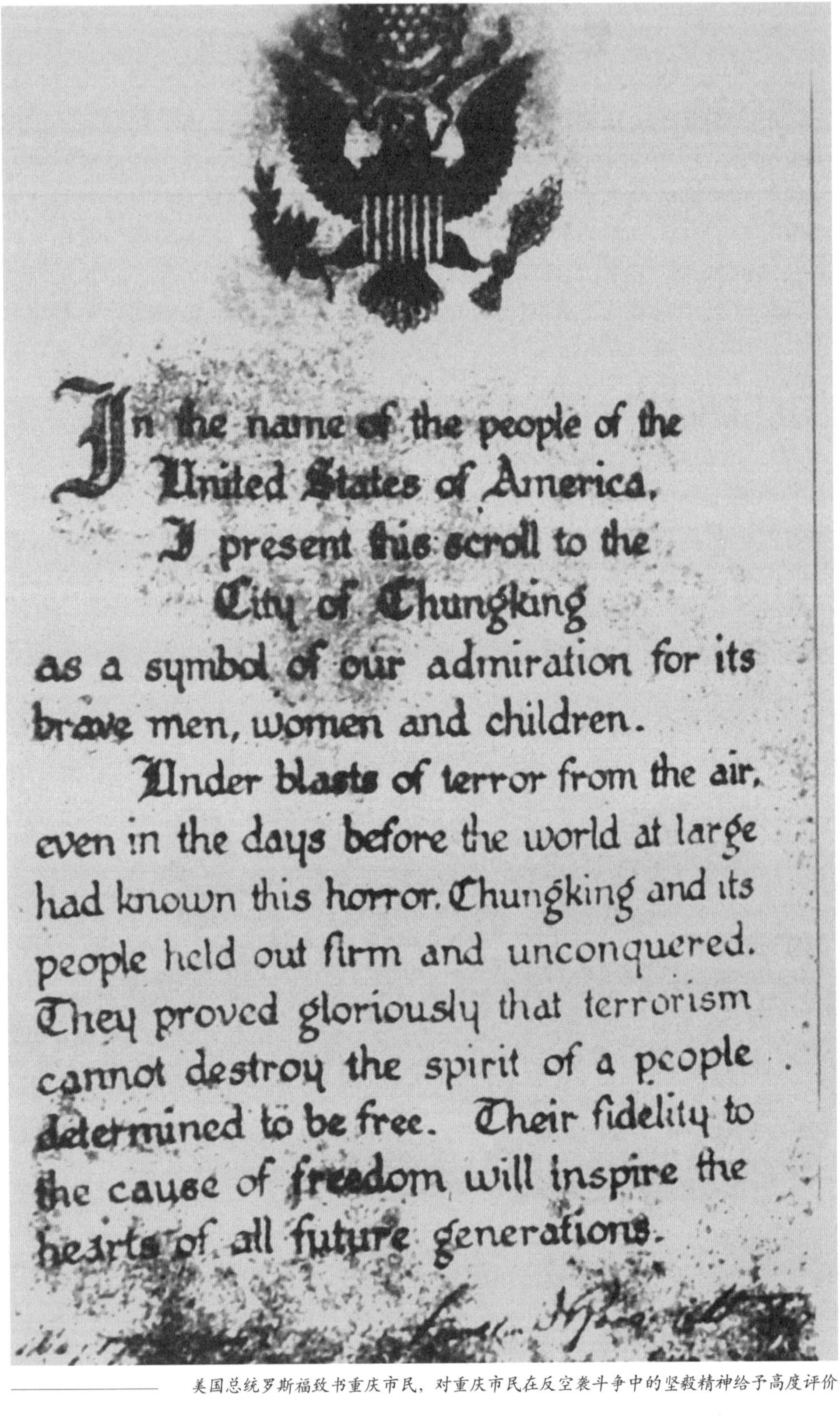

In the name of the people of the United States of America,
I present this scroll to the City of Chungking
as a symbol of our admiration for its brave men, women and children.

Under blasts of terror from the air, even in the days before the world at large had known this horror, Chungking and its people held out firm and unconquered. They proved gloriously that terrorism cannot destroy the spirit of a people determined to be free. Their fidelity to the cause of freedom will inspire the hearts of all future generations.

美国总统罗斯福致书重庆市民，对重庆市民在反空袭斗争中的坚毅精神给予高度评价

民致电重庆人民："五年中有四个寒暑，中国实际上是单独抵抗侵略，单凭着它的人力和不可征服的精神，对抗侵略者的军队飞机的进攻。中国没有强有力的海军和空军，可是它却经历了足有五十个敦刻尔克而仍然坚定不移！"1944年，美国总统罗斯福派特使带来一卷轴赠给重庆市民，由吴国桢市长主持接受卷轴，该轴为英文写成，译成中文为："余谨代表敝国人民，向重庆市敬赠斯轴，以表吾人钦佩该市遭遇空前未有之空袭时，人民坚定镇静，不被征服。足证恐怖主义对于争取自由之民族，不能毁其精神，此种为争取自由表现之忠实，将鼓舞来世而不朽。"

位于鹅岭公园内，为纪念在抗战中为保卫重庆而牺牲的两名苏空军烈士的纪念碑

援华参战的"飞虎队"队员合影

美国健儿为联合国共同胜利而战，为中国自下而上与世界和平而光荣牺牲，安息在中国的土地上。图为美国空军殉难者在渝下葬及在重庆的美国空军公墓

盟國領袖獻詞

中國偉大奮鬥 舉世一致敬意

△……英首相獻詞

英國首相邱吉爾，於中國抗戰五週年紀念日，向中國人民致獻詞，交由中央社代轉，其內容如下：「五年前之今日（七月七日）日本向貴國發動詭詐之進攻，五年以來，貴國人民不辭犧牲與失望，始終保持對抗侵略之統一戰綫，保中國之偉大奮鬥，不僅限於戰場，且在於國內之建設，此則舉世各國所莫不注意與敬佩者也，中英兩國均曾單獨抵抗侵略者之痛苦，時至今日，吾人已並肩與我共同之敵人作戰，同時吾人尚獲得美之龐大人力物資，為我之補，吾人均有其本身之任務，歐洲與中東之戰事，為中國保衛戰之一部，然吾人業已決心傾力之所能，以一切物質道義及精神之援助，界諸中國人民，吾人已有最後勝利必屬於我之確切信念，當戰爭勝利之後，吾人目前之聯合，即將為建立於五信五敬上之永久友誼奠定基礎，全球人類之和平與正義，胥賴五信五助之基礎始可鞏固與持久」云云。

羅斯福赫爾將對我播講

英国首相邱吉尔值中国人民抗战五周年之际向中国献词致意

英大使對英播講

中國屹立不移重慶民氣高漲

惟期望能獲得大量之接濟品

英国驻渝大使对英国民众广播演讲，高度赞扬重庆人民的抗日精神

红岩丰碑

红岩村，位于重庆西北郊嘉陵江的南岸，原名红岩嘴，因其地表由红色页岩和地形酷似伸向江边的山嘴而得名。1938 年 12 月，当中华民族的抗日战争由战略防御转入战略相持之际，周恩来奉中共中央之命率领一批共产党人进驻雾都重庆，来到红岩嘴，建立中共中央南方局和八路军办事处，成立国统区共产党指挥中心，负责统一战线工作。1939 年至 1946 年期间，在以南方局书记周恩来为首的中共负责同志领导下，中共机关报《新华日报》和国统区的中共党组织，坚持统一战线中的独立自主原则，坚持抗战和团结的大政方针，维系国共合作，为争取国际援助，取得抗日战争的全面胜利做了大量艰苦工作，推动了中国的政治民主和社会进步。红岩历史给重庆人民留下了宝贵的精神财富，为重庆地方文化增添了浓墨重彩的辉煌篇章。

1945 年 8 月 15 日，日本投降，抗战取得了伟大胜利，但国共间是战是和仍悬而未决。出于自身利益的考虑，蒋介石三次电邀毛泽东来重庆“共同商讨国家大计”，毛泽东和中共中央考虑到国内久历战争，的确需要和平的环境来从事国家建设，作为负有民族责任的政党，必须以最大的努力和耐心避免内战，毅然决定同意和谈，在周恩来、王若飞的陪同下，飞赴重庆与蒋介石会晤。

国民政府军事委员会礼堂。位于解放西路 66 号。1934 年蒋介石在此设重庆行营。1939 年 2 月改设国民政府军事委员会。1945 年 10 月“双十协定”签订后，张治中在此设宴欢送毛泽东回延安

1945 年 8 月至 10 月，国共两党在重庆举行和平谈判。8 月 28 日，毛泽东在周恩来、王若飞的陪同下乘坐专机从延安飞抵重庆九龙坡机场，是日，蒋介石在位于歌乐山山洞双河桥路边的林园举行晚宴，随后，毛泽东下榻林园 2 号美龄楼。当时，宋美龄在美国从事外交活动尚未归来。第二天，毛泽东清晨起床后，信步踱上左面的小山坡，在假山处与即将展开谈判的对手军委会委员长蒋介石不期而遇，双方寒暄问安，随即走到近前的一张小石桌边坐下叙谈。虽然正式谈判尚未开始，历史却把这里载入史册，称为林园的“谈判桌”。

歌乐山林园“谈判桌”。1945 年 8 月 29 日毛泽东与蒋介石在此会谈

重庆谈判期间，毛泽东在红岩村八路军办事处办公和下榻了 41 个夜晚，运

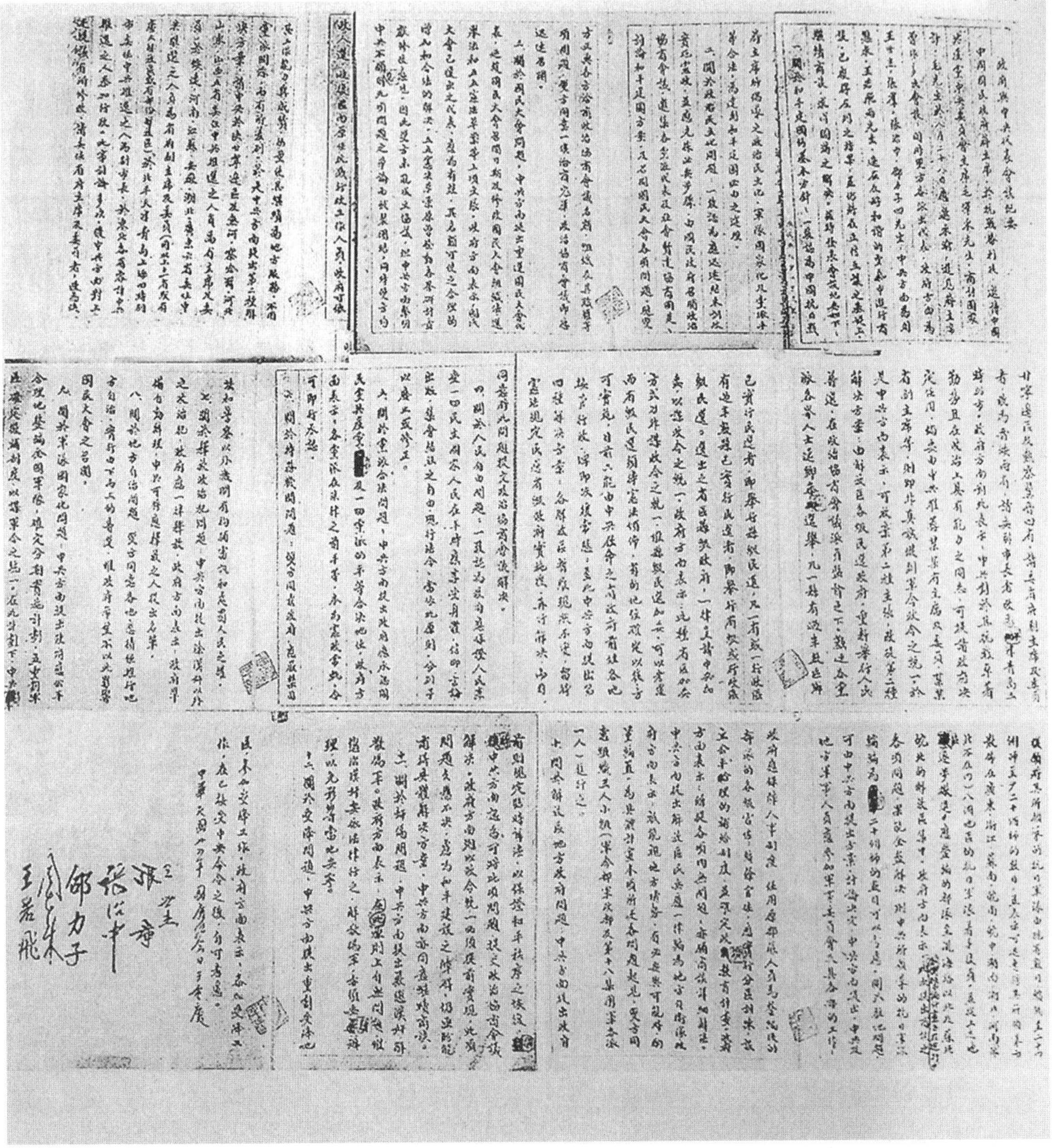

10月10日国共双方签署的会谈纪要

筹了举世闻名的重庆谈判，指挥了千里之遥的上党战役和解放军进军东北的重大战略部署。

为了广泛接触各界人士，宣传共产党的方针大略和统一战线政策，毛泽东每天早上从红岩村坐车到市区桂园办公，晚上12时以前坐车返回红岩村。在整个谈判期间，毛泽东除了用近10余天时间与蒋介石直接会谈外，大量的时间用来会亲访友，拜会民主派人士，同广大人民群众亲切交谈，接见国外友好人士。1945 年 9 月 16 日下午 3 时许，霍华德 · 海曼等 3 位美国士兵从兵营驻地步行 50 余华里来到曾家岩周公馆，在工作人员的安排下乘坐汽车来到红岩嘴办事处，毛泽东专门抽出宝贵时间与他们亲切交谈，并邀请其共进晚餐，席间相互斟酒，祝福，三位美国士兵将他们积存的 115 块美元赠给毛泽东，以表达美国人民对八路军和新四军坚持抗战的钦佩之意。

1945 年 9 月 6 日，毛泽东与周恩来、王若飞到重庆沙坪坝南开中学校津南村寓所拜访柳亚子，将他在 1936 年中央工农红军胜利到达陕北后所作的《沁园春 · 雪》书赠南社诗人柳亚子先生，使这首气势磅礴，恢弘大度的千古绝唱在陪都重庆首次面世，发表在 11 月 14 日的《新民报晚刊》上，传诵一时。《沁园春 · 雪》高度概括了中国革命完成战略大转移，迎来抗日民族解放的政治形势；表达了征服万水千山的中国共产党，在历史发展的关键时刻，担当起抗日救国的历史责任。其意在于激励中国共产党人，发挥党组织的战斗堡垒作用，坚定信心，迎接新中国的诞生。

1945 年 10 月 10 日下午 6 时，经过 40 多天的紧张谈判，国共双方代表在桂园客厅“天下为公”的横幅下面，签订了《政府与中共代表会谈纪要》（《双十协定》），签订仪式完毕，毛泽东下楼与各位代表握手祝贺。

对中共而言，《双十协定》正式肯定了国共谈判，从事实上承认了国共两党的政治关系和地位。双方确认和平、团结、统一的建国方针，以建立独立、自由和富强的新中国。当然，后来由于国民党方面缺乏诚意，和平的愿望并未真正实现。

ED BELL and HOWARD HYMAN

美国军人赠送给红岩革命纪念馆的相册

蔣主席致電毛澤東 促赴渝商國家大計

【中央社重慶十五日電】國府蔣主席於十四日致電毛澤東，原文：萬急，延安毛澤東先生勛鑒：倭寇投降，世界永久和平局面可期實現，舉凡國際國內各種重要問題，亟待解決，特請先生克日惠臨陪都，共同商討，事關國家大計，幸勿吝駕，臨電不勝迫切懸盼之至。蔣中正未寒。

……之民衆含笑揮手示意。總統夫婦於廣大民衆同聲歡呼之際，步返白宮門廊，就臨時安置之擴音機發表演辭稱：各位女士先生，此乃偉大之一日，此乃吾人自一九四一年十二月七日以來期待之一日，此日世界上已無法西斯主義……

……式宣佈十五及十六日休假，華府人民正狂歡慶祝，所有政府機關及工廠均將停止工作，各教堂則舉行特別[illegible]……將自行慶祝，各處人均表友好歡快之情。

【中央社重慶十五日電】[illegible]

蔣主席三電毛澤東 盼與周恩來偕來渝 已準備飛機迎迓

【中央社重慶廿四日電】[illegible]

蔣主席再電毛澤東 促即來渝共商國是

大戰方終內戰不容再有 望念國家艱危共事建設

【中央社重慶二十日電】蔣主席於八月十四日電邀毛澤東氏來渝共商國是，昨已接毛氏覆電，未允即來，蔣主席特再致電毛氏，[illegible]電如下：[illegible]

蒋介石三次致电毛泽东赴渝共商国家大计的电文

图为“重庆谈判”时毛泽东与蒋介石合影

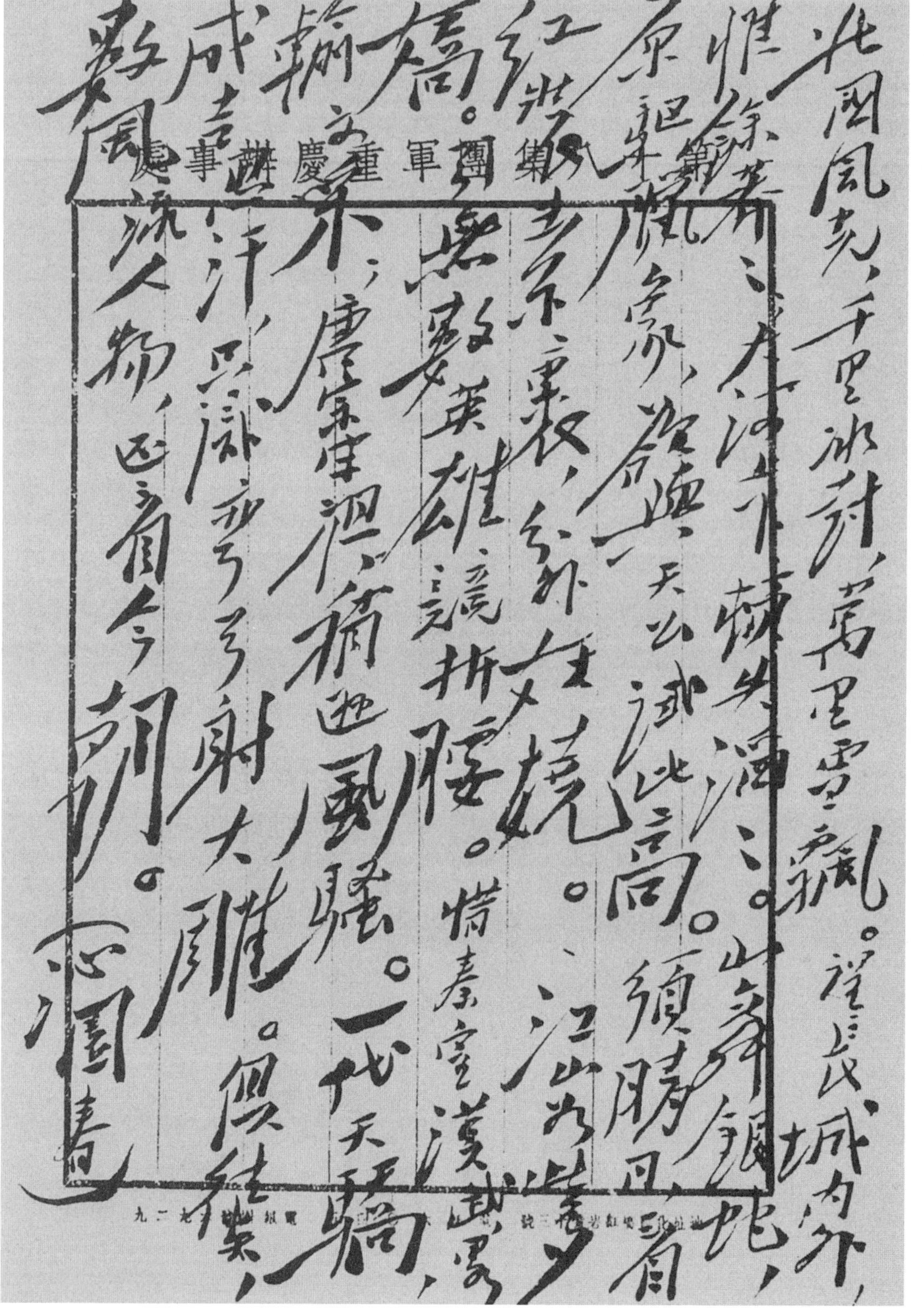

第十八集團軍重慶辦事處

北国风光，千里冰封，万里雪飘。望长城内外，惟余莽莽；大河上下，顿失滔滔。山舞银蛇，原驰蜡象，欲与天公试比高。须晴日，看红装素裹，分外妖娆。江山如此多娇，引无数英雄竞折腰。惜秦皇汉武，略输文采；唐宗宋祖，稍逊风骚。一代天骄，成吉思汗，只识弯弓射大雕。俱往矣，数风流人物，还看今朝。

沁园春

毛泽东手书《沁园春·雪》

据史料记载，自秦灭巴国设巴郡，郡治在江州县（今重庆市），直把重庆作为区域性军事城堡。漫长的封建时代，重庆工商业不发达。区域规模较小。唐宋以后，社会经济发展。商品贸易兴旺

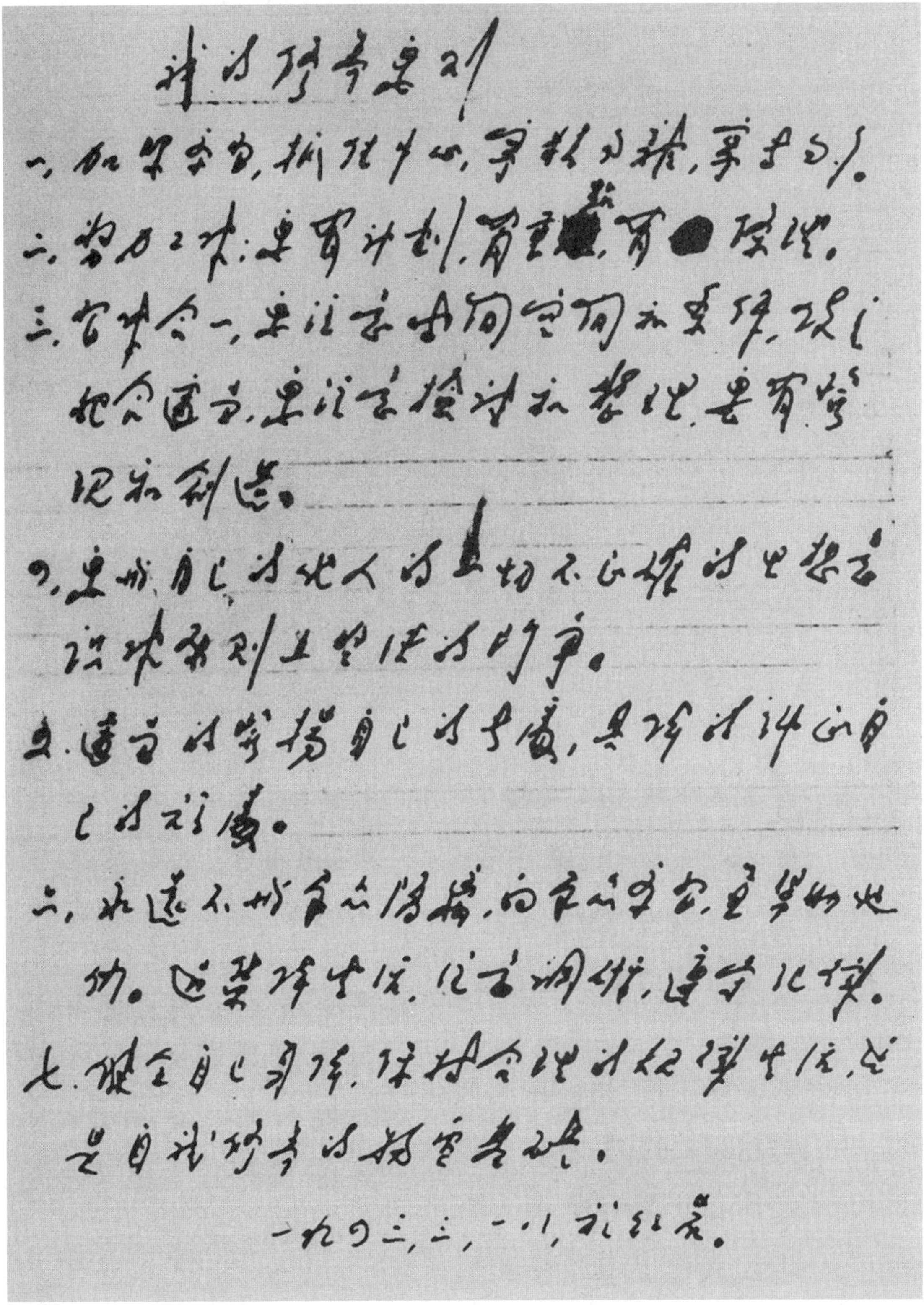

我的修养要则

一、加紧学习，抓住中心，宁精勿杂，宁专勿多。

二、努力工作，要有计划，有重心，有条理。

三、习作合一，要注意时间空间和条件，使之配合适当，要注意检讨和整理，要有发现和创造。

四、要与自己的他人的一切不正确的思想意识作原则上坚决的斗争。

五、适当的发扬自己的长处，具体的纠正自己的短处。

六、永远不与群众隔离，向群众学习，并帮助他们。过集体生活，注意调研，遵守纪律。

七、健全自己身体，保持合理的规律生活，这是自我修养的物质基础。

一九四三、三、一八，于红岩。

1943年3月18日，周恩来在红岩写的《我的修养要则》

为抗议国民党顽固派制造皖南事变，揭露事变真相，1月18日《新华日报》发表了周恩来的题词诗手迹。这满含悲愤而又顾全大局的题词，震撼了国统区有良知的爱国者的心。国民党元老于右任赞叹道：“周先生的人格真是伟大！”

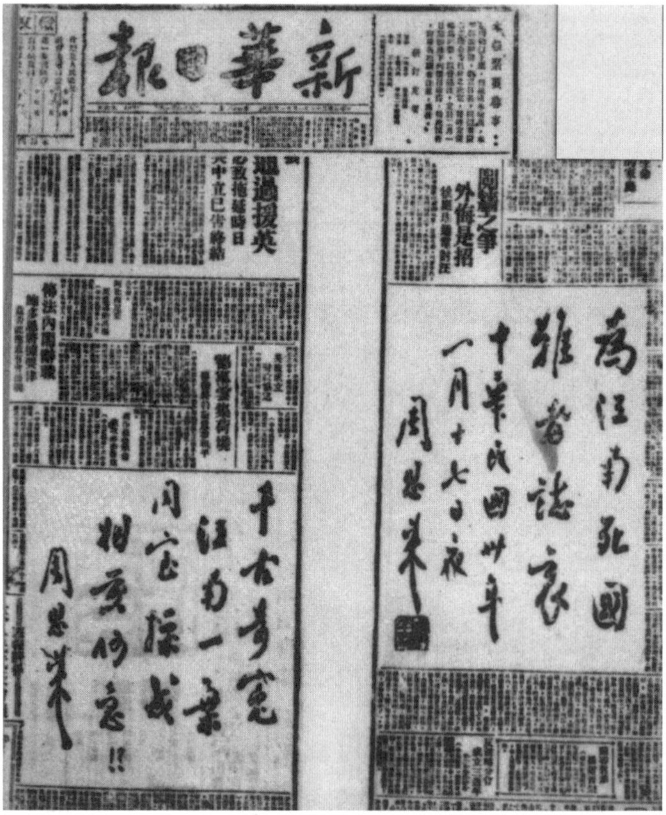
新華日報

為江南死國難者誌哀
中華民國卅年一月十七日夜
周恩來

千古奇冤
江南一葉
同室操戈
相煎何急！！
周恩來

题红岩村旧居
一九五八年十一月 董必武题

董必武为红岩村题诗的手书

重庆邮政、电信事业

官办邮政事业

据《巴县志》记载，古代，重庆邮传是依赖“邮驿”传递。邮驿，也称驿馆，是古代传递公文、官物和官员暂住及换马的场所。邮驿属官府通讯组织，主要为军事服务，不传递民间百姓的信件。民间寄信靠托人捎带。朝天门设有朝天驿右驿站。接圣街、朝天驿都在朝天门附近（原运输电影院旁）。据史书记载，重庆古驿路是由朝天门经现在小什字、解放碑、较场口、和平路、兴隆街、枇杷山，经南区公园，到老两路口镇（原山城电影院处），再由健康路（官道）上佛图关石板古道，然后是茶亭。茶亭是十里送别之地，由此踏上去川西及成都之路。

1891 年，重庆设海关寄信局。稍后两年，英商立德乐和法国凭借不平等条约在重庆擅自开办邮局，称为“客邮”。客邮起因乃是道光年间五口通商开埠后，为侨民谋通信之便利而设立。然而，至清末民初之际，客邮势力愈发扩大，又不受中国海关的检查。破坏了国家邮政的专营权。直到一战时，西方列强势力在中国暂时有所减退，清政府与此反复交涉，1922 年，客邮才予以撤销，业务逐渐停止。

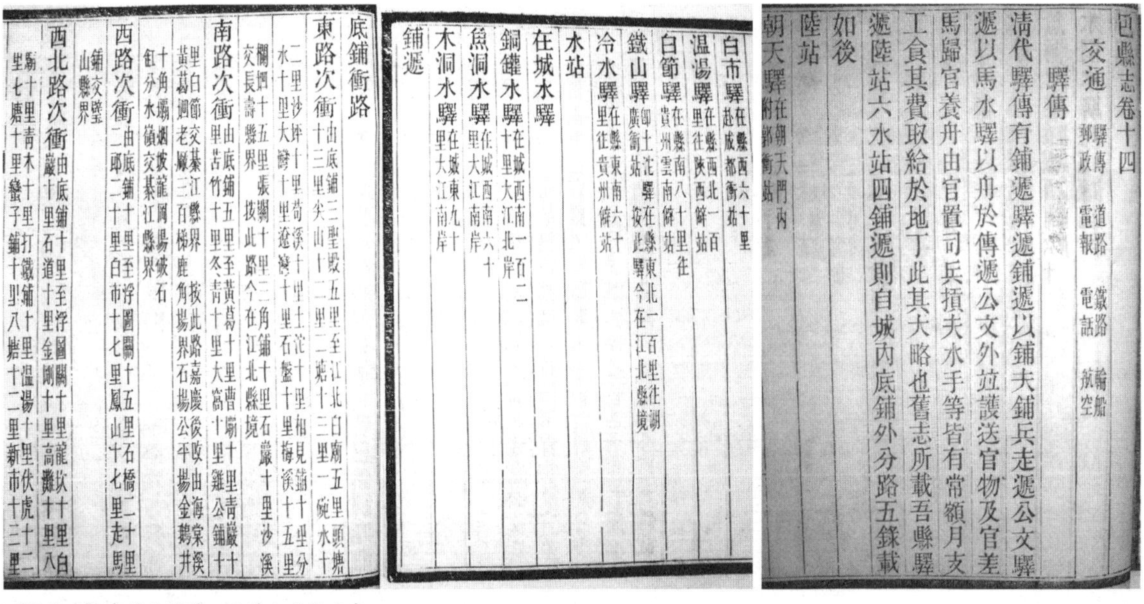

巴縣志卷十四

交通 驛傳 郵政 道路 電報 鐵路 電話 輪船 航空

驛傳

清代驛傳有鋪遞驛遞鋪遞以鋪夫鋪兵走遞公文驛遞以馬水驛以舟於傳遞公文外並護送官物及官差馬歸官養舟由官置司兵摃夫水手等皆有常額月支工食其費取給於地丁此其大略也舊志所載吾縣驛遞陸站六水站四鋪遞則自城內底鋪外分路五錄載如後

陸站

朝天驛在朝天門內附郭衝站

白市驛在縣西六十里赴成都衝站

溫湯驛在縣西北一百里往陝西衝站

白節驛在縣南八十里往貴州雲南衝站

鐵山驛即土沱驛在縣東北一百里往湖廣衝站 按此驛今在江北縣境

冷水驛在縣東南六十里往貴州衝站

水站

在城水驛

銅罐水驛在城西南一百二十里大江北岸

魚洞水驛在城西南六十里大江南岸

木洞水驛在城東九十里大江南岸

鋪遞

底鋪衝路

東路次衝由底鋪三聖殿五里至江北白廟五里頭塘十三里尖山十二里二塘十三里一碗水十二里沙坪十里荀溪十里土沱十里相見鋪十里分水十里大灣十里洛磧十里石盤十里梅溪十五里爛壩十五里張關十里三角鋪十里石巖十里沙溪交長壽縣界 按此路今在江北縣境

南路次衝由底鋪五里至黃葛十里曹壩十里青巖十里苦竹十里冬青十里大窩十里雞公鋪十里白節交綦江縣界 按此路嘉慶後改由海棠溪黃葛埡老廠三百梯鹿角場界石場公平場金鵝井十角場烟坡龍岡場坡石缸分水嶺交綦江縣界

西路次衝由底鋪十里至浮圖關十五里石橋二十里二郎二十里白市十七里鳳山十七里走馬鋪交璧山縣界

西北路次衝由底鋪十里至浮圖關十里龍坎十里白巖十里石道十里金剛十里高灘十里八驕十里青木十里打鐵鋪十里溫湯十里伏虎十二里七塘十里蠻子鋪十里八塘十二里新市十三里

《巴县志》中关于铺递、驿递交通地名表

重庆最早的邮局旧址

信使

信使牌

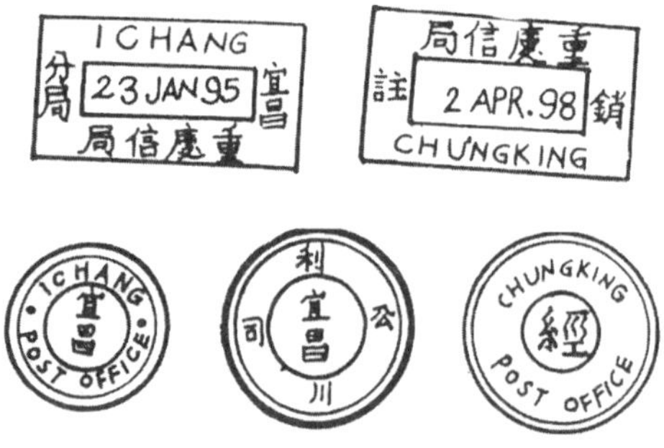
ICHANG
分局 23 JAN 95 宜昌
局信慶重
局信慶重
註 2 APR. 98 銷
CHUNGKING
ICHANG POST OFFICE
宜昌
利 公 司 川
宜昌
CHUNGKING POST OFFICE
經

重庆商埠邮局、上海工部局书信馆所用之邮戳

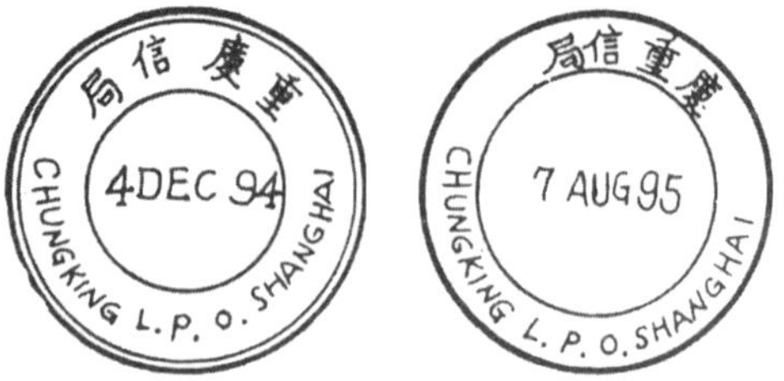
局信慶重
4DEC 94
CHUNGKING L.P.O. SHANGHAI
局信重慶
7 AUG 95
CHUNGKING L.P.O. SHANGHAI

重庆海关寄信局所用之邮戳

CUSTOMS
4 JUN 94
CHUNGKING
CUSTOMS
4 AUG 97
CHUNGKING
CHUNGKING CUSTOMS
MAIL MATTER

重庆利川公司所用之邮戳

1896 年，重庆海关寄信局正式改为重庆府邮政一等局，为四川第一家官办邮局，管辖成都副总局。清廷特拨库银 150 万两，修建邮政局大楼。局址设在太平门顺城街（现邮局巷）。首任局长为英国人。按照英国邮局建筑风格建造了一幢青砖邮政大楼及若干附属楼群，外围沿江一线用清一色的青砖筑围墙与外界分开。1924 年，重庆邮政局升格为东川邮政管理局，管辖川东地区 55 个县邮政事务。1931—1936 年期间，重庆已开辟了航空、水路、汽车三位一体的邮路，抗战期间，国民政府迁渝，邮政总局和邮政储金汇业局也随之迁渝，重庆邮政业务发展较快，具体体现在邮政机构数量的增加，如在城区设立近 20 个邮政支局，东川邮区的服务网点，到 1938 年时已有 660 处。

民间麻乡约

清道光年间，重庆出现了私人开设的“民信局”，承揽送信和货运业务。当时有松柏长、胡万昌民信局、曾森昌、祥和源、三厢子等较大民信局16家。最大的民信局乃是綦江人陈洪义创办的“麻乡约大帮信轿行”。传说陈的父辈做过乡约（保、甲长之类），陈以抬轿为业，为人仗义，断事公道，犹如昔日乡约，适巧陈有麻子，遂呼为“麻乡约”。麻乡约大帮信轿行是经营客、货运的民信局，世人概括为“管得宽管得长”。宽，指的是无所不运；长，指的是京、津、沪，乃至于国际上的滇缅线，或者西南境内穷乡僻壤都能递到。1866年，麻乡约民信总局迁至重庆下半城白象街，分局遍布省内各地。麻乡约民信局递送信件有正站和快站两种，正站相当于现在的平信，快站相当于现在的快递信。信资和日程按行程难易而定。快站最出色的是“火烧信”和“幺帮信”。火烧信是烧去信封一角，表示加急快递，火速送到。幺帮信外作油纸包封，避免雨水浸湿，并缚上一木片，万一落水不致沉没。如用肩挑，将信包紧缚在两头向上弯的扁担上，利于迅速攀山越岭。负责特急快跑信的夫头，不能多带其他件，以示郑重传递，保证安全迅速。麻乡约规定了货运、信函的赔偿制，除非不可抗拒的天灾（水淹、火烧）或被匪徒杀死外，其他一概全赔。麻乡约的业务项目全，质量好，不管天高地远，山高险阻，只要有服务需求，一概承揽，如常人所忌讳的灵柩运送也承接，且在搬运过程中起程、歇稍、入栈房都要焚香祷告，礼数周全，在民间赢得很高的声誉。重庆商号、票号盐号以及百姓的信件、汇款都喜交麻乡约民信局投送。麻乡约民信局汇兑有两种，一种是两地相互打兑，多用于商业；一种是将兑汇的银子直接运送，多用于官款。麻乡约生

重庆主要信局一览表

局名	设立年代	总局所在地	东家	分局	信资（文）	重庆到各分局日程	每月频次	寄送方法
胡万昌	清道光二年（公元1822年）	汉口	胡万昌（湖南人）	汉口	60	8—10	6	水路
				沙市	60	7—9		”
				宜昌	60	5—6		”
				夔州	40	3—4		”
				万县	30	2—3		”
				重庆				
				成都	40	7—9		陆路
松柏长	清道光三年（公元1823年）	重庆	陈松柏（重庆人）	泸州	24	4	6	陆路
				叙州	32	5	6	”
				昭通	80	20	6	”
				云南	180	50	3	”
				秦州	120	13	3	”
				广元	80	10	3	”
麻乡约	清同治五年（公元1866年）	重庆	陈鸿义（綦江人）	成都	32	8	9	陆路
				嘉定	40	10		”
				泸州	24	4		”
				贵州	72	11		”
				打箭炉	100	15		”
曾森昌	清光绪六年（公元1880年）	汉口	曾云程（湖南人）	汉口	60	8—10	6	水路
				沙市	60	7—9		”
				宜昌	60	5—6		”
				夔州	40	3—4		”
				万县	30	2—3		”
				重庆				
				成都	40	7—9		陆路
祥合源	清光绪九年（公元1883年）	重庆	王祥和（重庆人）	泸州	24	4	9	陆路
				叙州	32	6		”
				昭通	80	20		”
				云南	180	50		”
三厢子	清光绪九年（公元1883年）	重庆	王与和（重庆人）	合川	24	4—5	6	陆路
				顺庆	40	4		”
				保宁	48	6—7		”
				潼川	56	7		”
				射洪	48	5		”
				绵州	56	7—8		”
				遂宁	48	5		”

清末时期，重庆信局一览表

20世纪初步行肩挑的邮差

意兴隆、财源茂盛、津京沪和滇缅、滇粤道上的客货运输和信汇业务，几乎由麻乡约包揽。官方的大清邮政局和其他同业，收费较低，但业务都远不及麻乡约兴旺。近代以后，大清官方邮局为了同民信局竞争，运用行政手段排挤民信局，如利用轮船运邮的垄断权拒带民信局的邮件或加收运费等。1902年，又大规模地降低平信资费，直到后来，大清邮政认识到，只有吸取民信局经营方式上的长处，才有可能立于不败之地，于是大力发展邮政代办网点，开展多种形式的邮递业务，改进服务质量，加之后来交通航运有了极大改善，1945年后，麻乡约的业务才逐渐停止。

綦江东溪“麻乡约民信局” 创建于清同治年间

永和轿行使用的信筒

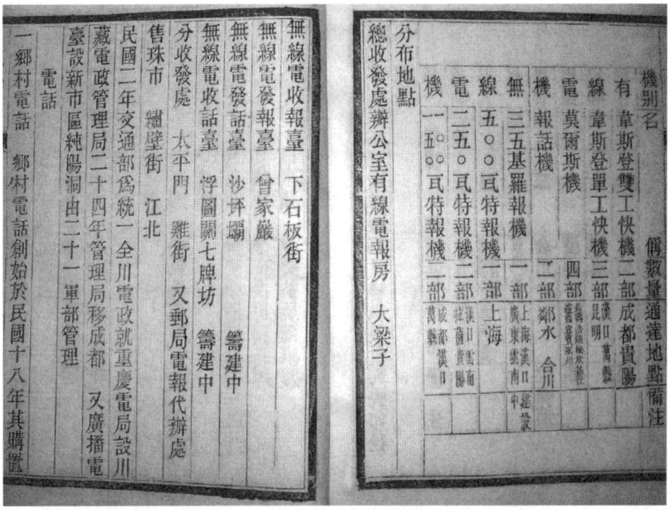

機別名		個數量	通達地點	備注
有線電機	韋斯登雙工快機	二部	成都 貴陽	
	韋斯登單工快機	三部	漢口 萬縣 昆明	
	莫爾斯機	四部	[illegible]	
	報話機	二部	鄰水 合川	
無線電機	三五基羅報機	一部	上海 漢口 廣東 雲南	建設中
	五〇〇瓦特報機	一部	上海	
	二五〇瓦特報機	二部	漢口 雲南 桂林 貴陽	
	一〇〇瓦特報機	二部	成都 漢口 萬縣	

分布地點

總收發處辦公室有線電報房　大梁子

無線電收報臺　下石板街

無線電發報臺　曾家巖

無線電發話臺　沙坪壩　籌建中

無線電收話臺　浮圖關七牌坊　籌建中

分收發處　太平門　雞街　又郵局電報代辦處

售珠市　繡壁街　江北

民國二年交通部爲統一全川電政就重慶電局設川藏電政管理局二十四年管理局移成都　又廣播電臺設新市區純陽洞由二十一軍部管理

電話

一鄉村電話　鄉村電話創始於民國十八年其購置

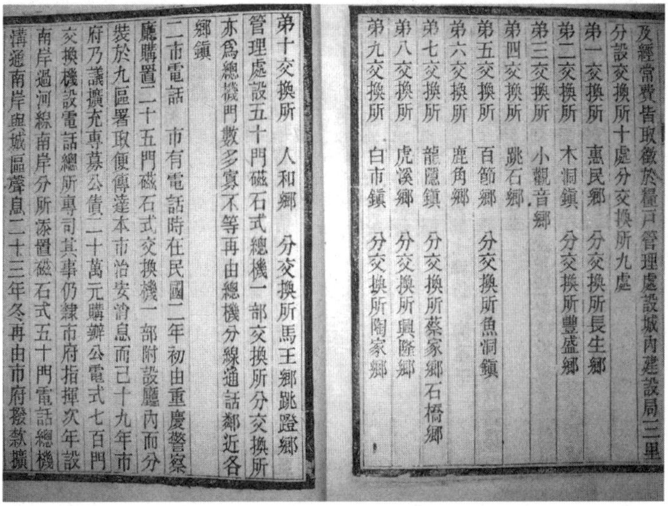

及經常費皆取徵於糧戶管理處設城內建設局三里

分設交換所十處分交換所九處

第一交換所　惠民鄉　分交換所長生鄉

第二交換所　木洞鎮　分交換所豐盛鄉

第三交換所　小觀音鄉

第四交換所　跳石鄉

第五交換所　百節鄉　分交換所魚洞鎮

第六交換所　鹿角鄉

第七交換所　龍隱鎮　分交換所蔡家鄉石橋鄉

第八交換所　虎溪鄉　分交換所興隆鄉

第九交換所　白市鎮　分交換所陶家鄉

第十交換所　人和鄉　分交換所馬王鄉跳蹬鄉

管理處設五十門磁石式總機一部交換所分交換所亦爲總機門數多寡不等再由總機分線通話鄉近各鄉鎮

二市電話　市有電話時在民國二年初由重慶警察廳購置二十五門磁石式交換機一部附設廳內而分裝於九區署取便傳達本市治安消息而已十九年市府乃議擴充專募公債二十萬元購辦公電式七百門交換機設電話總所專司其事仍隸市府指揮次年設南岸過河線南岸分所添置磁石式五十門電話總機溝通南岸與城區聲息二十三年冬再由市府撥款擴

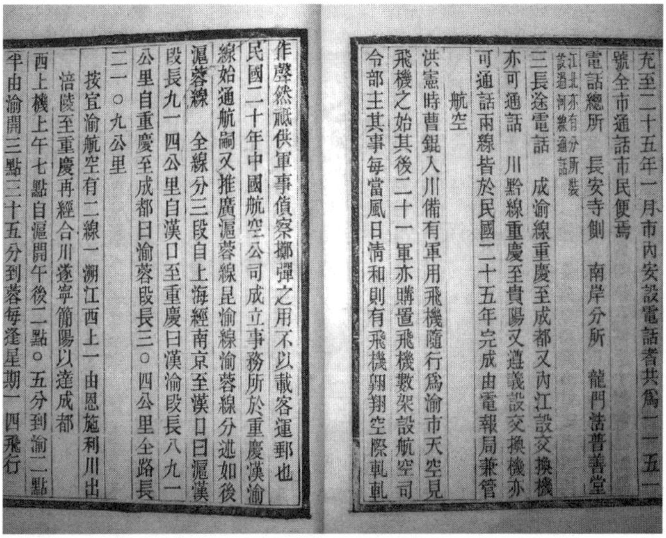

充至二十五年一月市內安設電話者共爲一一五一號全市通話市民便焉

電話總所　長安寺側　南岸分所　龍門浩普善堂

（江北亦有分所裝設過河線通話）

三長途電話　成渝線重慶至成都又內江設交換機亦可通話　川黔線重慶至貴陽又遵義設交換機亦可通話兩線皆於民國二十五年完成由電報局兼管

航空

洪憲時曹錕入川備有軍用飛機隨行爲渝市天空見飛機之始其後二十一軍亦購置飛機數架設航空司令部主其事每當風日晴和則有飛機翱翔空際軋軋作聲然祗供軍事偵察擲彈之用不以載客運郵也民國二十年中國航空公司成立事務所於重慶漢渝線始通航嗣又推廣滬蓉線昆渝線渝蓉線分述如後

滬蓉線　全線分三段自上海經南京至漢口曰滬漢段長九一四公里自漢口至重慶曰漢渝段長八九一公里自重慶至成都曰渝蓉段長三〇四公里全路長二一〇九公里

按宜渝航空有二線一溯江西上一由恩施利川出涪陵至重慶再經合川遂寧簡陽以達成都

西上機上午七點自滬開午後二點〇五分到渝二點半由渝開三點三十五分到蓉每逢星期一四飛行

民国时期重庆电话创办时的统计表

电信的起始与发展

重庆电信的成立始于电报。1883年，法国老牌殖民主义者挑起中法战争，又大举进犯镇南关（友谊关），中越边境吃紧。为及时掌握边疆形势，保证军讯灵通快捷，北洋大臣直隶总督李鸿章，奏准架设鄂川、川滇电报线，1885年，电报线从汉口沿长江线展铺，翌年秋抵重庆，设立重庆电（报）局。电线由重庆向泸州方向铺设，于年底到达成都。1887年，电线又从泸州向南架设，3月在宣威之可渡河与边防重镇蒙自向北架设之电线相接；再由毕节分线，将电线架至贵阳。自此，由湖北经四川到云南、贵州的电报线全线架通。京城电报到边境的往来电报多由重庆电报局经转。此后，电报线陆续增加，至1920年，先后建成重庆至长寿、泸州、贵阳（直达）、顺庆（南充）、夔府（奉节）、铜梁、合川电报线共9条，1468公里。至民国1930年，重庆至周边各县都有电报线相通。

重庆电话局女接线员

重庆第一批接线小姐

1934年建成的电话所总交换机

继电报创办以后，1913年创办市内电话。重庆镇守使周骏，为军讯便利，衙署消息灵通，置磁石式电话交换机50部置于警察厅内，分装于各区署及各机关。磁石电话就是机内置磁铁发电机。要打电话时，用手不停地摇动手柄，发电机发出的电流使对方电话振铃，达到通话目的。1930年，重庆市政府指拨专款扩建电话，购置共电式700门交换机及其设备，当年全市实现了通话，并在长安寺后街设立电话交换所，招收女学生充当接线员，共招50多名接线生，全所员工100余人。电话敷设了过河线，在南岸

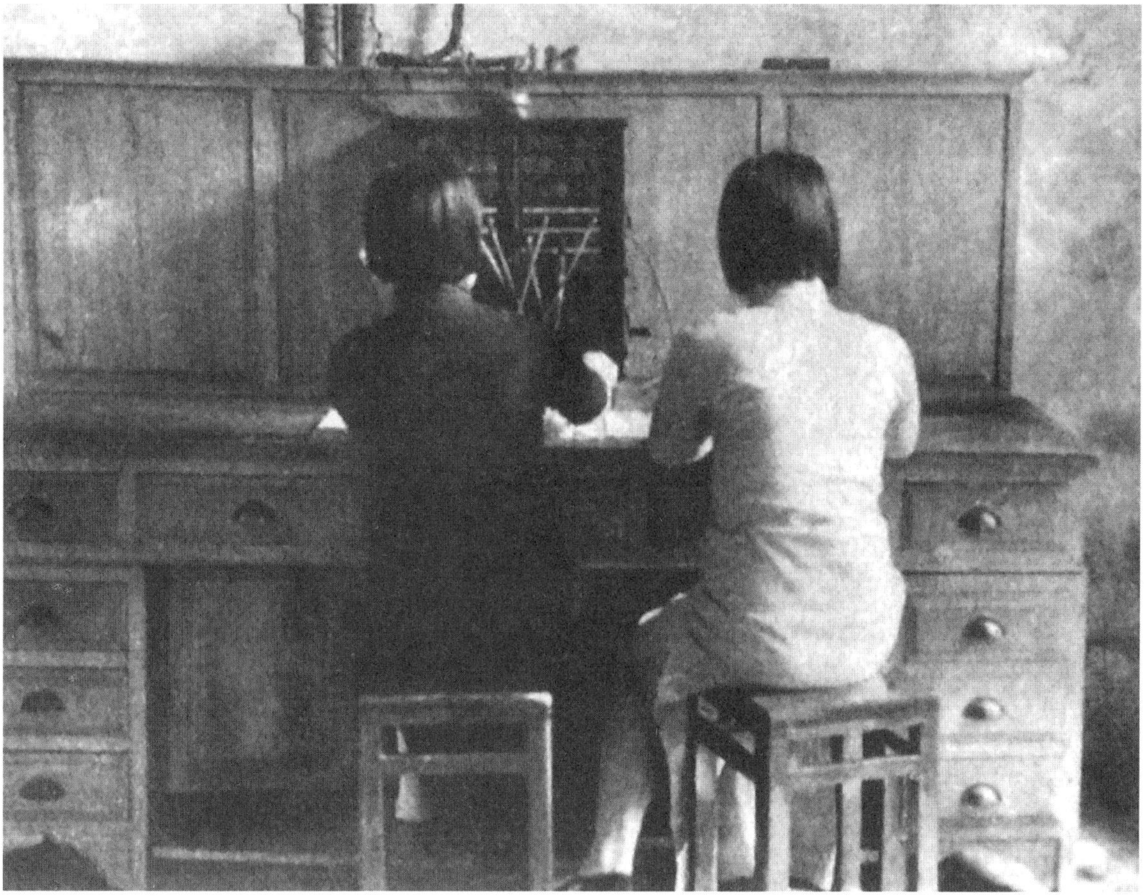

1926 年建立的重庆电话所

龙门浩慈善堂处装机磁石式 50 门总机，江北市政管理所成立电话分所时装机 30 门磁石式总机，用户达千余，沟通了城区南北两岸声讯。1931 年，重庆首次开办市内公用电话，电话分别装于上清寺中山三路 143 号、黄家垭口、长安寺电报局、南岸上新街 4 号、江北穆家祠堂处。随后，巴县、綦江、潼南、大足、铜梁、长寿、合川、荣昌、璧山、江北、江津及永川县次第建成通话，至 1936 年，乡村电话线路已达 7945 公里，电话交换机 72 部。1938 年底，12 县已有 483 个乡镇通了电话。重庆地区的乡村电话无论数量、线路长度、网络状况均在四川，乃至西南地区名列前茅，极大地推动了重庆市的现代化发展。

邹容纪念碑

照片上这位英气勃发，风采卓然的青年就是我们重庆“风雨巴山遗恨远，至今人念大将军”的邹容。

邹容（1885—1905 年），原名威丹、绍陶，留学日本时改名为邹容。四川巴县人，出身于商人家庭。邹家原籍湖北麻城孝感乡。早年移入重庆巴县木洞，后迁入重庆城内夫子池洪家院子，又搬家至小较场（现五一电影院处）定居。

邹容烈士遗照

邹容自幼好学，博闻强记，涉猎甚广，仅几年间读完了《四书》、《五经》、《史记》、《汉书》，并能成诵。甲午战争后，严重的民族危机对邹容的思想刺激很大。“天下兴亡，匹夫有责”和强烈的义愤，使他无心沉溺于故纸堆做学问。他经常阅读严复翻译的《天演论》、梁启超主编的《时务报》、宋育仁编辑的《渝报》，使他大开眼界。正是维新思潮的熏陶，使邹容单纯的民族自尊感上升为爱国责任感。为了直接学习西学，邹容与同学杨庶堪跟日本驻渝领事馆的友人学习英语、日语，接触到西方的民主思想及其学说。

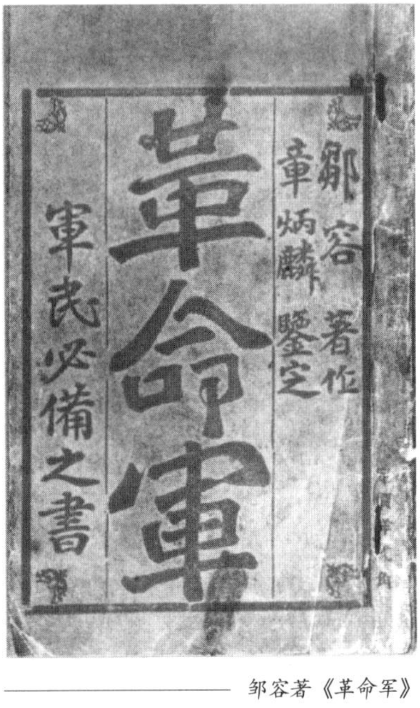
鄒容 著作
章炳麟 鑒定
革命軍
軍民必備之書

邹容著《革命军》

他非常崇敬维新派激进人士谭嗣同，当听说“戊戌政变”失败，谭嗣同慷慨就义时，悲愤难抑。充满了对封建思想和封建专制制度的憎恨，他父亲希望他专心应考，“循科举致仕之道”，而他却回答：“臭八股不愿学，满肠儿不愿入，衰世科名，得之何用。”他广泛地“浏览种种新籍时报”，与同学们讨论时事，“每发奇僻可骇之论，闻者掩耳疾走”。他邻居曾回忆道：1899 年重阳节邹容与朋友到五福宫（现

位于重庆渝中区南区公园内邹容烈士墓

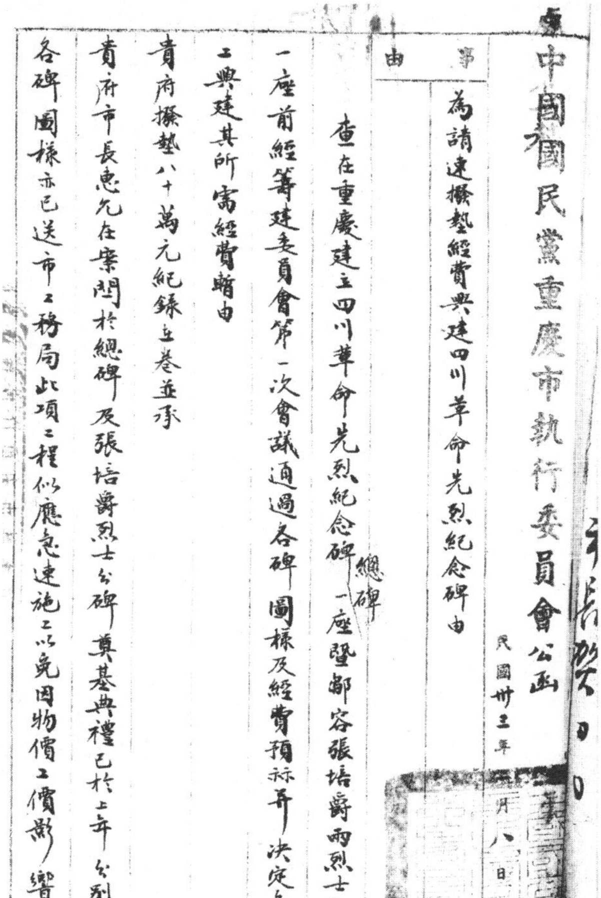

中國國民黨重慶市執行委員會公函

民國卅三年 月 八日

事由：為請速撥款經費興建四川革命先烈紀念碑由

查在重慶建立四川革命先烈紀念碑總碑一座暨鄒容張培爵兩烈士分碑各一座前經籌建委員會第一次會議通過各碑圖樣及經費預算并決定急速動工興建其所需經費賴由

貴府撥款八十萬元紀錄在卷並承

貴府市長惠允在案關於總碑及張培爵烈士分碑奠基典禮已於上年分別舉行各碑圖樣亦已送市工務局此項工程似應急速施工以免因物價工價影響預算相

1944年国民党划拨经费修建邹容、张培爵烈士纪念碑公函

金汤街小学门处）观赏秋色，来到楼外楼，议论时事政治。是年正值戊戌政变的第二年，当议到谭嗣同等六君子被杀时，情绪激动，声音高昂，历数满清政府腐败无能，专制黑暗时，怒不可遏，痛心疾首：“内患外侮，两相刺激，十年来国，百年灭种。处此危急存亡之秋，我炎黄后嗣，若不奋起自救，有何面目见列祖列宗于地下。”引起在场民众的强烈的反响。人丛中有一官府幕僚急忙向府衙密报，当即派人将邹容父子拘捕到衙门审讯，后念及邹容是小孩子，就命差役打了邹容20个手心惩戒。

戊戌变法失败后，邹容敏锐地感觉到改良主义道路难以行通，决意去日本留学，重新探索国家民族出路。1901年，四川首次选派学生官费留学，邹容经老师荐举考试被录取，然而被人告发，认为他有离经叛道言行，清政府“以其聪颖而不端谨，不合条件”为理由，取消了他的官费留学资格。但邹容不甘向封建专制淫威屈服，转而自费留学日本。出国前夕，在写给家人的信中，明确表示此番留学的志向和决心，“国家多难”，而封建科举制度“糜费千百万之国帑，以於百千万帖括，卷折、考据、词章之辈中，而拣其一二者，于天下国家，何所裨益？”，并告诫他大哥“切勿奔走于词

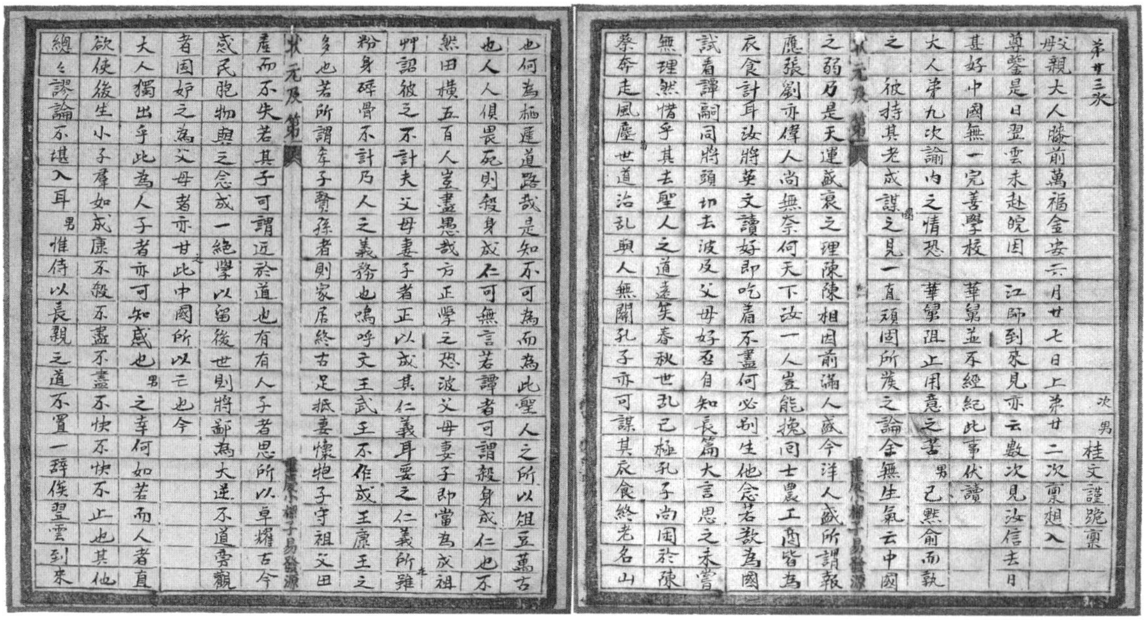

第廿三次

次男桂文謹跪稟

父親大人膝前萬福金安六月廿七日上第廿二次稟想入

尊鑒是日望雲未赴皖因江師到來見亦云數次見汝信去日

甚好中國無一完善學校華翁亦不經紀此事伏讀

大人第九次諭內之情恐華望阻止用意之苦男已默俞而執

之彼持其老成謀之見一直頑固所發之論全無生氣云中國

之弱乃是天運盛衰之理陳陳相因前滿人盛今洋人盛所謂報

應張劉亦偉人尚無奈何天下汝一人豈能挽回士農工商皆為

衣食計耳汝將英文讀好即吃着不盡何必別生他念若欲為國

試看譚嗣同將頭切去波及父母好名自知長篇大言思之未嘗

無理然惜乎其去聖人之道遠矣春秋世乱已極孔子尚困於陳

蔡奔走風塵世道治乱與人無關孔子亦可謀其衣食終老名山

也何為栖遑道路哉是知不可為而為此聖人之所以俎豆萬古

也人人俱畏死則殺身成仁不可無言若譚者可謂殺身成仁也不

然田横五百人豈盡愚哉方正學之恐波父母妻子即當為成祖

艸詔彼之不計夫父母妻子者正以成其仁義耳要之仁義所難

粉身碎骨不計乃人之義務也嗚呼文王武王不作成王康王之

多也若所謂孝子賢孫者則家居終古足抵妻懷抱子守祖父田

產而不失若其子可謂近於道也有有人子者思所以卓耀古今

感民胞物與之念成一絕學以留後世則將鄙為大逆不道賓觀

者因妒之為父母者亦甘此中國所以亡也今

大人獨出手此為人子者亦可知感也男之幸何如若而人者直

欲使後生小子羣如成康不敢不盡不盡不快不快不止也其他

總之謬論不堪入耳男唯侍以長親之道不置一辭俟望雲到來

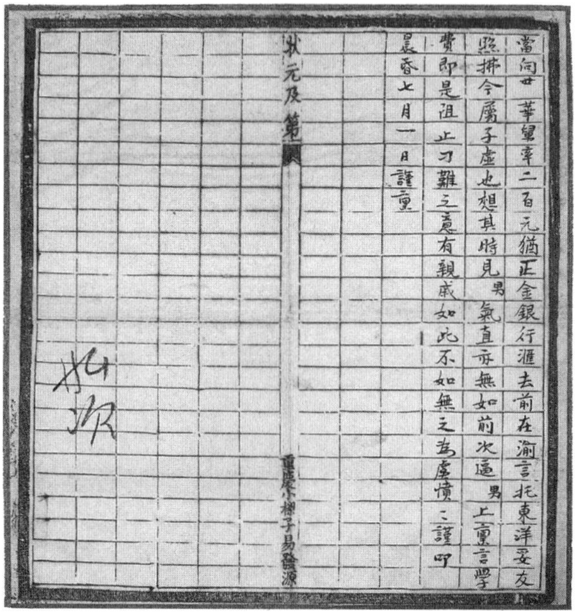

當向廿華望率二百元猶正金銀行滙去前在滬言托東洋妥友

照拂令屬子虛也想其時見男氣直亦無如前次逼男上稟言學

費即是阻止刀難之意有親戚如此不如無之為虛憤之謹叩

晨昏七月一日謹稟

1901年7月1日，邹容写给父母的信

章帖括中”，应该“从事於崇实致用之学，以裨益于人心世道”。这里所说的“崇实致用之学”，即资产阶级的新思想和发展资本主义所需的政治思想和科学技术。“裨益于人心世道”，则是要唤起中华民族，挽救国家危亡。表明邹容在国家危难之际，摈弃封建专制文化，重新探索救亡之道的上进心。

邹容在日本留学期间，勤奋学习西方资产阶级革命时期的理论和历史，积极投身于孙中山领导的民主革命斗争，参加中国留日学生的爱国革命活动，经常登台演讲资产阶级革命理论和主张，言词犀利，分析深刻，令人振奋。于是“海内渐闻邹容之名矣”，成为与秋瑾齐名的演说家。1903年3月，邹容约几个同学将作恶多端的学督姚文甫辫子剪掉并悬于留学生会馆，人心为之大快。“快剪刀除辫子”的行为惹怒了清政府，随即照会日本外务省捉拿法办。因而，邹容于4月到上海居住。这时，他结识了章太炎、章士钊等革命志士，并与著名资产阶级革命者，比他年长18岁的国学大师章太炎结为莫逆之交。在邹容遇难13年后，章

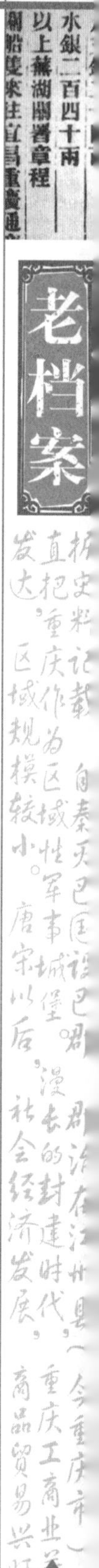

太炎作为孙中山派遣的特使来到重庆，联络西南各省军政实力讨伐北洋军阀时，特地2次到巴县小较场邹容祠行礼，表示对亡友的尊敬和怀念，并与邹容家属合影。

邹容在上海期间，正值沙俄帝国强占我国东北，上海掀起一场声势浩大的反帝爱国运动。邹容同其他爱国学生一道，组织了“中国学生会”，团结爱国学生和市民，举行各种宣传集会，演讲、主张民族平等和爱国大义，但却引起清政府的反感和仇视，认为学生运动“名为拒俄，实者革命”。密令各地“随时获到，就地正法”。这种人妖颠倒的现实，使邹容深切感到要爱国，必革命，要救国，必反清的道理。1905 年，为了宣传革命道理，邹容将满腔热血凝注在战笔上，将他“宣布革命之旨于天下”的战斗檄文——《革命军》发表，自署“革命军中马前卒”，誓为推翻清王朝的革命战争带头冲锋陷阵。

《革命军》在上海出版，以雷霆之声使“举国上下无不震动”，成为我国资产阶级民主革命理论的奠基之作。帝国主义和清王朝极度惊恐，沙俄公使叫嚷：“欲在中国举革命之事，废去满洲王室，实为大逆不道。”同年 6 月 30 日制造了“苏报案”，逮捕了章太炎。7 月 1 日，邹容也关进上海租界监狱。在狱中章太炎和邹容唱和诗词，成为风雨同舟的难友，结下久而弥坚的深厚情谊。在敌人法庭上或监狱里，邹容都大义凛然，进行了不屈不挠的斗争。1905 年 4 月 3 日，邹容瘐死于狱中，年仅 20 岁。

《革命军》全书近两万字，分七章。其风格是通俗易懂，明快锋利，表现出强烈的革命感染力和战斗力。《革命军》一书指出，革命是社会进步的根本动力，是解决中国问题的根本途径。并宣布：“中国欲独立，富强，必须革命是革命首要目标”要“扫除数千年种种之专制政体，脱去数千年之种种奴隶性质”。文中痛斥历朝君主直至清朝皇帝“私其国，奴其民”，“揽国人所有而独有之”，要“洗雪中华民族之蒙受耻辱，建立资产阶级民主共和国，使中华民族泱泱大国与欧美列强并驾齐驱”。对清王朝残酷剥削广大农民的狠毒，“而犹美其名曰薄赋，曰轻税，曰皇仁”，一针见血地指出这实“则是盗贼之心，杀人而曰救人也”。《革命军》站在民族资产阶级的立场上，多方面地对封建主义专制制度进行尖锐地揭露和猛烈批判，振臂高呼“欲御外侮，先清内患”，“我中国欲独立，不可不革命；我中国欲与世界列强并雄，不可不革命；我中国欲长存于 20 世纪新世界，不可不革命；我中国欲为地球上名国，地球上主人翁，不可不革命”。以革命求独立，以革命除祸害而求幸福，以革去积弱而求富强，是《革命军》反复阐述的光辉思想。鲁迅评价《革命军》说：“便是悲壮淋漓的诗文，也不

邹容擅长篆刻，这是他刻来表明其革命意志的图章

光緒二十三年十月上旬報
渝報第一冊
館設重慶府城白象街
光緒二十四年三月上旬
渝報
第十四冊
館設重慶府城來龍巷
光緒二十四年三月中旬
渝報
第十五冊
館設渝城來龍巷

清末明初，重庆出版的进步刊物《渝报》

改良主义思想家宋育仁(1857—1931)，四川富顺县人

过是纸片上的东西，于后来的武昌起义怕没有什么大关系，倘说影响，则别的千言万语，大概都抵不过浅近直接的‘革命军中马前卒’邹容所做的《革命军》。”“虽是愚懦之夫，只要读了《革命军》，没有不为之动容，不面赤耳热，心跳肺张，作拔剑砍地奋身入海状的。”

当时，《革命军》以其“感动皆捷，功效不可胜量”的威力，冲破清统治层的层层封锁，迅速传播，再版数次，发行量居清末革命书籍第一位。使民主主义革命思想在国内外迅速传播，激励更多的爱国志士走上革命道路，扩大了资产阶级革命派的影响。

“出师未捷身先死，常使英雄泪满襟。”邹容一生只活了 20 岁，战斗人生刚开始，壮志未酬便含恨而逝，但他的英名和《革命军》一起，永远载入了近代中国革命的史册。

辛亥革命后，孙中山以大总统名义签署命令，盛赞“邹容当国民醉生梦死之时，独能著书立说，激发人心”，“惟蜀有材，奇俊瑰落”，追赠邹容为大将军，以表彰邹容对民国的贡献。1944 年国民党重庆市党政联席会议决定在南区公园建“邹容烈士纪念碑”（于 1946 年元月落成）。碑高 5.5 米，碑身为上等青硖石，四面均镌有“邹容烈士纪念碑”七个大字，碑座为八角形，镌有碑文。碑文系章太炎撰写的墓表。碑旁另建一小亭。同时，决定将原夫子池洪家院子（来龙巷附近）至苍坪街原邹家祠堂（现五一影院对面）改名为邹容路。邹容生前好友还联名发起筹集款项，办起邹容中学。

沧白纪念堂

杨沧白先生

重庆同盟会会员之间进行联络的信物《蜀中同盟会》

杨庶堪（1880—1942 年），字品璋（后改称沧白），生于巴县木洞镇，杨庶堪年少时期，资质聪明，颖悟善读，其父亲杨辉之十分喜爱，经常托人在外地带回他喜爱的书籍，使他打下深厚的文化功底，在 15 岁时过“府考”，即发“首案”入学为清末秀才。

甲午战争后，清政府腐败无能，割地赔款，向列强屈膝求饶，杨庶堪对此愤慨。为了寻求革命真理，了解西方国情，他与同学邹容友谊笃厚，同在重庆经学书院学习古诗文辞，还向国外友人请教英语和日语，提高外语阅读水平。

清末废书院，建学堂，杨庶堪在重庆府中学堂任英语教师。

1901 年，邹容去成都考取自费留学日本。杨庶堪则与巴县的梅际郇、童宪章、陈崇功、朱之洪等人秘密组织资产阶级革命小团体——“公强会”，常会盟于五福宫桂香阁，以设酒聚饮为掩护，做反对满清政府的革命准备。1902 年，杨庶堪和学友梅际郇、朱必谦一道创办同盟会重庆支部机关报《广益丛报》，每期发行千余份。他担任主笔撰写文章，疏说民族大义，持论公道，很受青年知识分子欢迎，社会上形成以学习、讨论杨庶堪的文章为时尚。1905 年，在日本留学时就加入孙中山领导的同盟会的童宪章、陈崇功回国，按照孙中山指示和部署，与杨庶堪共同建立重庆同盟会支部，负责川东地区革命活动。杨庶堪被推为支部负责人。

历史上，每当社会矛盾发展到不可调和时，暴力是普遍采用的手段，清末时期的重庆辛亥革命同样如此。1906 年，永宁中学堂聘同盟会党人杨庶堪、向楚来校任教，教授历史、英语等课程。杨庶堪有意识地以此为基地，积极宣传资产阶级民主革命思想，启发学生思想觉悟，介绍革命书刊，在学生中发展了一批优秀分子加入同盟会，积蓄革命力量，秘密策划起义。

1907 年，在离城 40 里的兴隆场鹤鸣池，同盟会党人黄方制造炸弹，不慎失手爆炸，惊动街邻。当地豪绅密报厅官邓元穗，邓密令巡防军差役出动缉拿，幸杨庶堪事先探得消息，差人急送信告之转移，黄方得以逃脱。1910 年夏，杨庶堪返回重庆，任重庆府中学堂监督，张培爵任学监，同盟会党人也陆续聚集重庆，分别进入重庆教育系统，担任各单位要职。这一时期，同盟会基本上掌握控制了重庆教育界主要力量。为准备起义，重庆府中学堂把巴县当局拨给供学生操练用的九子快枪二百支也掌握在同盟会员手里。

1911 年，清政府突然宣布收回批准的川汉铁路修筑权，实行铁路国有政策，剥夺各省自愿自办铁路权利，路款向西方银行团借贷。该政策是假“国有”之名，行“卖路”之实，损害国家主权。四川保路运动风起云涌，重庆同盟会旋即策应。杨庶堪等人连日在万寿宫、禹王庙举行演讲、宣传，并推选代表梅际郇、朱之洪、刘祖荫等人前往见川东道朱有基，请电护督王人文代奏清廷收回成命。重庆府中学堂的学生到各坊厢张贴传单，鼓动号召，重庆民众群情激愤，要求夺回路权。此时，杨庶堪等同盟会人经分析后，认为保路运动并非根本革命，应趁此机遇把运动转化为在同盟会领导下的革命斗争。为此，成立了以同盟会核心组织“乙辛学社”为主的起义机构，杨庶堪为起义总指挥，张培爵负责军事，朱之洪负责通讯联络，向楚负责宣传工作。

10 月 13 日，清廷派粤汉总督端方率军进川剿灭革命军，驻扎在通远门外附近的同业公会。对革命党人形成威慑。

城内形势处于恐慌骚动局面，居住在市区的外国侨民开始撤离，登上停泊在长江边的军舰。部分居民也收拾包裹细软寻路出城。

18 日端方率军离开重庆前往资州。行前委任李湛阳为巡防军统领并扩编新军。

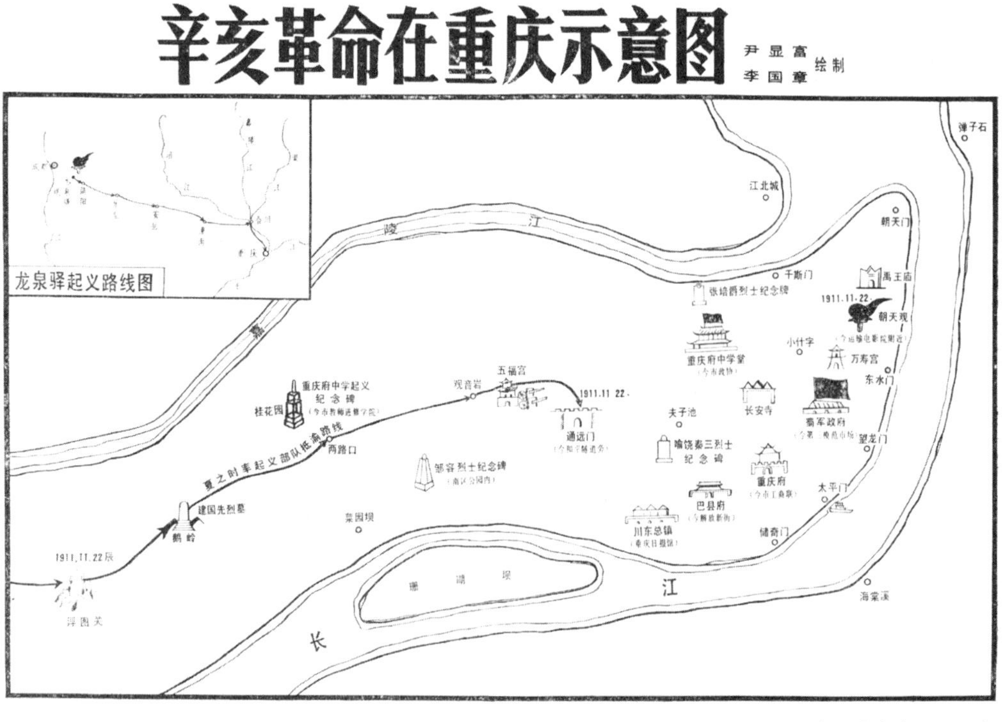
辛亥革命在重庆示意图
尹显富
李国章
绘制
龙泉驿起义路线图
嘉
陵
江
长
江
江北城
弹子石
朝天门
千斯门
禹王庙
张培爵烈士纪念碑
1911.11.22.
朝天观
小什字
重庆府中学堂
万寿宫
东水门
五福宫
观音岩
1911.11 22.
通远门
夫子池
长安寺
蜀军政府
望龙门
喻饶秦三烈士
纪念碑
重庆府
太平门
巴县府
川东总镇
储奇门
海棠溪
重庆府中学起义
纪念碑
桂花园
夏之时率起义部队抵渝路线
两路口
邹容烈士纪念碑
建国先烈墓
菜园坝
鹅岭
1911.11.22辰
浮图关
珊
瑚
坝

辛亥革命在重庆示意图

重庆同盟会机关刊物《广益丛报》

蜀军政府讨满虏檄文

1911 年 11 月 蜀军政府讨满虏檄文

趁此机会，杨庶堪派遣青年同盟会员渗入巡防军，为起义作里应外合之势。为确保起义顺利，杨庶堪还争取到多方力量如民间团练组织——重庆商会所辖的商团、各坊厢负责的民团等，加入反清阵营中来，并由同盟会员担任组织要职。另外，通过袍哥首领况春发说服驻扎在五福宫的川东道炮队教练长邓锟山反正，邓倒也干脆，将炮针机柄卸下交给同盟会为印证。为分散和孤立重庆清军，10 月至 11 月期间，同盟会重庆支部在川东南一带发动多次起义，纷纷宣布独立，从而对清王朝统治造成严重威胁。重庆独立指日可待。

11 月 5 日，杨森部下清陆军第 17 镇排长夏之时（同盟会会员）在简阳龙泉驿率部起义，然后挥师东下，拍马赶到重庆磁器口，进驻佛图关，扼守重庆西大门。

等待已久的起义时机成熟。杨庶堪领导的重庆同盟会按照武昌先例，将新政府定名为“蜀军政府”，采取和平起义的方式，起草了一系列新政府的组织纲要、章程、布告、条例。22 日清晨，杨庶堪派朱之洪、张颐出城迎接夏之时部队。随后，群众和学生斥退守城士兵，毁锁开门，迎接夏军入城。与此同时，同盟会成员和学生队伍分赴各坊厢公开宣传起义宗旨和蜀军政策，早已作好策反准备的巡防营、水师炮队、商团三队和各坊厢民团手臂缠绑白布，分道整队，沿途呼喊革命口号：“民国万岁！”沿街民众彼此呼应，浩浩荡荡前往朝天观。况春发的袍哥敢死队佩大刀，持丈八蛇矛簇拥着杨庶堪、张培爵来到会场，杨

辛亥革命蜀军政府成立合影

庶堪向重庆民众宣示重庆独立，正式成立蜀军政府，开始民国的历史，并通电全国："蜀军于本日午后三时由重庆举义，道府县及印委各官一体投诚，市面平靖，外人安堵。"全城欢声雷动，鞭炮齐鸣，大街小巷齐刷刷挂出了白布汉字旗帜，庆祝重庆光复和推翻清朝在川东地区的统治。次日，同盟会在行台酝酿蜀军政府人事安排，大家一致推选资望最高和功绩卓著的杨庶堪为政府都督，但杨庶堪坚决辞让。最后公推张培爵为都督，夏之时为副都督。此后，杨庶堪在诗中描述当时的感情："余亦从张公，渝州揭汉旗。"其功成身退的高尚情操和宽广胸襟可见一斑。随后，重庆蜀军政府被成都四川军政府合并，重庆辛亥革命失败。1913 年，孙中山发起二次革命。杨庶堪与熊克武起兵讨袁失利，前往日本与孙中山会合。

后来，杨庶堪在跟随孙中山进行资产阶级民主革命的过程中，先后历任四川省省长、广东省省长、大元帅府秘书长、国府委员等职。1942 年 8 月 6 日在重庆南岸大石坝寓所辞世，享年 62 岁。8 月 20 日，国民政府明令褒扬杨庶堪，11 月 22 日，国民党中央在重庆市夫子池举行国葬，蒋介石主祭并送挽幛。

杨庶堪家乡的生前好友、学生敬仰他的功绩，决定将重庆府中学堂故址，营建"杨沧白纪念堂"（现政协重庆市委礼堂），将炮台街改为"沧白路"，以纪念这位伟大的资产阶级思想家和革命家。

重庆“九·二”特大火灾纪实

建国前夕，朝天门地区发生震惊中外的“九·二”特大火灾。这是一场空前的浩劫，给重庆人民生命财产造成极其惨痛的损失。

1949年9月2日，盛夏伏天季节，天际无云，烈日当空。往时喧嚣的陕西路、过街楼一带，大街小巷行人匆匆，纷纷躲避在阴凉处消夏乘凉。下午2点40分，陕西街余家巷内猛然地窜出一团冲天火球！带着呼呼的燃烧声向周边扩展。火借风势，风助火威，呈燎原之势的火龙翻腾着朝灯笼巷、朝天门码头一带扑去。另一路火舌卷过信义街、过街楼烧至中正路，向曹家巷中国银行、川盐银行方向扑腾，无情的大火吞噬掉幢幢民房、商铺、仓库、银行、厂房等各式建筑。由于货栈、银行仓库堆放的许多军需品被引燃，火势燃烧得格外猛烈，站在数十公里外都能看见冲天的火焰和浓烟。

滚滚的浓烟遮天蔽日，炸裂声此起彼伏，燃烧的房屋一幢幢轰然坍塌。灯笼巷、顺城巷一带的居民无路可逃，只得退向临江的河滩。

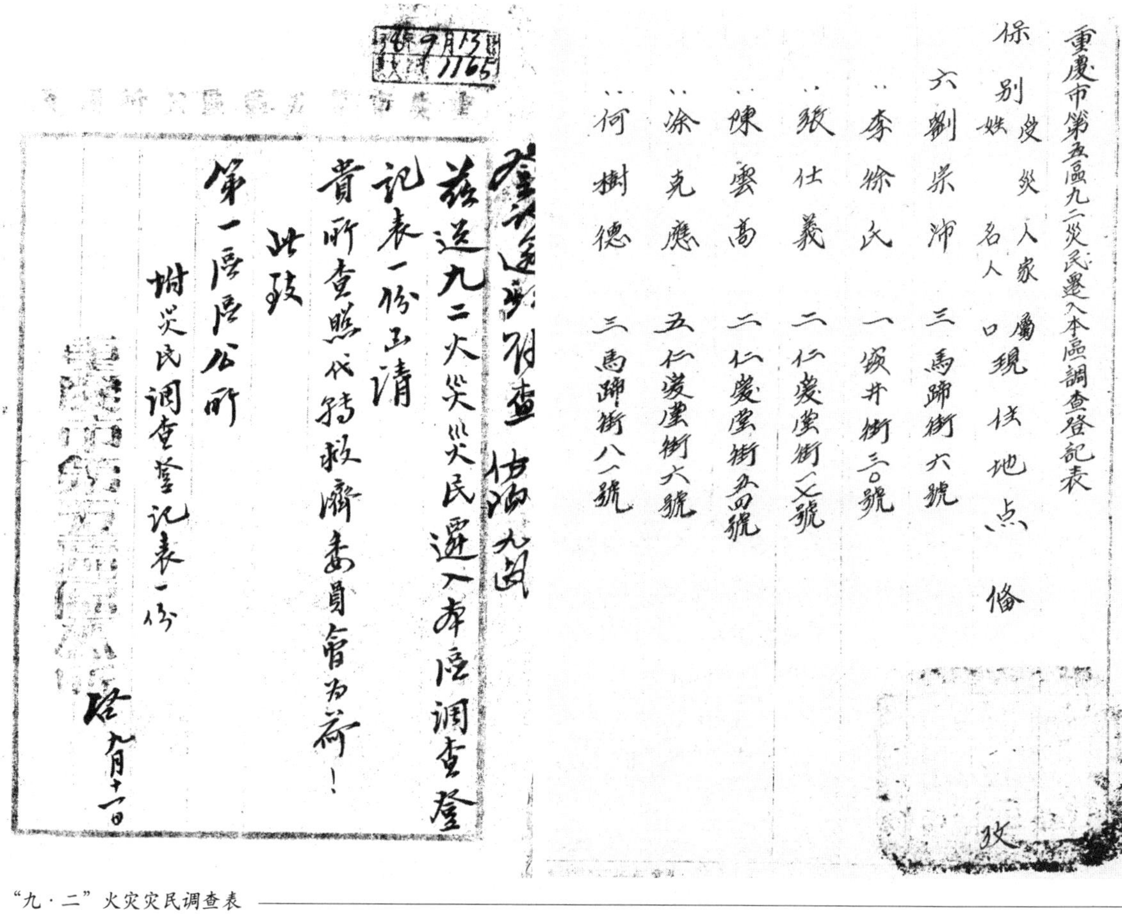

38年9月13日
1165

查送九二灾民迁入本区调查登记表由

兹送九二火灾灾民迁入本区调查登记表一份，至请
贵所查照，代转救济委员会为荷！
此致
第一区区公所
附灾民调查登记表一份
九月十一日

重慶市第五區九二災民遷入本區調查登記表

保別	受災人家姓名	人口	屬現住地點	備攷
六	劉崇沛	三	馬蹄街六號	
″	李徐氏	一	猴井街三〇號	
″	張仕義	二	仁愛堂街一〇號	
″	陳雲高	二	仁愛堂街五四號	
″	涂克應	五	仁愛堂街六號	
″	何樹德	三	馬蹄街八一號	

“九·二”火灾灾民调查表

九月的长江恰逢涨水季节，平时空旷的沙滩涌动着混浊的河水，逃难的市民潮水般地挤上停泊在江边的木船和趸船。谁知涨水期间的船只离岸很近，被腾飞火舌舔燃，顿时，岸上的人想挤上船，船上的人又想逃上岸，绞结纠缠，乱作一团，掉下河淹死者不计其数。另一路卷过街的大火烧至傍嘉陵江而建的行街、水巷子一带的各式凉棚、捆绑房，燃烧时喷射的火焰又溅落在停泊江边的米船、煤船、盐船、糖船上，船上燃起大火，为避火险，幸存的船只赶紧“撑离码头，殊水流甚速，片刻即流至嘉陵江码头，被码头火船所挤，倏即着火焚尽”。这火船指的是停靠在嘉陵江码头的民生公司油船。它被引爆燃烧，油助火燃，火随水漂，顺江而漂的大火又把对岸江北城河边的房屋炙燃。一时间，朝天门段江面和岸上已是“火烧连营”，哭嚎惨叫，此起彼伏，烧死淹毙者，不计其数。

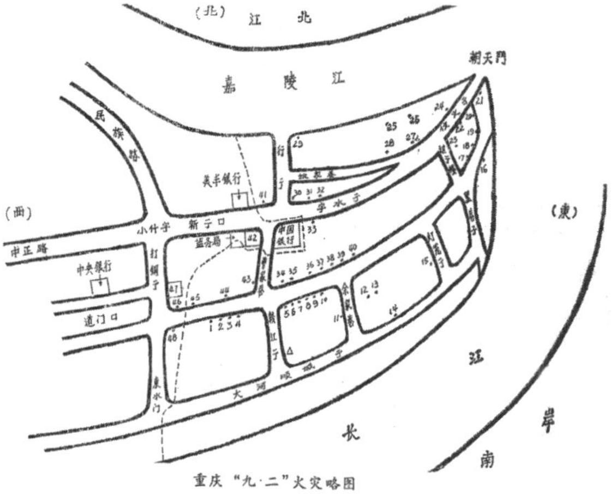
(北)
江北
嘉陵江
朝天門
民族路
美丰银行
(西)
小什字
中正路
中央银行
道门口
字水子
(東)
大河顺城子
长江
南岸
重庆“九·二”火灾略图

“九·二”火灾略图

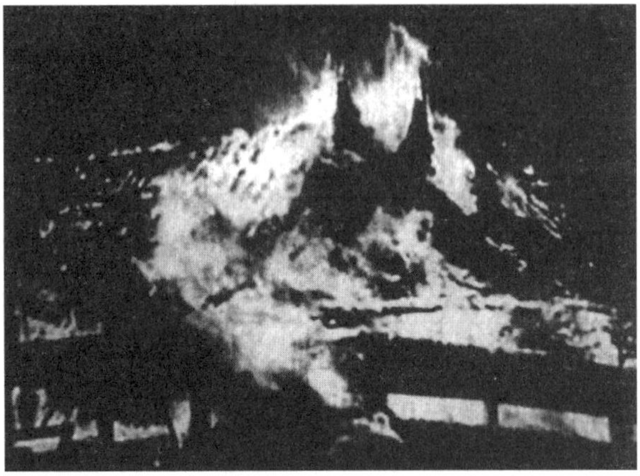

“九·二”火灾现场照片

火灾损失：大火因烈日和风势助虐，四处逞威，延续了十几个小时，烧至新街口时被美丰银行（现中国人民银行）和位于字水街的中国银行（现重庆饭店）以及位于曹家巷口的川盐银行（现重庆饭店旅馆部）等几处高大的钢筋水泥建筑挡住，方才停息下来。往日重庆繁华的“华尔街”和附近商业区已是断垣残壁，满目疮痍。据市警察局档案记载，大火过灾面积41万平方米，共烧毁大小街巷39条，学校7所、船只100多艘、银行钱庄33家、仓库22所、拆卸房屋236幢、受灾9601户共41425人，有户口簿可查的死者2568人，掩埋尸体2874具，伤4000人。物质损失难以计数，仅猪鬃一项就折合当时25万美元。

火灾原因：据事后调查系陕西路赣江街17号协合油腊铺老板李清发家三楼佃客陈树章家里几个小孩玩“家家酒”失火，很快引燃楼下铺面堆放的油料、蜡烛等易燃物质，酿成火灾。当天恰逢高温天气达39度，风力为7.5级的东南风，气象行家解释，此风又称“火风”，从云贵高原飘移过来，温高干燥，如遇大

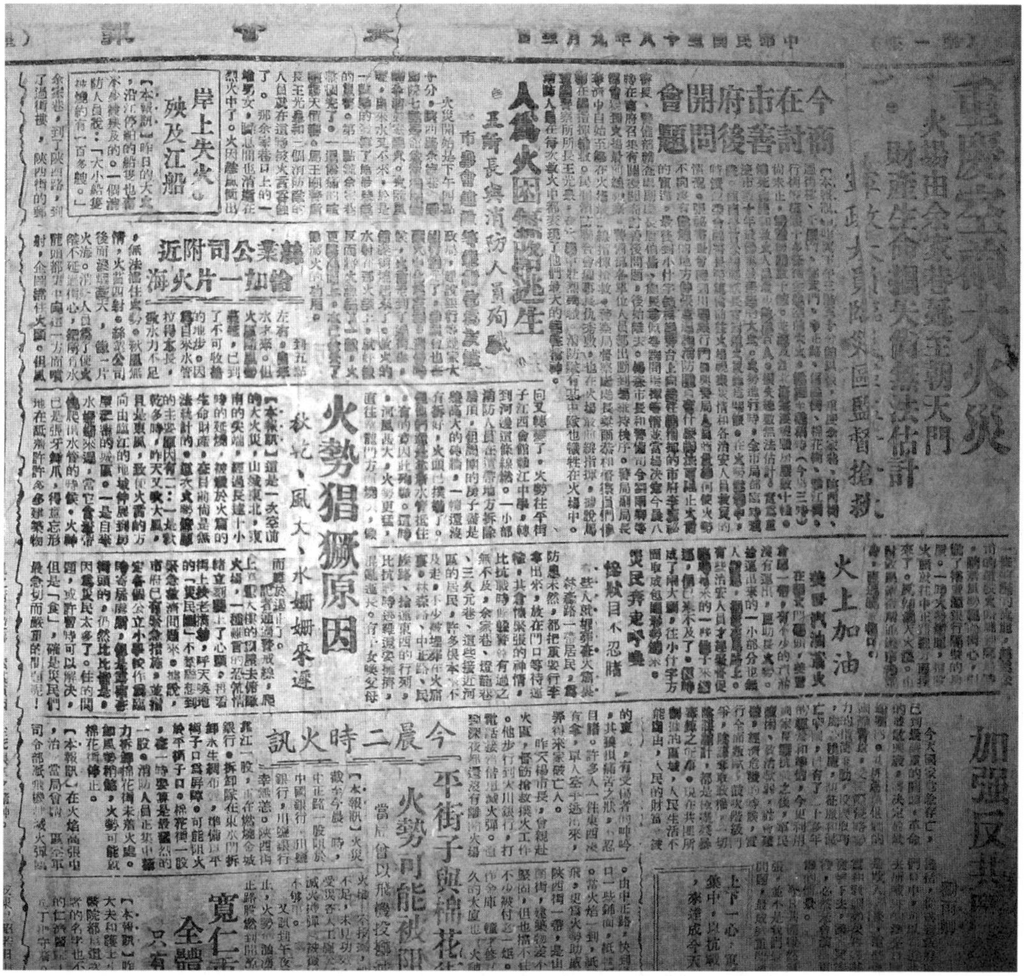
中華民國三十八年九月三日
重慶空前大火災
火場由合家巷蔓至朝天門
財產生命損失無法估計
今在市府開會
商討善後問題
人為火困無路逃生
火勢猖獗原因
秋乾、風大、水姍姍來遲
火上加油
慘狀目不忍睹
災民奔走呼號
岸上失火
殃及江船
今晨二時火訊
平街子與棉花街
火勢可能被阻
加強反

“九·二”火灾新闻报道

火和地势阻拦极易形成低压旋风。当时，下半城沿城墙河边一带街巷的房屋建筑多系捆绑式的木构房或穿斗房，且鳞次栉比，消防设施极不规范和简陋，当火警呼啸而至时，现场唯一的消防栓无水可供，消防队员徒唤无奈，当冲天大火燃烧了一个多小时后消防供水才姗姗来迟，早已火烧连营了！

据历史文献记载，历史上的朝天门地区发生大火已不止一次了，1928 年 4 月 19 日，千厮门发生特大火灾。大火起至洪崖洞，由东川书院街入城，延烧至香水桥，石板街一带；上至临江门入城，延至横街七里坎、省立女师学堂附近地区均成火海，受害者 8000 余家，财产损失 5000 万元。

其 他

本节中所选人物或事件我们在书中将不作一一介绍，只是选取一些具有代表性的旧影和档案供读者阅读欣赏。

聂荣臻在法国勤工俭学时留影

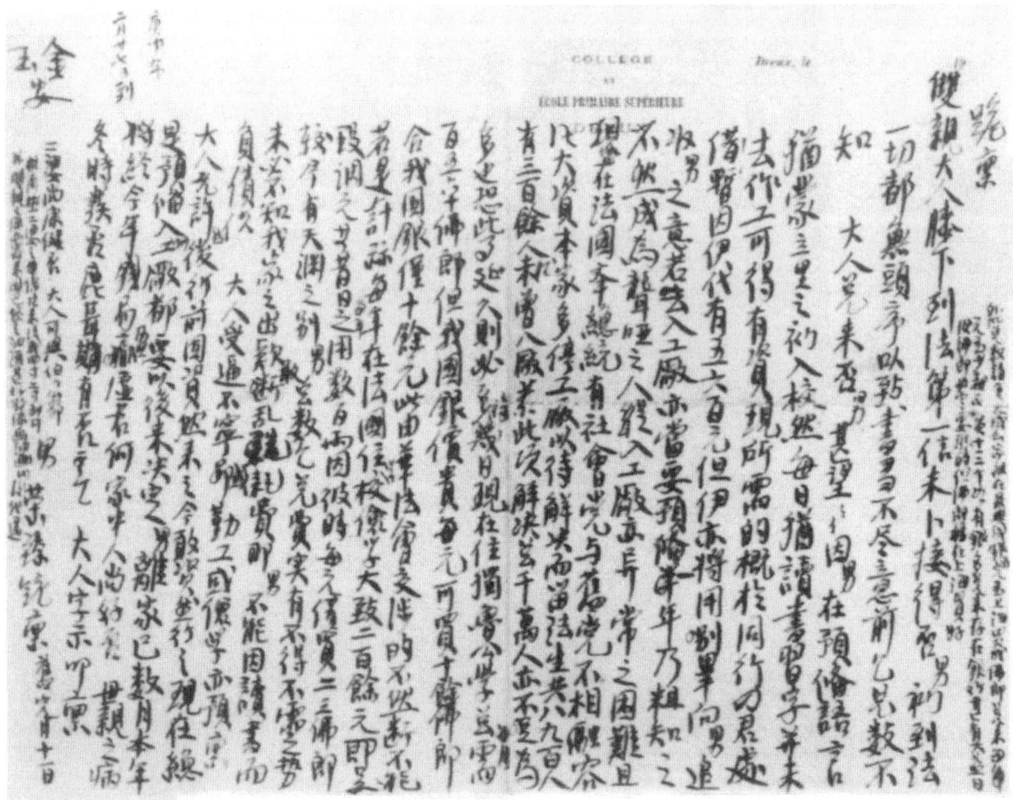

COLLEGE
ET
ÉCOLE PRIMAIRE SUPÉRIEURE

曉宗

雙親大人膝下 到法第一信未卜接得否 男初到法
一切都無頭緒 以致書多多不盡意 前已[illegible]不
知 大人曾来否 男甚望之 因男在預備語言
猶蒙三里之初入校 然每日猶讀書習字 并未
去作工 可得有餘資 現所需的概於同行的君處
借暫 因伊代有五六百元 但伊亦將用完 男追
收男之意若要入工廠 亦當要預備半年 乃粗知之
不然成為聾啞之人 雖入工廠亦異常之困難 且
現在法國[illegible]總統有社會[illegible] 與[illegible]不相融洽
[illegible]大資本家多停工廠 以待解決 而留法生共[illegible]人
有三百餘入和曾入廠 若不此次解決 [illegible]
[illegible]

聂荣臻在法勤工俭学时期的家书

顺泸起义总指挥刘伯承（1927 年）

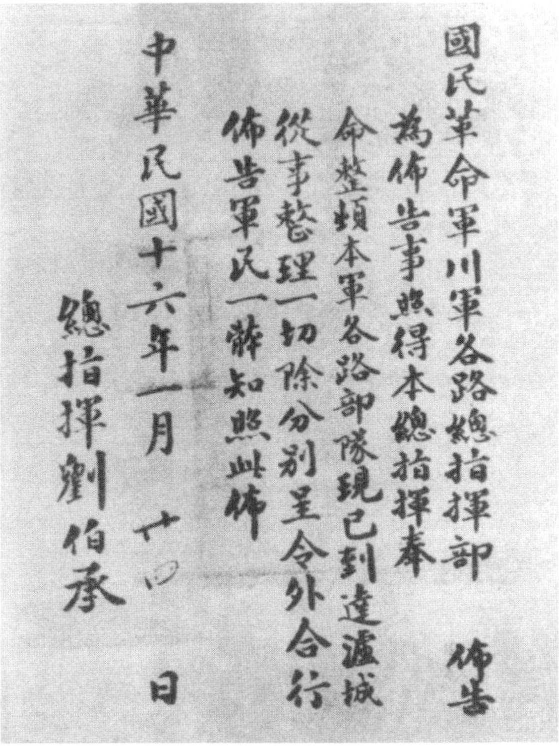

國民革命軍川軍各路總指揮部　佈告
為佈告事照得本總指揮奉
命整頓本軍各路部隊現已到達瀘城
從事整理一切除分別呈令外合行
佈告軍民一體知照此佈
中華民國十六年一月廿四日
總指揮劉伯承

泸州、顺庆起义布告（1927 年 1 月 24 日）

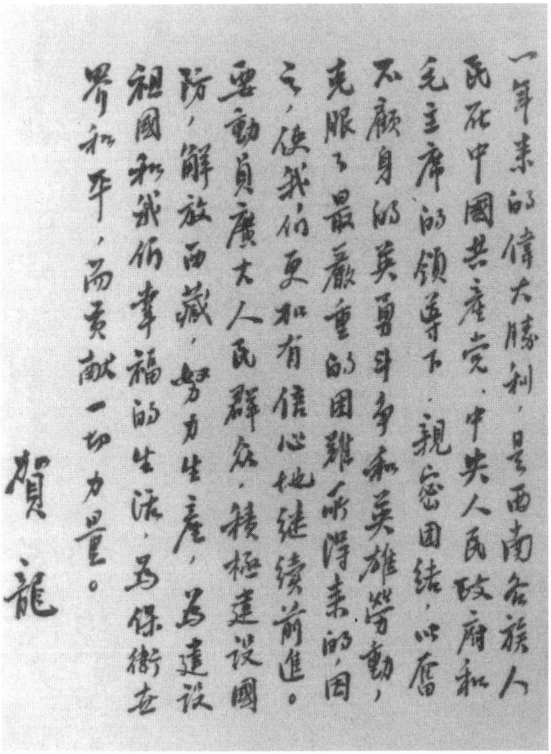

一年来的偉大勝利，是西南各族人民在中國共產党、中央人民政府和毛主席的領導下，親密團結，以奮不顧身的英勇斗爭和英雄勞動，克服了最嚴重的困難所得来的。因之，使我們更加有信心地繼續前進。要動員廣大人民群眾，積極建設國防，解放西藏，努力生產，為建設祖國和我們幸福的生活，為保衛世界和平，而貢獻一切力量。

賀龍

1950 年，贺龙为重庆解放一周年题词

1952 年，西南军政委员会副主席贺龙在重庆大田湾体育场举行西南区第一届运动大会开幕式上讲话

新蜀報
新蜀報

1922 年，陈毅在重庆担任《新蜀报》主笔兼编辑

陈毅 1926 年在重庆留影

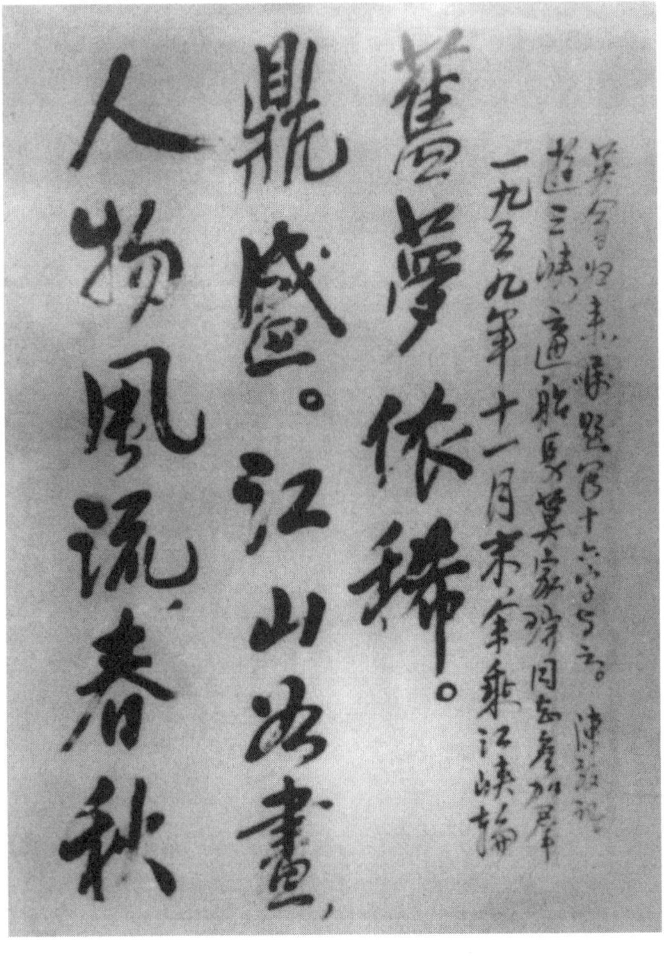
舊夢依稀。
鼎盛。江山如畫，
人物風流春秋
一九五九年十一月末，余乘江峽輪
陳毅記

陈毅 1959 年 11 月乘重庆“江峡”轮游三峡时的题词

天下為公
馮玉祥
還我河山
茂修先生
馮玉祥

冯玉祥将军在重庆题词

冯玉祥(1882—1948)，安徽巢县人，国民党高级将领。1938 年入川，在重庆生活的 8 年中，积极开展抗日救国活动。他以“丘八诗人”自称，一生中写了 1400 多首诗，大多是宣传抗日救国的，在民众中广为流传。图为 1940 年冯玉祥与二女儿在重庆康庄寓所合影

青山有幸埋忠骨

張自忠安葬北碚

軍委會派員前往主持

【本市訊】為國捐軀之××集團軍總司令張自忠將軍靈櫬，由前方運渝，轉至北碚雙柏樹暫厝，已迭誌各報。茲悉中央及張公友好為慰英靈起見，特在雙柏樹建築堅固石墓，定今日正午十二時舉行移靈安厝禮。聞軍委會已派姚琮前往主持，某軍辦公處處長李忻昨已前往辦理，並聞馮玉祥、馮治安諸將軍均往致祭云。（環東社）

1940年11月16日张自忠被安葬于北碚梅花山的报道

抗日名将张自忠(1891—1940)，山东临清县人。抗战爆发后，历任第59军军长，第27军团军团长，第33集团军总司令，第五战区右翼兵团总司令。1940年5月16日，率部在襄河南岸对日作战时壮烈牺牲。同年11月，其遗体安葬在重庆北碚梅花山

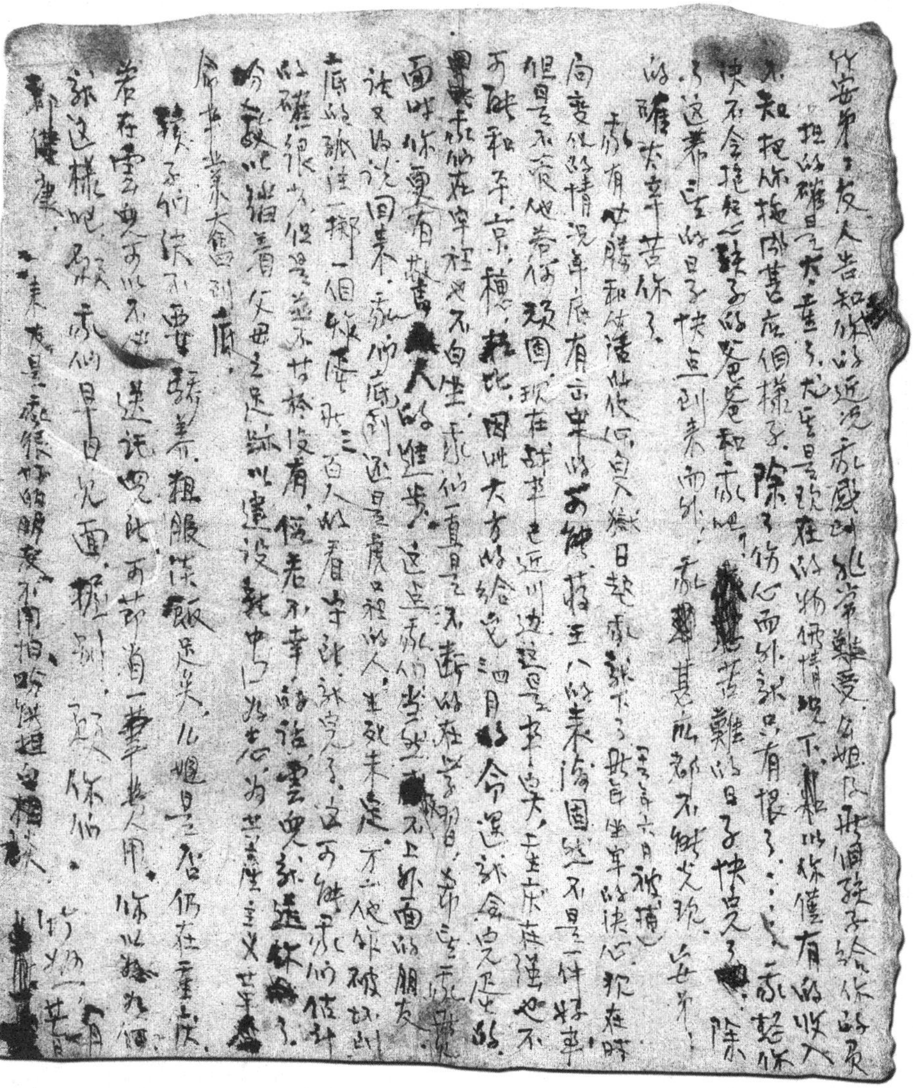

竹安弟：友人告知你的近况，我感到非常难受。幺姐及两个孩子给你的负担的确太重了，尤其是现在的物价情况下，以你仅有的收入，不知把你拖成什么样子。除了伤心而外，就只有恨了……我想你决不会抱怨孩子的爸爸和我吧？苦难的日子快完了，除了这希望的日子快点到来而外，我们什么都不能兑现。安弟，的确太辛苦你了。

我有必胜和必成的信心。自入狱日起（去年六月被捕）我就下了两年坐牢的决心，现在时局变化的情况，年底有出牢的可能。蒋王八的来渝，固然不是一件好事，但是不管他如何顽固，现在战事已近川边，这是事实。重庆再强也不可能和平、京、穗相比。因此大方的给它三四月的命运就会完全垮的。

我们在牢里也不白坐，我们一直是不断地在学习。希望我们见面时你更有惊人的进步。这点我们还比不上外面的朋友。话又得说回来，我们到底还是虎口里的人，生死未定。万一他们在逃走前的孤注一掷，一个炸弹，三百人的看守所，就完了。这可能我们估计的确很少，但是并不等于没有。假若不幸的话，云儿就送给你了。盼教以踏着父母之足迹，以建设新中国为志，为共产主义事业奋斗到底。

孩子们决不要娇养，粗服淡饭足矣。幺姐是否仍在重庆？若在，云儿可以不必送托儿所，可节省一笔费用，你以为如何？就这样吧，愿我们早日见面。握别！愿你们都健康。

来友是我很好的朋友，不用怕，盼能坦白相谈。

竹姐 八月廿七日

图为江竹筠烈士在狱中给亲戚谭竹安的遗书手迹。信中表达了烈士对革命事业的坚定信念和视死如归、舍身成仁的革命精神

中华儿女革命的典型江竹筠（1920—1949），四川自贡人，1939年加入中国共产党，1948年6月14日在万县被捕，囚于歌乐山渣滓洞监狱。在狱中她受尽了种种毒刑和拷打，自始至终坚贞不屈。1949年11月14日，在歌乐山英勇就义，年仅29岁

水银二百四十两
以上芜湖关署章程

《王章六十自述》

据史料记载，自秦灭巴国设巴郡，郡治在江州县（今重庆市）。
且把重庆作为区域性军事城堡。漫长的封建时代，重庆工商业并

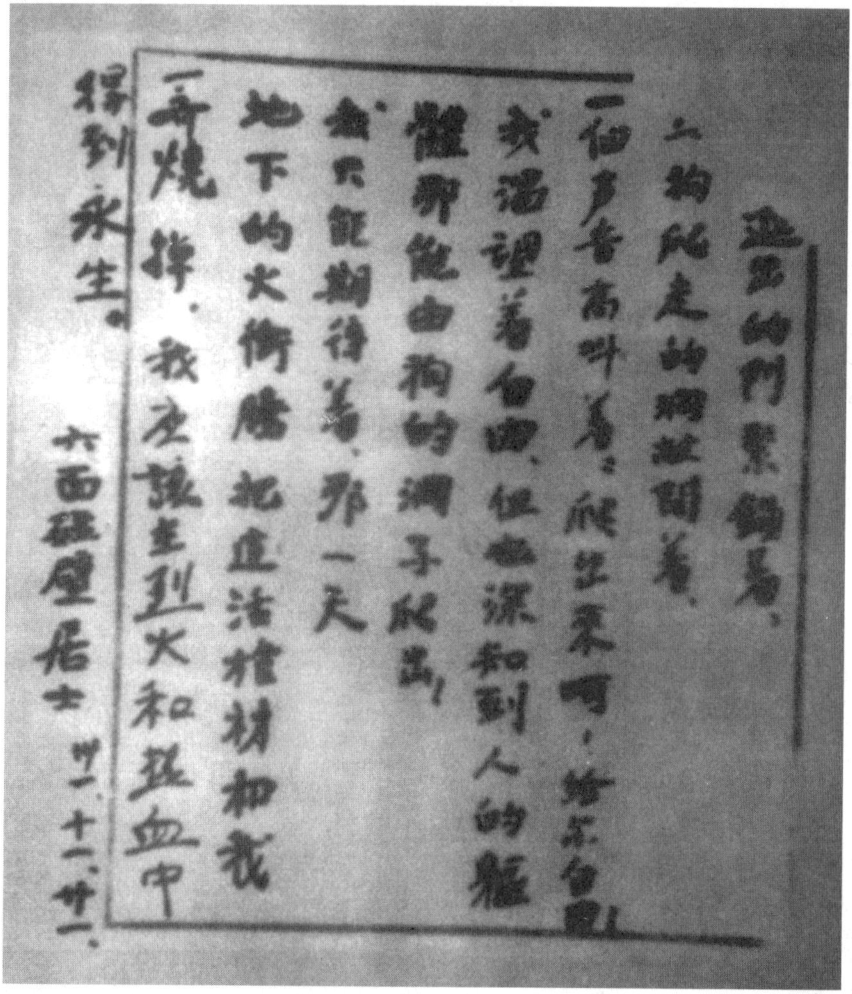
出的门紧锁着，
为狗爬出的洞敞开着，
一个声音高叫着：爬出来吧，给你自由！
我渴望着自由，但也深知道人的躯体那能由狗的洞子爬出！
我只能期待着，那一天
地下的火冲腾，把这活棺材和我一齐烧掉，我应该在烈火和热血中得到永生。
六面碰壁居士 卅一、十一、廿一

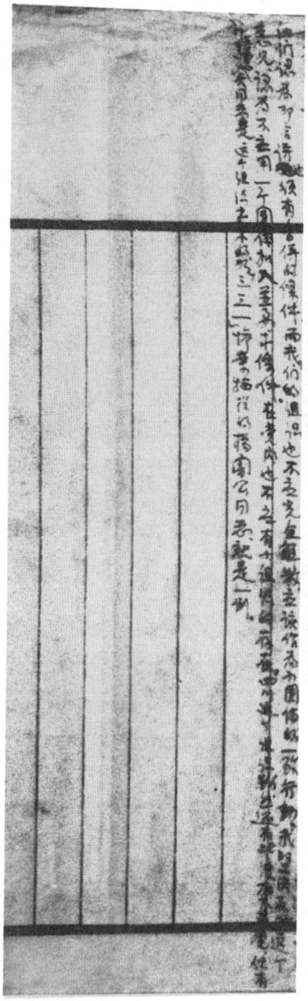

叶挺《囚歌》

中国民主同盟创始人张澜(1872—1955)，四川南充人。早年留学日本。1939年11月，在重庆与沈钧儒、黄炎培等人发起成立统一建国同志会

民主之家

爱国民主人士鲜英(1885—1968)，四川省西充县人。早年从军。1925年9月任江巴卫戍总司令，驻防重庆。1931年，在嘉陵江边建立一处住宅，取名“特园”。国府迁渝后，特园成为爱国民主人士聚会的场所

1945年10月，民盟在特园召开第一次全国代表大会

著名教育家陶行知(1891—1946)，安徽省歙县人

中国教育家晏阳初(1890—1990)，四川省巴中人

1940 年设在北碚的中国乡村建设学院教室

著名作家郭沫若(1892—1978)，四川乐山人。早年留学日本，抗战爆发后，于1938年12月到重庆，任国民政府军委会政治部第三厅厅长，领导陪都文化界人士开展抗日宣传工作。在重庆期间，创作《屈原》、《虎符》、《孔雀胆》等历史剧，深刻揭露了顽固派的投降政策，激励了革命人民的抗日斗志

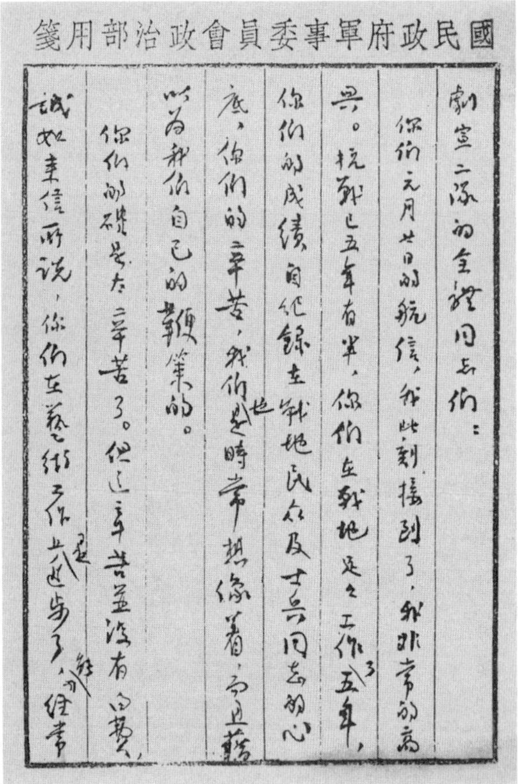

國民政府軍事委員會政治部用箋

劇宣二隊的全體同志們：

你們元月廿日的航信，我此刻接到了，我非常的高興。抗戰已五年有半，你們在戰地足足工作了五年，你們的成績自然錄在戰地民衆及士兵同志的心底，你們的辛苦，我們也時常想像著，而且藉以為我們自己的鞭策的。

你們的確是太辛苦了。但近年苦並沒有白費，誠如來信所說，你們在藝術工作上是進步了，

郭沫若手迹(一)

重慶值得留戀

郭沫若

郭沫若忆重庆的文章《重庆值得留恋》

据史料记载，自秦灭巴国设巴郡，郡治在江州县（今重庆市）

把重庆作为区域性军事城堡，漫长的封建时代，重庆工商业

老档案

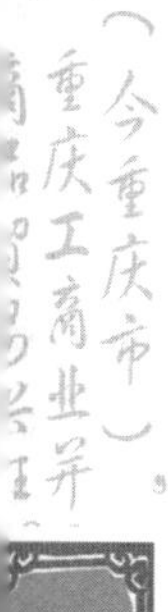

晚
TA KUNG

國民政府軍事委員會政治部用箋

「是以常勝軍自勉」，而全民和士兵都接近你們，你們「已經有了廣泛的群衆基礎，已存在的社会地位」。這個是偉大的收獲。社会就是課堂，群衆就是課目，你們經過五年的實際鍛鍊，這方面後有這樣的收獲。我誠懇地慶賀你們。祝你們更進一步的努力。

英美兩國最近繼蘇聯之後也取消了不平等條約，這消息想來你們在劇地也知道了的。這不消

郭沫若手迹（二）

國民政府軍事委員會政治部用箋

說是全民族前年來的努力，特別是五年半抗戰之光輝成果，但在這種成果的獲得上，你們在前線的努力是重要的因素。這更是莫大的一個鼓勵。但我們還不好[illegible]滿足，我們還須更堅毅地淬礪自己，使我們的成果更有真實而宏大。

日寇在[illegible]方面的敗征已著，大后今年是證明年，便可以现出一個[illegible]的[illegible]。但在東方似乎尚難預測，這是需要我們的努力來做決定的。而且抗戰告一段落之後，建國工作更为艱巨。我們正須加緊在工作中磨練，讓我們能有更多的實力，勝任愉快地共同担負起建

郭沫若手迹（三）

國民政府軍事委員會政治部用箋

國的使命。

近年來話劇[illegible]工作也頗有些進步，[illegible]要經達到了一個空前的高潮。日前的霧季公演，在演出條件上比前更困難了，但大家都以不撓的精神在繼續奮斗。自今年開始，現在正有三個劇團[illegible]不多以[illegible]的形式，同時演出三個大戲——新成立的中國藝術劇社（以[illegible]新人為骨幹）的「家」、「祖國在呼喚」，中國萬歲劇團的「[illegible]」，中華劇藝社的「孔雀膽」（[illegible]兩個都是我寫的歷史劇）——就是很好的證明。工作人員及觀衆的熱烈一律都提高了。[illegible]也來之以告慰者，仍因為前一件事件。我如目前的形勢繼續下去，[illegible]

郭沫若手迹（四）

國民政府軍事委員會政治部用箋

有什麼意外的波折，大約本霧季[illegible]以來一劇運的高潮。

劇本的產生年來也比從前豐富了。以前曾有過劇本荒，但現在劇本已轉入劇場荒，演員荒的時代。陪都的劇場太少，演員條件極[illegible]，[illegible]

[illegible]

[illegible]

[illegible]值得我們努力克服的。

我在這[illegible]你們的[illegible]。敬祝

健勝。

郭沫若 上

二月八日

郭沫若手迹（五）

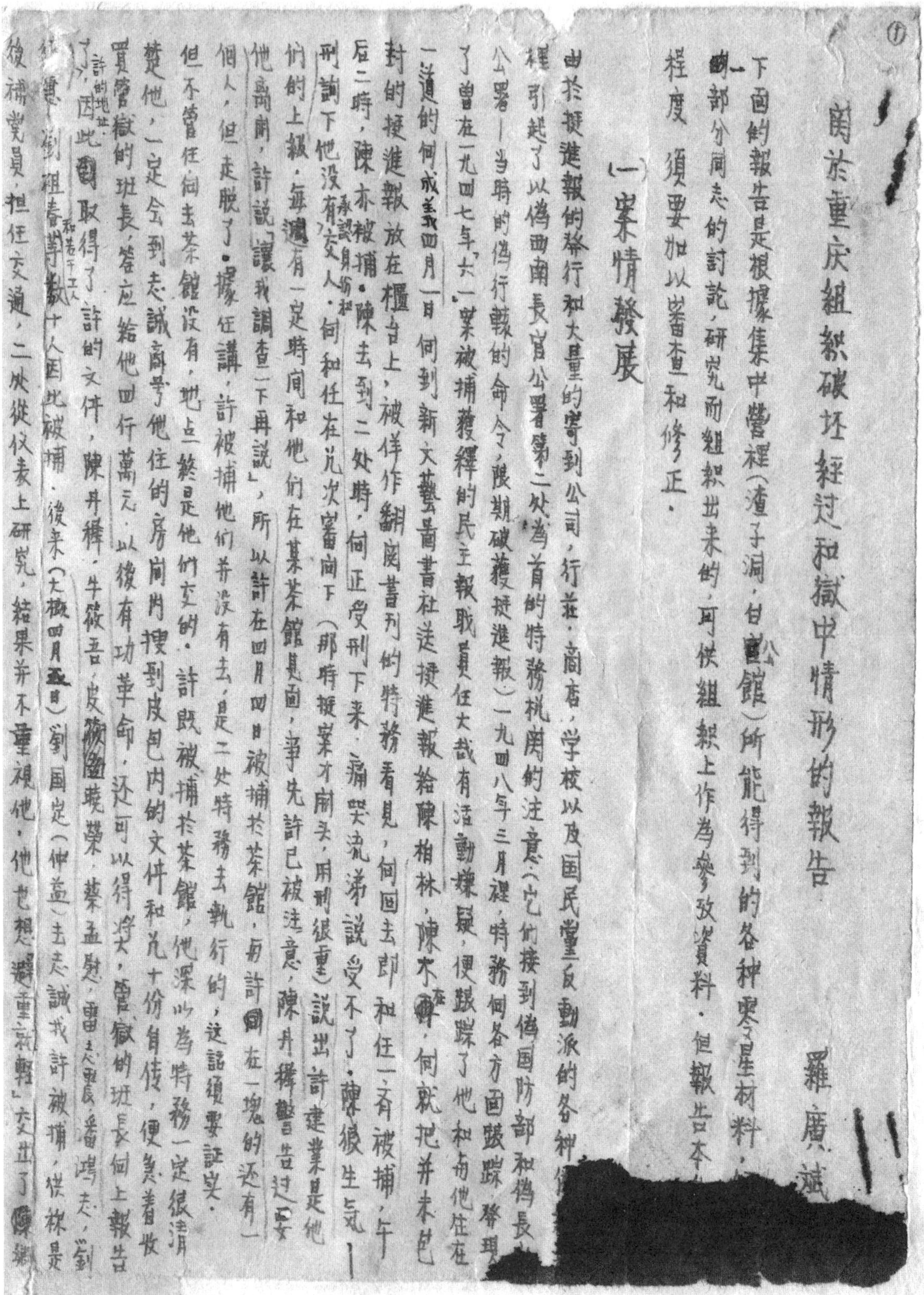
関於重庆組織破坏經过和獄中情形的報告
羅廣斌

下面的報告是根據集中營裡（渣子洞，白公館）所能得到的各种零星材料，
一部分同志的討論，研究而組織出来的，可供組織上作為參考資料。但報告本
程度 須要加以審查和修正。

（一）案情發展

由於挺進報的発行和大量的寄到公司，行莊，商店，学校以及国民黨反動派的各种
裡引起了以偽西南長官公署第二处為首的特務机関的注意（它們接到偽国防部和偽長
公署—当時的偽行轅的命令，限期破獲挺進報）一九四八年三月裡，特務們各方面跟踪發現
了曾在一九四七年「六一」案被捕獲釋的民主報職員任大武有活動嫌疑，便跟踪了他和两他住在
一道的何成四月一日何到新文藝圖書社送挺進報給陳柏林，陳本森，何就把并未包
封的挺進報放在櫃台上，被佯作翻閱書刊的特務看見，何回去即和任一齊被捕，午
后二時，陳亦被捕。陳去到二处時，何正受刑下来，痛哭流涕說受不了。陳很生氣
刑訊下他没有（承認身份和）交人。何和任在几次審問下（那時挺案才開头，用刑很重）說出許建業是他
們的上級，每週有一定時間和他們在某茶館見面，事先許已被注意，陳丹墀警告过（要
他离開，許說「讓我調查一下再說」，所以許在四月四日被捕於茶館，而許同在一塊的还有一
個人，但走脫了。據任講，許被捕他們并没有去，是二处特務去執行的，這話須要証实。
但不管任何去茶館没有，地点終是他們交的。許既被捕於茶館，他深以為特務一定很清
楚他，一定会到志誠商号他住的房間內搜到皮包內的文件和几十份自传，便急着收
買管獄的班長，答应給他四仟萬元，以後有功革命，还可以得奖，管獄的班長何上報告
了（許的地址），因此取得了許的文件，陳丹墀，牛筱吾，皮曉雲，葉孟慰，雷震，潘鴻志，劉
維惠，劉祖春等（和若干工人）數十人因此被捕。後来（大概四月五日）劉国定（仲益）去志誠找許被捕，供稱是
後補黨員，担任交通，二处從仪表上研究，結果并不重視他，他也想「避重就輕」交出了

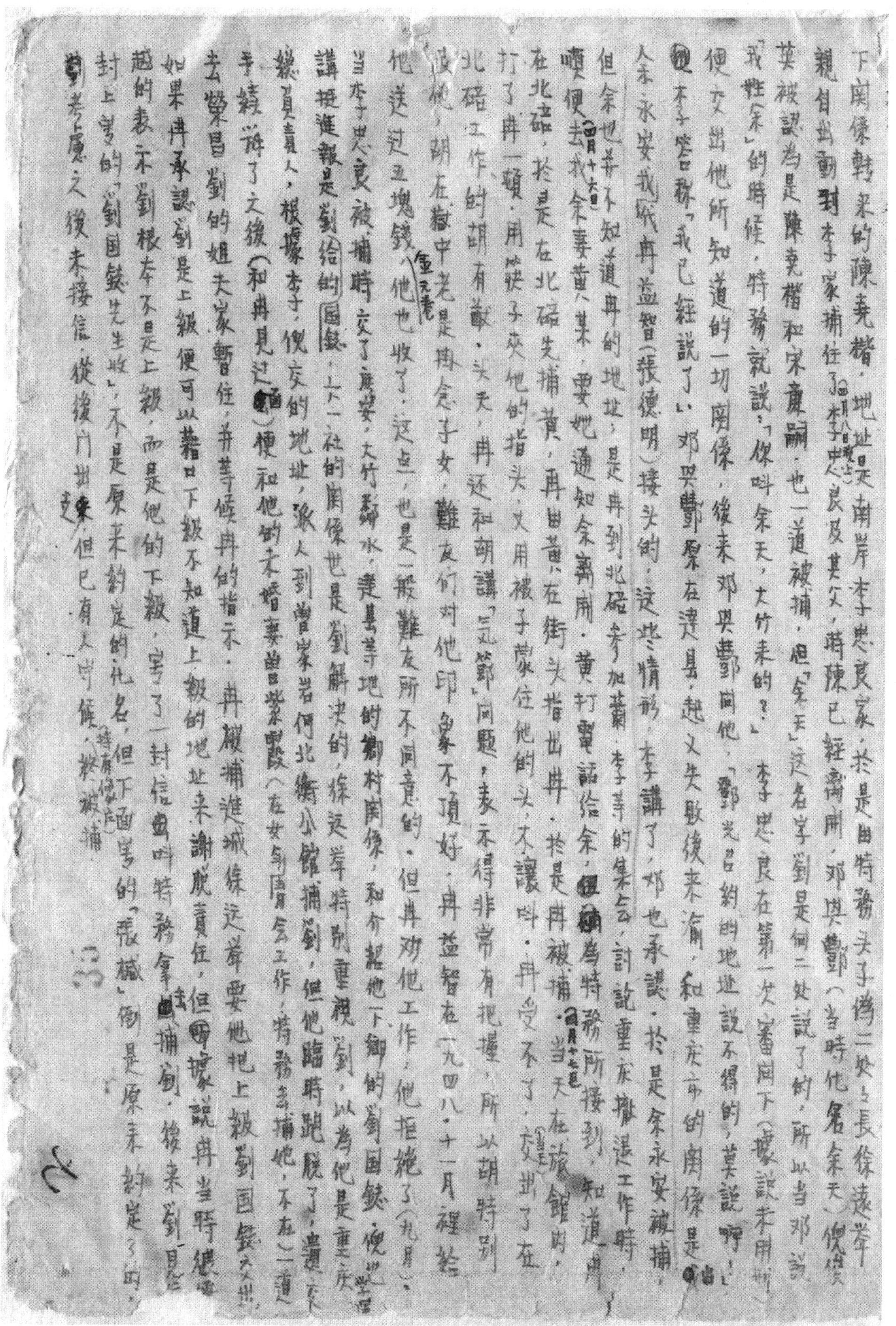

下関係轉来的陳堯楷，地址是南岸李忠良家，於是由特務头子徐二处ゝ長徐遠举
親自出動到李家捕住了（四月八日晚上）李忠良及其父，時陳已經离開，邓興豐（当時化名余天）便
莫被認為是陳堯楷和宋廉嗣，也一道被捕，但「余天」这名字劉是向二处說了的，所以当邓說
「我姓余」的時候，特務就說：「你叫余天，大竹来的？」　李忠良在第一次審訊下（據說未用刑）
便交出他所知道的一切関係，後来邓興豐向他，「鄧光呂的地址說不得的，莫說呀！」
但李答称「我已經說了」。邓興豐原在達县，赵文失敗後来渝，和重庆市的関係是
余永安，我代冉益智（張德明）接头的，这些ゝ情形，李講了，邓也承認。於是余永安被捕，
但余也并不知道冉的地址，是冉到北碚参加蕭、李等的集会，討論重庆撤退工作時，
噴便去（四月十六日）找余妻黄ㄟ某，要她通知余离開。黄打電話給余，[illegible]為特務所接到，知道冉
在北碚，於是在北碚先捕黄，再由黄ㄟ在街头指出冉。於是冉被捕（四月十七日）当天在旅館內，
打了冉一頓，用筷子夾他的指头，又用被子蒙住他的头，不讓叫。冉受不了，交出了在
北碚工作的胡有猷，头天，冉还和胡講「氣節」问题，表示得非常有把握，所以胡特别
恨他，胡在獄中老是掛念子女，難友們对他印象不頂好，冉益智在一九四八、十一月裡給
他送过五塊錢（金元券）他也收了。这点，也是一般難友所不同意的。但冉劝他工作，他拒絕了（九月）。
当李忠良被捕時交了唐虚谷、大竹黎燐水、達县等地的鄉村関係，和介紹他下鄉的劉国鋕，便把
講提進報是劉給的（国鋕），上ㄟ一社的関係也是劉解决的，徐远举特别重視劉，以為他是重庆
總負責人，根據李子便交的地址，派人到曾家岩何北衡公館捕劉，但他臨時跑脫了，還了
手續辦了之後（和冉見过面）便和他的未婚妻曾紫霞（在女師院学会工作，特務来捕她，不在）一道
去榮昌劉的姐夫家暫住，并等候冉的指示。冉繼捕進城，徐远举要他把上級劉国鋕交出，
如果冉承認劉是上級便可以藉口下級不知道上級的地址来謝脫責任，但據說冉当時很[illegible]
越的表示劉根本不是上級，而是他的下級，寫了一封信由特務拿去捕劉。後来劉[illegible]
封上寫的「劉国鋕先生收」，不是原来約定的化名，但下面寫的「張[illegible]」倒是原来約定了的，
劉考ゝ慮之後未接信，從後门出走，但已有人守候（持有像片），於被捕

罗广斌关于重庆组织破坏经过和狱中情形的报告

著名经济学家马寅初(1882—1982)，浙江嵊县人。早年留学美国。先后获哥伦比亚大学哲学博士和经济学博士。抗战爆发后抵达重庆，创办重庆大学商学院。任教期间因猛烈抨击国民党“四大家族”的腐败行径，被蒋介石下令于1940年12月6日捕于重庆大学家中，并押往贵州息烽监狱监禁。1941年3月30日，重大师生及进步人士举行“遥祝马寅初60寿辰大会”，并建“寅初亭”于重庆大学校园内

老舍(1899—1966)，北京人。抗战爆发后到重庆，创作了大量文学作品：短篇小说《火车集》、《贫血集》、《东海巴山集》3部，中篇小说《蜕变》一部，长篇小说《火葬》、《四世同堂》等。1944年1月，老舍在北碚开始写作《四世同堂》第一部《惶惑》，同年11月10日起在重庆《扫荡报》连载。图为老舍与家人在北碚留影

徐悲鸿先生的自画像

徐悲鸿先生的画作《山鬼》

徐悲鸿先生作画时的情景

1941 年，国民政府在渝颁布《新闻记者法》，这是国民政府在抗战时期第一部较为完备的有关新闻记者的法律。图为民国时期，准备以鸽子发稿回报社的记者

◎《老重庆影像志》◎

老城门
老重庆影像志
唐冶泽　冯庆豪◎编著
壹

老房子
老重庆影像志
王川平◎编著
贰

老街巷
老重庆影像志
朱俊◎编著
叁

老码头
老重庆影像志
戴渝华◎编著
肆

老地图
老重庆影像志
李林昉　雷昌德◎编著
伍

老广告
老重庆影像志
张正霞◎编著
陆

老行当
老重庆影像志
李金荣◎编著
捌

老风尚
老重庆影像志
徐康◎编著
玖

老钱票
老重庆影像志
曾繁模　李玲◎编著
拾